grand Papier.
 Jaub. R
 1238.

AVERTISSEMENT.

IL y a enuiron deux ans que cet Ouurage fut conçeu, & comme deslors ie ne m'en fusse rien promis de mediocre, ie souhaitay auec passion d'en faire vn present au Public, lors qu'il seroit nay. I'en ay dépuis continué le dessein, i'en ay sollicité l'auancement, & à la fin ay esté si heureux que d'en voir la perfection, & d'obtenir la grace de le publier. Il est vray que ce n'a pas esté sans faire vne incroyable violence à l'inclination de son Autheur, qui ne pouuoit estre persuadé à le laisser partir de ses mains par aucune de mes raisons, quelques fortes qu'elles pûssent estre. Soit qu'en effet il ayt plus de peine qu'il ne deuroit à se contenter, & qu'il cherche le bien auec trop de soin & trop de scrupule, ou que plustost l'iniustice qu'il a esprouuée dans son siecle, luy eust apporté vn dégoust des cho-

ã ij

AVERTISSEMENT.

ses presentes, & l'eust faict resoudre à ne commettre son honneur qu'à l'équité de ceux qui viendront aprés nous. Et ie ne doute point que toutes mes instances n'eussent esté inutiles, sans l'auis certain que nous eusmes de la publication qu'on en alloit faire hors de ce Royaume, sur vne coppie que quelque infidele ou negligent Amy auoit laissé tirer de l'original, qui comme chacun sçait a esté veu de beaucoup de gens. Cet accident a fait ce que mes sollicitations n'auoient sçeu faire, & l'apprehension d'estre mal traitté en pays estrange l'a porté a hazarder de l'estre encore en celuy-cy. I'ay arraché son consentement sur la fortune que ie luy ay representé qu'il couroit, & ay tiré auantage pour le bien general du mal particulier qui estoit sur le point de luy arriuer. Ie mets donc en lumiere son ouurage, ou pour mieux dire la premiere partie des trois dont il est composé, bien qu'elles soient toutes au point où elles doiuent demeurer, & que rien ne m'obligeast à les produire separées, s'il me les vouloit donner, que la haste que i'aurois de satisfaire à l'impatience vniuerselle, qui aymeroit tousiours mieux en voir les pieces l'vne apres l'autre, que de languir apres vne longue impression.

AVERTISSEMENT.

Le sujet du Liure entier est le Prince parfait. En cette premiere partie il en tire l'Idée sur nostre Roy, & establit la Royauté sur deux principaux fondemens, la Puissance & la bonne Reputation. La Puissance paroist en la ruine de tout ce qui est contraire ou suspect au Souuerain, & la bonne Reputation se forme de la connoissance que ses Subiets ont de son merite. Par l'vn il le fait voir Victorieux, & par l'autre Triomphant; & nous monstre vn Maistre & vn Pere en vne mesme personne. C'est en gros le but de son premier Liure dont l'Histoire va iusques au premier voyage d'Italie, & à la prise de Suze inclusiuement, & qui fait tout seul vn corps acheué, sans que l'on ait rien à desirer dauantage pour cette matiere. Neantmoins dans le second il passe à la comparaison de la vie du Roy auec celle des plus grands Princes de l'Antiquité, où iugeant equitablement de leurs actions, il nous fait prendre garde à certaines choses qui n'auoient pas esté bien consideréès. En quoy il témoigne qu'il n'est pas moins intelligent en la science de connoistre les hommes, qu'en l'art de les persuader; & nous oblige de confesser qu'il n'y a point de tâche si cachée & si petite soit elle, qui puisse eschapper à sa bonne veüe. Et pource qu'il n'y eust iamais de Prince quelque habile qu'il fust, à qui le faix du Gouuernement n'ait semblé trop pesant pour le soustenir tout seul, & qui n'ayt fait particulierement election d'vn homme par le conseil duquel il se püst resoudre dans les difficiles occurrences, il donne en la derniere partie le portraict d'vn Ministre d'Estat, pourueu de toutes les qualités requises pour le maniment des grandes affaires. Mais lors que le premier mouuement luy fut venu de trauailler à ce dessein, considerant que de grands personnages pour auoir pris le genre dogmatique & le style d'enseignement, auoient fait peu de fruict dans l'esprit des hommes, & sçachant que nostre nature corrompuë se laisse sans comparaison plus facilement conduire où l'on veut par l'exemple, que par le precepte; & par les images des choses faites, que par les regles qui enseignent à les faire; pour ne pas tomber dans le mesme inconuenient, & pour paruenir au but qu'il a de donner à tous les Princes l'enuie & le moyen de se rendre parfaits, il esleut le stile Oratoire comme le seul capable de luy faire obtenir son intention, & ietta les yeux sur le Roy, comme sur l'obiet le plus puissant & le plus efficace pour attirer leurs

AVERTISSEMENT. 7

cœurs à l'amour de la Vertu. Les mœurs & les actions de ce grand Prince furent ses seules Idées, & dans la seule expression de sa vie, il crût pouuoir fournir toutes les maximes necessaires à produire la felicité dans vn Estat. S'imaginant combien la Vertu seroit trouuée belle, si elle pouuoit estre veuë, & combien son seul aspect seroit persuasif, il pensa que donner la peinture du Roy estoit mettre le visage de la Vertu à descouuert, & rendre palpables & sensibles les plus desliées & les plus subtiles definitions que les Philosophes en ayent données. Il arresta là sa pensee, & depuis il n'a fait autre meditation, son proiet n'a que luy pour toute visée, il le suit par tout & ne le perd iamais de veuë. Que si quelquefois il semble s'en escarter, & laisser la Vertu pour faire la guerre au Vice, il faut remarquer en ces endroits là que ce sont des ombres qu'il donne à son Tableau pour en mieux faire paroistre les iours, & des esloignemens par le moyen desquels il rapproche dauantage aux yeux ce qu'il veut y bien faire considerer. Pour cet effect sans designer les personnes il oppose en general les deffaux de quelques Princes aux perfections du nostre, l'iniustice de leurs armes à la iustice des siennes, la violence de leur Gouuernement à la moderation du sien, en vn mot la Tyrannie à la Royauté. Pour cela mesme bien qu'il soit ennemy declaré de tous les vices, il fait vne particuliere profession d'en attaquer deux, qui ont le plus de cours dans le Monde, deux pestes de la societé ciuile, la fausse Deuotion & la Prudence qui n'est pas accompagnée de probité, affin que, comme i'ay dit, la veritable pieté, & la veritable prudence du Roy paroissent dans tout leur esclat par cette iudicieuse opposition. C'est là le trauail de moins d'vne année, & ce que nous a enfanté sa solitude. Mais puisqu'à cette heure son absence me donne la liberté de m'expliquer, & que ie puis violer la loy qu'il m'auoit imposée de ne parler de luy que comme d'vn homme fort commun; Il faut que ie die qu'en cecy ie trouue qu'il a également témoigné la grandeur de son esprit, & la fermeté de son courage ; l'vne en traitant à vn tel point d'excellence le suiet qu'il a entrepris ; l'autre en mesprisant si genereusement qu'il a faict le facheux exercice dont ses Enuieux ont voulu trauerser ses occupations. Voicy en effet vn chef-d'œuure de l'Art, qui embrasse toutes les vertus Oratoires : Les trois genres des Causes s'y voyent en leur derniere

perfection

AVERTISSEMENT.

perfection. Il loüe tres-hautement, il delibere tres-exactement, il accuse auec vne extreme vehemence: Bref il accomplit auec tant d'efficace tous les Deuoirs de l'Orateur, qu'il semble obtenir ce qu'il arrache, & faire suiure ce qu'il entraisne. Et pour venir de l'ame au corps de son eloquence, son elocution est non seulement pure & nette, mais aussi pompeuse & magnifique. Et c'est particulierement en cela qu'il monstre d'estre paruenu a l'exquise finesse du Mestier, & d'auoir sceu faire la difference que les Maistres ont mise entre l'Eloquent & le Disert. De ses ornemens les vns sont virils, les autres delicats, & employez auec iugement selon la diuersité de ses matieres. Vne fois il presse seuerement sur la solidité des choses; vne autrefois où elles ont moins de corps, il desploye toutes les beautez & toutes les richesses du Langage. Et en la pluspart des occasions il mesle subtilement les deux Caracteres, & releue heureusement l'vn par l'autre, la douceur & la force de l'Oraison. Les paroles & les choses y sont en leur iuste situation, on les y voit tomber comme d'elles mesmes; & l'Art y agit auec tant de soupplesse, que d'abord il semble que la seule Nature y face

é

AVERTISSEMENT.

tout. Doù luy naiſt cette clarté ſi recherchée, & ſi rarement trouuée par les Anciens Orateurs, qui rend chez luy le genre ſublime populaire, & qui accommode la hauteur de ſes pensées à la baſſeſſe de l'intelligence du Commun. Ie ne parleray point de ce paſſage adroit & caché d'vn point à l'autre, de cette imperceptible liaiſon des parties, ny de la iuſte correſpondance qu'elles ont auec leur Tout, de peur d'affoiblir l'effet de cette belle ſtructure, & de profaner le myſtere en le découurant. Ie diray ſeulement que ſon diſcours ne ſe contente pas d'eſtre ſain, mais qu'il eſt de plus fort et vigoureux; qu'outre la moëlle et les nerfs, il a du ſang et de la couleur; qu'auec beaucoup de pompe il y paroiſt beaucoup de facilité; qu'il n'eſt ny obſcur, ny bouffy, ny affeté; que les choſes y ſont pour elles meſmes, & les paroles pour les choſes ſimplement; qu'il n'y a rien finalement de ſi meſuré que ſes periodes, ny de ſi nombreux que tout le corps de ſon Oraiſon.

 Mais maintenant qui conſiderera qu'au milieu de la plus cruelle perſecution qui de la memoire des hommes ſe ſoit eſleuée contre vn Particulier, il a meſpriſé ſon intereſt pour celuy du Public, & a

AVERTISSEMENT.

laiſſé courir l'Iniuſtice ſur luy, pour nous donner vne piece ſi rare, trouuera qu'en cela il a exercé vn acte de courage, dont il n'y a que le Magnanime qui ſoit capable. Car tant s'en faut que cette foule de Machines qui ont eſté dreſſées de toutes parts contre luy, ayent eu le pouuoir de l'abbattre, qu'au contraire elles luy ont fait recueillir ſes eſprits relaſchez & rencontrer en luy meſme des forces ſuffiſantes, pour ſouſtenir & diſsiper vne bien plus puiſſante coniuration. Mais au lieu d'oppoſer cette force & cette vigueur à repouſſer ſes Ennemis, il a penſé qu'il l'a deuoit employer à ſeruir le Roy. Il a mieux aymé paroiſtre bon François que victorieux Eſcriuain, & a eſté plus jaloux de la reputation de ſon Prince, que de la ſienne propre. Et neantmoins dans cette negligence de ce qui luy touchoit, il me ſemble qu'il y a plus ſeurement pourueu que s'il en auoit entrepris la pourſuite ouuertement. Ayant connu que le moyen le plus Chreſtien & le plus glorieux de ſe vanger des mauuaiſes paroles eſtoit de faire de bonnes œuures, il a voulu laiſſer perir d'elles-meſmes les vaines productions de ses Enuieux, & s'est occupé à vn plus digne trauail que n'eust esté celuy de disputer contre de mauuais Grammairiens. Et ie m'asseure qu'on verra par le succés que cette generosité aura sa recompense du Ciel, & que s'il veut, sans se mettre dauantage en deuoir de respondre aux libelles mesdisans, l'ouurage qu'elle nous a produit le peut purger de toutes leurs suppositions, & luy gaigner les plus Préoccupez & les plus Contraires. Ainsi lors qu'il a moins paru se deffendre, il s'est le mieux deffendu ; & lors qu'il a plus hautement parlé du Roy, il a plus puissamment terrassé la Calomnie. Car à dire les choses comme elles sont, qui sera celuy qui ne prenne son Liure pour vne tacite refutation de tout ce qu'on a escrit, ou dit contre luy, & pour vne indirecte iustification de son innocence. On l'a appellé vain, corrupteur des bonnes mœurs, & perturbateur du repos Public. Cependant que ses propres Aduersaires dient aprés auoir leu cecy, s'il y eut iamais rien de plus modeste, de plus vertueux et de plus affectionné à son Roy & à sa Patrie. On a voulu faire croire aux simples que

AVERTISSEMENT. 13

qui le tireroit hors de ses Lettres luy feroit tomber la plume de la main, & que ce genre d'escrire dans lequel on a la liberté de finir quand on veut, estoit la borne de sa suffisance. Mais que l'on me montre auiourd'huy soit chez les Anciens, soit chez les Modernes vne piece d'Eloquence d'aussi longue haleine, & qui embrasse aussi pleinement toutes les especes de la Persuasion, comme fait celle-cy. On a pretendu le faire passer pour Ignorant; & i'attens quel sera l'homme docte qui me fera voir vn Liure de cette qualité, où il paroisse plus de lecture des bons Auteurs, & plus de connoissance des Lettres Saintes. On luy a objecté qu'il ne se pouuoit soustenir que sur l'Hyperbole : Et l'on s'estonnera quand on trouuera que dans tout cet ouurage il n'y en a pas vne seule, bien que par là il n'ait pas entendu condamner cette figure, l'vsage de laquelle est authorisé par l'exemple de toute l'Antiquité. On luy a reproché trop de liberté en sa Raillerie : Et cet escrit fera voir s'il y a rien dans toute son estenduë, que les bouches les plus chastes et les plus scrupuleuses ne puissent prononcer hardiment

AVERTISSEMENT.

sans offenser les Loix de l'honesteté, ny celles de la bien-seance. On a accusé son imagination de secheresse & de sterilité; & neantmoins l'abondance des choses est si grande icy, que n'estoit qu'elles sont toutes au supreme degré de bonté, on pourroit craindre qu'à cette fois ils n'y trouuassent à dire l'excés & la profusion. En sorte que sur le Tout on peut dire de luy sans le flater ce que cet Ancien a dit du premier Esprit de Rome, que comme il a la force de Demosthene, les graces d'Hyperidés, & la douceur d'Isocrate; il possede aussi l'abondance de Platon. Or bien qu'il n'y ait pas beaucoup d'apparence qu'en si peu de temps vn mesme homme ait fait vn changement si vniuersel de toutes les parties Morales & Intellectuelles de son ame, & qu'vn mesme sujet ait esté si promptement susceptible de si contraires qualitez, ie ne m'arresteray point en cet endroit à parler des premieres productions de son Esprit. Ie me contenteray de dire encore vne fois que par cette-cy il a fait demeurer le dementy à tous ses Accusateurs, & que deuant le Tribunal le plus seuere qui connoisse des bonnes Let-

AVERTISSEMENT.

tres, cette seule preuue doit suffire pour le faire renuoyer entierement absous de tous les deffaux que l'Enuie luy a imputez par le passé. Et certes ie tiendrois sa condition la plus malheureuse du monde, & luy pardonnerois le blaspheme que luy fist autresfois eschapper le chagrin de se voir si mal-traicté, quand il dit aprés cet Empereur, bien que dans vn autre sens, Pleust à Dieu que ie ne sceusse point escrire. Ie luy pardonnerois, dis-je, cette mauuaise parole si la mauuaise influence duroit tousiours, s'il ne suffisoit pas aux jaloux de sa gloire d'auoir triomphé si long-temps de son bon droit, & si sa longue patience n'auoit point enfin amolly leur dureté. Ce seroit vne chose bien estrange que ny luy, ny ce peu d'honestes gens qui sont nais pour l'ornement de ce Siecle, ne pûssent auoir de paix auec les Barbares, qu'en renonçant publiquement à la Politesse, & que leur honneur ne pût estre en seureté, que dans l'oysiueté & dans les tenebres. Mais ie veux mieux esperer de nostre fortune. Ie veux croire que les Persecuteurs de l'Innocent se sont lassez, & que son merite aura sa recon-

noissance. Au pis aller ceux de qui la malice est invincible & qui ont vne incurable demengeaison d'escrire contre ses Liures pecheront contre cettui-cy dans l'intention seulement. Ie ne doute point que pour le moins le Prince ne leur soit inuiolable, & que la Matiere ne leur en face respecter la Forme. Ce qui me fera finir apres auoir dit qu'encore que l'Ouurage porte tout seul son ordre & ses pauses, j'ay fait toutesfois treuuer bon à son Autheur qu'il fust distingué par sections, comme on le verra, non tant pour le soulagement des yeux qui semblent auoir besoin de quelques reposoirs dans vne si longue & si serieuse lecture, qu'affin de retenir dedans certaines bornes la curiosité impatiente des Lecteurs. Car peut-estre sans cette sorte d'arrest, ils courroient d'vne haleine de sens en sens iusqu'à la fin, & ne se donneroient pas le loisir de gouster separement les choses, qui ont leurs beautez independantes les vnes des autres, & qui meritent chacune qu'on y face vne particuliere reflection. Il m'a accordé cela fort facilement, s'estant remis en memoire qu'vne semblable diuision auoit esté

AVERTISSEMENT. 17

esté vtilement pratiquée par quelques Critiques sur les œuures de Seneque, de Tertullian & d'autres, & que luy-mesme en les lisant auoit profité de cette methode. Mais ie crains d'auoir en cecy passé les termes d'vn Aduertissement, me pouuant principalement remettre de la meilleure partie de ce que j'ay dit à deux Lettres qui se verront à la fin du Liure, & que l'Auteur a escrites en diuers temps à M. le Cardinal de Richelieu, dans lesquelles il rend conte du general & du particulier de son dessein, & où le Lecteur raisonnable trouuera, si je ne me trompe, dequoy se pleinement satisfaire.

IOANNIS SIRMONDI
DE
ELOQVENTISSIMO
PRINCIPE,

SYLVA.

EDITE (*fatidico cecinit sic Phœbus ab antro*)
Scriptores pariter veteres, paritérque recentes,
Quos vel Graia tulit, vel quos tulit æmula Graiæ
Romula, vel magno quæ nunc se jactat Alumno
Gallica, non reliquis gens, vt priùs, inuida terris.
Ille diu mundo speratus, & ardua doctæ
Iam nunc promeritus turbæ suffragia PRINCEPS,
Ecce sub aërias tandem se luminis oras
Augurio profert dextro, totóque legendus
Orbe, sibi gemini victis de gentibus æui,

i ij

Inter adorati populis præconia libri,
Depoſcit meritos, Luparâ plaudente, triumphos. [*illi*
Magna loquor; ſed certa fides. Nam BALZACVS
Et vitam ſimul, & pulchro cum nomine lucem
Contulit, Aonijs genitor celeberrimus antris
BALZACVS, *attonitis quem longa nepotibus olim*
Poſteritas noſtri magno pro munere ſæcli
Tradet, & impoſitis tumulo venerabitur aris.
Scilicet hæc ſeris & plura merebitur annis
Spes quondam, patriæ juuenis nunc gloria linguæ.
Qui prior humanas auſus contemnere metas,
Nobile cognato, Superis mirantibus ipſis,
Intulit ingenium cœlo, quâ plurima Siren
Temperat aſtrorum choreas, auréſque Deorum
Mulcet inauditi terris dulcedine cantus.
Igneus hinc mentis vigor, & teſtatus Olympi
Æthereum ſemen, ſublimi ſpiritus ore
Nil mortale ſonans. Nec quâ feliciùs audax
Laude ſibi præſtet dicens, ſit dicere promptum.
Vincenti, victóque ſimul, certantia ſecum,
Ambiguam faciunt, Suadæ miracula, palmam.
Seu prono lenem deducit tramite riuum,
Et patulum gyro breuiori contrahit orbem;
Seu mediâ placet ire viâ, & ſe tollere ſenſim;
Res vbi poſcit, humo, primáſque relinquere nubes,
Par vtrique venus, geminæ par gratia formæ.
Sin majora vocant, & totis ire per altum
Materies velis jubet, ac ſe credere ventis;
Tum verò, tum nectareo ſe prodiga fandi

Copia diffundit tractu, numerosáque læto
Cum tonitru rapidæ jaculatur fulmina linguæ.
Qualia Cecropijs olim torquebat Athenis,
Lubrica cùm dominæ verfaret pectora turbæ,
Omnia mifcentis facundia nota Periclis.
Vidimus; & facras Mufarum tangimus aras,
Nil dare corrupti blandis nos artibus æui.
Dicendi quafcumque fibi pro tempore fumit,
Aut cafus tribuit partes; ftupet omnis in vno
Aula viro, vegetum fcribenda loquentis acumen,
Atque titillantis mirata volubile pondus
Eloquij, modulóque cadentia verba fonoro;
Et tacitâ gratum plaudens bibit aure venenum;
V́imque fibi gaudet fieri. Nec tendere contrà,
Vel contrà fentire licet. Trahit impete magno
Indociles primis animos accedere dictis,
Quà placuit, Genij virtus animofa potentis;
Et fua conuerfas rapit in fuffragia turbas.
Sic vbi nimbofi pluuijs focialibus Auftri,
Montanífque fatur niuibus, fe gurgite vafto
Amnis agit, certáfque negans admittere ripas
Confufis dubios metatur finibus agros:
Si qua fugam vis fortè vetat, pofitóque refufum
Obice fufpendit curfum; fub limine primo
Irafci vix aufus adhuc cunctatur, & in fe
Ancipiti redit hinc illinc circumfluus æftu,
Incertus quâ parte ruat, ftreperóque frementes
Murmure, non folitâ queftus fe mole teneri,
Paulatim cumulis fubeuntibus incitat vndas,

Accrescitque sibi, tumidùmque assurgit in æquor.
Inde morâ vires jam major nactus ab ipsâ,
Rumpit iter vetitum, fractíque repagula secum
Aggeris alta trahens, fluctu patefacta sonanti
Arua terit, laxis procul exspatiatus habenis.
Sed quid ego longis sermonibus addere Soli
Molior insanus lucem? Quas diuite venâ
Fundat opes, tua qui prælo nunc auspice primùm
Ora subit, puro liber excudendus in auro,
Aspice; non alio meliùs se teste probabit
Laudibus his dignum, & venientis plausibus æui.
Tantus inest decor, & tanto se robore tollit.
Talis eat, summo si delabatur Olympo,
Aut factura Deos, aut damnatura nocentes,
Ipsa suo cerni gaudens Facundia vultu.
Nec fuit infantis quondam sub origine mundi
Absimilis, (si vera canunt qui noscere vates
Omnia creduntur) populis cùm prima per orbem
Iura daret, ritúsque feros, & dissona blandis
Pectora componens dictis, commercia vitæ
Instrueret, nullóque priùs discrimine passim
Antra per, & siluas hinc inde vagantibus altas
In caput acceptis coalescere legibus vnum,
Rectorísque pati dominas suaderet habenas.
His etenim creuit quondam sancita potestas
Regia principijs, & se diffudit eundo.
Ac virtute quidem reliquis præcelluit vnus
Omnibus, ille sibi quem conspirantibus omnes
Optauerē dari votis, primúmque recepto

Adsciuere jugo: sed mox sublapsa ruentis
In peius vitio sæcli, diffluxit & aucto
Intumuit sensim fastu, sibi degener ipsi
Mens prior, & donis tandem decoxit auitis.
Tum lucri successit amor, vetitásque libido
Subijciens animo flammas, luxúsque paratas
Spargere doctus opes, & egenæ plebis acerbâ
Sorte frui; miseris grauium quæ causa malorum
Esse solet regnis, labefactáque vertere sceptra.
Hinc versæ studijs mentes, hinc publica vulgi
In dominos tacitis odia inflammata querelis,
Nil semel excusso non designantia fræno;
Hinc coniuratæ pacem conuellere dextræ,
Et solij calcatus honos. Vos talia nostris,
Vos precor, ô Superi, nostris auertite terris.
Sed quid vana Deos supplex in vota fatigo?
Hæc nos, jam longo rerum spectatus ab vsu
Damna timere vetat Princeps; cui primus auitæ
Relligionis amor, justi tum cultus & æqui
Proximus, & nulli scelerum mens peruia labi,
Et quæ fata suos prudentia vertit in vsus,
Et bellis inuicta manus, maiórque periclis
Vis animi, facilésque Deos, populósque fauentes
Conciliant. Tanto quid sub rectore, secundis
Vsa Deis, populisque, sibi non Gallia certo
Spondeat augurio, iustis optabile votis?
Dij modò dent longæ producere tempora vitæ.
Ille satam Diris postquam furialibus Hydram
Hæresin, auspicijs ingens felicibus vltor

Contudit, & Latio pulsos auertit Iberos;
Impia, Threicium melius bibitura cruorem,
Bella procul nostris trans Nilum pellet ab oris.
Mox scelus & positis fraudem domiturus habenis
Astræam cœlo magnam rouocabit ab alto;
Et natalitiæ solers ad pondera Libræ
Exiget insani, lites, mala prælia vulgi.
Informisque situ pridem squallentibus æui
Legibus abstergens senium, damnosa nocentum
Crimina pœnarum vinclis constringet ahenis;
Egregiis sua constituet tum præmia factis,
Et veterem longo referet post tempore morem,
Quo pretium virtutis erat fortuna, dabatque
Sceptra capax gentes animus mollire feroces.
Magnæ molis opus: Diuûm sed numine iussus
Consiliis quo non præstantior alter & armis
RICHELIVS, curas domino sociare secundas,
Muneris in partem summi venit; atque fideli
Anxius insomnem versans noctésque diésque
Huc illuc studio mentem, (licet improbus ore
Obstrepat infando liuor) velut alter Atlanti
Alcides, humeros oneri supponit iniquo.
Sacráque diuisum regni sortita laborem
Purpura, delati quantùm sibi sumit honoris,
Solliciti tantùm demit de pondere sceptri.
Sic Themis arcanas rerum non inscia causas
Expendens, rutilâ cœli super arce Tonanti
Assidet, & toti patre sub Ioue consulit orbi.

IN

IN EVNDEM PRINCIPEM POEMA.

QVIS tibi concordi, mea Gallia, fœdere junxit
  Belli artes Pacisque Deus? VICTORIA palmis
En augusta tui diademata REGIS inumbrat;
Et simul æternâ redimit FACVNDIA lauro
Tempora BALZACII, tantoque sub Auspice regnas,
Plus aliquid solitis audet sperare Triumphis.
Scilicet hunc dextro tibi sydere fata dederunt,
O Patria! Indomito ne dum sub Principe tellus
Cuncta tremit, IVSTIQVE simul cognomen adorat,
Deficerent digna his meritis præconia. Certè
Hic datus est, & dandus erat, qui ferre potenti
Ore per attonitas posset tua Lilia terras.
Cernis vt in minimis magnus? quotiesque remissis
Vorticibus, puro tantum delabitur alueo,
Quanta vel in tenui mirabere gurgite? quantum

*Natiuus nitet ille decor? non purior illa est
Vnda Parens Vatum, quæ per decliuia Pindi
Phœbe tuas inter leni fluit agmine lauros.
Cernis vt in læto felix opulentia campo
Diuitijs fœcunda suis assurgat, amœnum
Irradians? stupet ipsa suos Facundia cultus,
Splendoremque nouum: Certè minus illa beati
Grata minus Veris facies, Natura renascens
Florea cum varijs miracula pingit in Hortis.
Sed quid inexhausti rapitur dum pectoris æstu,
Ingentique omnes Genio permittit habenas?
Non Maris hic, non ignis agit violentia; maior
Vis ea, quæ Regum sceptris armisque rebelles
Regnat in affectus animi, totamque superbis
Imperijs possit sua sub iuga mittere mentem.
Quid memorem dulces, & quos animantia sylvas
Plectra Modos stupeant? illùc diuina sonorum
Temperies, discorsque pedum concordia nullos
Non trahit affectus, animique arcana per aures
Intrat Ouans: illùc numeris contorta feruntur
Fulmina, & æquatis voluuntur cursibus amnes.
Nec verò hic Torrens pluuias vicinaque raptans
Flumina, per campos alienâ turgidus vndâ
Furtiuas exponit opes, sed gurgite viuo
Exundat; totosque suo de fonte liquores
Excipiens, & vbique suus, nil stagna, nec imbres
Curat, in æterno tanta est fiducia riuo!
Viribus his animos sacro Virtutis amore
Dum rapit, inuitis etiam parere necesse est,*

Et iuuat. His Armis vitium non vlla poteſtas
Eripit; in medijs Aulæ penetralibus ipſos
Perſequitur faſces, ſcelerumque acerrimus Vltor
Audet adoratos populis damnare nocentes.
Felix Principibus qui non ludibria ficti
Principis exponit, Patriâ ſed repperit Aulâ
Quem Cælo Pietas, Terris Clementia, Cunctis
Iuſtitiæ commendat amor; cui Gloria bello
Sola placet ſocios, oppreſſaque Regna tueri,
Nullaque ſeruato potior Victoria Mundo.
O ſi vnquam hùc libeat tibi flectere, MAXIME
  REGVM,
Quos Orbi debes oculos, vel nulla Voluptas
Sub Cælo eſt, quam non animi cæleſtis ab arce
Deſpicias, vel te attonitum ſpectare iuuabit
Quantus ades populis, atque hac ſub imagine viuâ
Ipſe tuas recolens forſan mirabere palmas.
Seu merces Virtutis honos, ne mæſtus Homerum
Aeacidæ inuideas, illo præcone triumphos
Semper viuus ages, perque omnia ſecula Mundo
Iura dabis, ſiue ipſa ſibi ſua præmia Virtus,
Hoc ſpeculo potiare tui, tibi nulla profecto
Pagina Virtutis maiora exempla datura eſt.
Nunc age plebeios inter dominare tumultus
Gloria Cecropidum: nunc ô per Roſtra tonantem
Regnantemque foro iactent te Marce, Quirites.
Hic folio, hic legum Dominis præſcribere leges
Auſus, & ingenti ſuperans terrena volatu
Ipſis iura Dijs medio præfixit Olympo.

Approbation des Docteurs.

NOvs fouffignez Docteurs en Theologie en la sacrée Faculté de Paris, certifions que dans le Liure portant pour tiltre LE PRINCE, Composé par le sieur de BALZAC, où les parolles sont choisies, le stile releué, le sujet tout Royal, bref l'eloquence vrayement Chrestienne ; Nous n'auons rien trouué, qui ne soit entierement conforme à la foy Catholique, Apostolique & Romaine, & aux bonnes mœurs. Faict à Paris le 3. Octobre 1631.

       F. Maurice Brachet.
       F. Y. Pinsart.

Extraict du Priuilege du Roy.

PAr Grace & Priuilege du Roy, il est permis à Toussainct du Bray, Marchand Iuré Libraire à Paris, d'imprimer, ou faire imprimer, vendre & distribuer, vn Liure intitulé *LE PRINCE*, *Composé par le Sieur de BALZAC*: Et deffences sont faictes à tous Libraires, Imprimeurs, & autres de ce Royaume, de l'imprimer, ou faire imprimer, contrefaire ny alterer, ou en extraire aucune chose sans le consentement dudit du Bray, & ce pendant le temps & terme de *dix ans*, à peine aux Contreuenans, de quatre mille liures d'amende, Confiscation des Liures contrefaits, & de tous les despens, dommages & interests, dudit du Bray : Ainsi qu'il est plus au long contenu ausdites lettres du Priuilege, donnees à Paris le dix-huictiesme iour de Septembre 1631.

Par le Roy en son Conseil. Signé, RENOVARD.

Et ledit du Bray a accordé & consenty, que les Sieurs Pierre Roccolet, & Claude Sonnius, aussi Marchands Libraires à Paris, jouïssent chacun pour leur tiers, du contenu au Priuilege, ainsi qu'ils ont conuenu entr'eux.

LE PRINCE.

'AY esté assés long temps dans le monde, mais ie n'ay vescu qu'autant que dura l'Automne passé: Et pource qu'il n'est pas possible de faire reuenir ces iours bien-heureux, & qui me furent si chers, ie tasche le plus que ie puis de les regouster par le souuenir, & par le discours. La liberté, en laquelle ie me trouuois, apres vne captiuité de trois ans, i'appelle ainsi le seiour que i'auois fait à

A

la ville ; La pureté de l'air, que ie commençois à respirer, & que ie receuois auidement, comme vne nourriture qui m'estoit nouuelle, & la face riante de la campagne, qui monstroit encore sur soy vne partie de ses biens, & se paroit des derniers presens qu'elle deuoit faire aux hommes, me donnoient des pensées si douces & si tranquilles, que sans estre agité de l'esmotion qu'excite la ioye, i'auois tout le plaisir qu'elle cause.

I. Les autres maladies de l'ame plus importunes, qui tourmentent les Cours & les Assemblées, n'approchoient point de nostre village. Ie ne sçauois que c'estoit de craindre, ny d'esperer, & ne connoissois plus le soupçon, la deffiance, ny la ialousie. Toutes mes passions se reposoient, & celles d'autruy ne paruenoient point iusques à moy. L'enuie & la hayne, qui se sont si cruellement attachées à vne petite ombre de bien, que quelques vns ont crû voir parmy mes defaux, m'attaquant où ie n'estois pas, ne me faisoient point de mal que ie sentisse ; & les obiets presens remplissoient mon esprit de telle sorte, & y effaçoient si nettement l'impression du passé, que comme ils n'y laissoient point de lieu aux apprehensions de l'auenir, il n'y demeuroit rien de fascheux qui me pust trauailler la memoire.

III. En cet estat, bien different du tumulte d'où i'estois forty, & sous la serenité d'vn Ciel si benin, il me sembloit visiblement de renaistre, & d'assister au renouuellement de toutes les choses. Et à la verité, quand nous eussions eu durant céte saison la direction du monde, & que nous eussions fait

A ij

nous mefmes les iours, nous n'en pouuions pas auoir de plus beaux, ny difpenfer l'ombre & la lumiere, le froid & le chaud, auec vne plus égale mefure. Il s'efleuoit bien quelquefois vne petite vapeur de la riuiere voifine, qui l'enueloppoit comme dans vn ré, & s'efpandoit fur la fuperficie de la terre: Mais outre qu'elle n'attendoit pas toufiours le Soleil pour fe desfaire, & qu'elle n'en pouuoit fouftenir les premiers rayons, elle n'auoit iamais tant de force qu'elle montaft à la hauteur de nos plus baffes feneftres, & nous iouïffions d'vn calme tres-net, & d'vne clarté extremement viue, pendant qu'il y auoit vn peu de trouble & de fumée au deffous de nous.

IV. Auant que nous fuffions habillés, & que nous euffions fait nos prieres, cette humidité, qui n'auoit moüillé que la pointe des herbes, & le pied des plantes, estoit entierement essuyée, & toute la fraischeur du matin auoit tombé sur la teste des laboureurs, & de ceux qui voyagent par necessité. Si bien qu'il me restoit vn iuste interualle pour me promener iusques à midy, & pour faire de l'exercice, qui desnoüast le corps sans le trauailler, & reueillast moderément l'appetit, sans le porter à vne faim desreglée, qui fait d'ordinaire les mouuemens violens, & tient quelque chose de la maladie.

 La premiere partie de l'apresdisnée se passoit en vne conuersation familiere, d'où nous auions banni les affaires d'Estat, les controuerses de la Religion, & les questions de Philosophie. On n'y disputoit point auec aigreur si le Pape estoit par dessus le Concile: On ne se mettoit point en peine
A iij

d'accorder les Princes Chreſtiés, pour faire vne ligue contre le Turc : On ne debattoit point a outrance, qui eſtoit le plus grand Capitaine, du Marquis de Spinola, ou du Comte de Tilly. Perſonne ne reformoit les Royaumes, ny ne vouloit changer leur gouuernement. Il n'eſtoit pas ſeulement permis de nommer le public, ny le ſiecle, & nous ne parlions que de la bonté de nos melons, de la recolte de nos bleds, & de l'eſperance de nos vendanges.

VI. Apres cela, la compagnie s'eſtant ſeparée, & de quatre que nous eſtions, l'vn prenant poſſeſſion du bois, l'autre du iardin, & le troiſieſme d'vne gallerie, où il y a des cartes & des tableaux, pour moy, ie me retirois en ma chambre, & eſſaiois de m'endormir ſur vn liure, auſſi peu ſerieux que

noſtre conuerſation l'auoit eſté.
Mais le declin du iour s'approchant, & ce qui reſtoit de ſa chaleur n'eſtant pas plus difficile à ſupporter que la vapeur d'vn bain tiede, ie montois ordinairement à cheual, & ſortois du logis par vne longue allée de meuriers blancs, qui me conduiſoit à la riuiere.

Il ne ſe peut rien voir de plus clair, ny de plus agreable que ſon cours : Et Ronſard a grand tort de la deriuer de l'Acheron, & de penſer que ce ſoit vne branche de ce funeſte lac, dont les eaus nous ſont repreſentées ſi noires & ſi boüeuſes. Car c'eſt pluſtoſt vne fontaine continuée depuis ſa naiſſance iuſques à la Mer, où elle entre auſſi fraîſche & auſſi pure, apres auoir couru trente lieües, que ſi elle ne faiſoit que ſortir de ſon origine. Elle cultiue generale-

VII.

Charante qui prend ſon ors d'Acheron.
Ronſ. au 1. liu. des Hymnes, Hym. 9.

ment tout ce qu'elle arrofe : Elle laiffe l'abondance par tout où elle paffe , & fi le mefme pays eft extremement maigre , & extremement fertile, ce font des effets de fon efloignement , & de fa prefence.

VIII. Au lieu où ie m'arreftois principalement, elle coule au deffous de plufieurs collines, qui font vertes de haut en bas d'vne foreft qu'elles portent ; Et la pente en eftant fort droite, vous diriés que les arbres n'y font pas plantés mais qu'on les y a attachés , où qu'ils y grimpent, tant ils y ont apparemment peu de prife. En certains endroits elle eft affez large, ailleurs fon canal fe refferre tellement, que les peupliers qui la bordent de part & d'autre, femblent fe baifer, & ioignent leurs branches auec vne fi belle iufteffe, que le berceau ne feroit pas mieux fait

fait, si l'art & la contrainte les a-
uoient pliées.

Là ne pouuant faire ce que fai- IX.
soient Scipion & Lælius au riuage
de la mer, où ils ne faisoient pourtant que conter les vagues & a-
masser des coquilles, l'auois le
plaisir de regarder au fonds de
l'eau les choses qui se passoient
dedans l'air, & de voir nager tout
ce qui voloit. C'estoit l'amusement qui m'entretenoit, en attendant le coucher du Soleil, où ie
ne manquois iamais de me trouuer au milieu de la prairie, affin
de considerer à mon aise cette riche effusion de couleurs, qu'il ver-
se en se retirant, & dans laquelle
il semble qu'il tempere ses rayons
pour les rendre supportables, &
qu'il adoucit sa lumiere, pour espargner nostre veuë.

La pluspart des hommes, qui ne X.
leuent les yeux en haut que quãd

B

vne eclypſe les empeſche de voir à leurs pieds, ou qu'il paroiſt quelque metheore eſtrange, qui apporte de la nouueauté en la Nature, meſpriſeront ſans doute ces plaiſirs vulgaires, parce que la cherté ne leur donne point de prix, & qu'ils ne ſont appreſtés auec aucune ſorte d'artifice. Nous les prenons à la veuë de tout le monde, au ſein de noſtre commune mere ; & ne les allons pas chercher, côme ils font les leurs, dans des ſources eſcartées, au deſçeu du Magiſtrat, & contre la deffenſe de la loy. Ce ſont des voluptés inconnuës aux ambitieux, & aux auares, qui dans l'abondance des choſes precieuſes, manquent de celle qui ne couſte rien, c'eſt à dire de loiſir, & s'occupent ſi ſeruilement aux affaires de la vie ciuile, qu'il ne leur reſte point de temps pour les fonctions de la vie humaine. Ils n'ont d'autre objet qu'vn Eſtat & vne famille, où ils enferment toutes leurs penſées & tout leur diſcours, & ne ſe ſouuiennent point que hors de là il y a vn monde, qui merite bien quelques-vns de leurs ſoins & de leurs regards, & qui n'a pas eſté paré d'vne ſi grande varieté d'ornemens, pour des gens qui ſongent ailleurs, & pour des aueugles volontaires.

XI.

N'ignorant pas que ie ſuis citoyen de cette Republique vniuerſelle, auant que d'eſtre entré en aucune autre ſocieté, il me ſemble que les ſecondes obligations, auſquelles on m'a aſſujeti, ne me diſpenſent point de la premiere, dans la quelle ie ſuis nay, & qu'encore que j'aye pluſieurs deuoirs à rendre, & beaucoup de loix à obſeruer, Dieu entend pourtant auant tout cela qu'en

B ij

qualité d'homme, ie fois le tefmoin de fes œuures, & l'admirateur de fa conduite.

XII.
Math. cap. 12.
Les Iuifs luy demandoient autresfois des fignes, & il y a encore force chercheurs de prodiges, qui ont entrepris de longs voyages, & couru vne grande partie de la Terre, pour trouuer vn Demon, ou voir vn effet qui furpaſſe la puiſſance de la Nature. Pour moy, j'ayme bien mieux fes actions paifibles & regulieres, que fes violences & fes efforts : Elle me plaiſt bien dauantage quand elle fait fon deuoir, & qu'elle fe tient dans l'ordre qui luy a eſté prefcrit par celuy qui la gouuerne, que quand elle fort du droit chemin, & s'efgare en des operations extrauagantes. Ma curiofité demeure aſſés fatisfaite de ce qui paroiſt du monde vifible, & d'vne connoiſſance mediocre,

sans que ie me veüille hazarder de leuer le voile qui couure les secretes parties de l'Vniuers, & cache les choses deffenduës. Ie me contente de ces miracles ordinaires & perpetuels, qui roullent incessamment dessus ma teste, & ne pouuant penetrer iusques à la beauté souueraine, qui habite vne lumiere inaccessible, & la vision de laquelle esblouït les Anges & tuë les hommes, Il me suffit de contempler son ombre & sa peinture dans le Soleil, & de iuger auec reuerence quel doit estre l'original d'vne si admirable copie.

 Ie ne craindray point d'auoüer mon infirmité. Dés mon enfance i'ay esté ardemment espris de l'amour de ce bel Astre, & lors que ie mettois la felicité en la science, i'eusse suiui volontiers Eudoxe, qui ne se soucioit pas d'estre

XIII.

consommé de ses flammes, pourueu qu'il pûst monter dans son
Globe, & s'vnir de plus prés à sa
lumiere. Maintenant mes passions sont plus tiedes & plus rai-
sonnables : Ie ne le recherche
que pour le contentement de ma
veuë, & pour l'interest de ma santé. Et quand ce ne seroit point
luy qui conduit le temps, & mesure ses mouuemens circulaires;
quand il n'auroit point la part
qu'il a à la generation des choses,
& qu'il ne se feroit pas sentir au
fonds de la Mer, & dans le cen-
tre de la Terre, où il va former ce
que les hommes adorent: Quand
ie ne le considererois pas comme
le Dieu des Perses, ie serois vn
ingrat, si ie ne l'honorois comme le Medecin des melancholi-
ques.

XIV. Selon qu'il s'approche, ou qu'il
se recule de nous, il se fait vn

changement remarquable en toute l'œconomie de mon corps, & parmy les animaux & les plantes qu'on nomme Solaires, il n'y en a point sur qui il agisse plus visiblement que sur moy. Il luit en mon ame, aussi bien qu'au Ciel ; du mesme rayon qu'il escarte les nuages, il dissipe ma tristesse, & d'vne mesme pointe de chaleur il produit les fleurs & mes plaisirs. Sans luy la volupté n'est pas capable de me resiouïr, ny la bonne fortune de me rendre heureux. Ie ne vis qu'à demy quand il ne se monstre que par interualles, & qu'il dispute, par maniere de dire, auec le brouillas la possession de l'air: Mais certes ie ne vis point du tout, lors qu'il s'esloigne tout à fait de nous, & ne puis me lasser de loüer ces sages oyseaux, qui suiuent le bien que ie regrette, & abandonnent nostre climat, si tost qu'ils sentent venir nostre hyuer.

xv. C'est vne saison à laquelle ie n'ay pû encore m'accoustumer; & bien que les hommes s'estudient par toutes sortes de diuertissemens imaginables d'en soulager la tristesse, & que les jeux, les assemblées, & la bonne chere ayent esté particulierement introduites, pour suppleer aux voluptez naturelles qui luy manquent; si est-ce que ie ne laisse pas de la trouuer tousiours fort fascheuse, & toutes ces inuentions, dont on veut la desguiser, ne me semblent que du fard & des propretez, dont on tasche de rajeunir le visage d'vne vieille. Elle est laide de ses propres defaux, & le peu qu'elle a d'agréement, vient d'ailleurs & luy est presté: Mais cela ne rend pas supportables les troubles & les desreglemens qu'elle excite

LE PRINCE. 17

excite en la region Elementaire; la desolation generale de la campagne, qu'elle change en desert, apres l'auoir despouïllée à nud, & la nouuelle violence qu'elle adiouste à l'esmotion ordinaire de la mer, comme à vn corps malade vn redoublement de ses accés. Et veritablement si quelqu'vn n'ayant iamais veu le monde, dont on luy auroit conté des merueilles, venoit à en iuger au miserable estat où elle le met, sans doute il croiroit qu'on se seroit mocqué de luy, & ne le prendroit que pour le debris & pour les ruines de ce monde, de qui on luy auroit fait vne relation si auantageuse.

XVI. L'hyuer desfigure de la sorte les plus parfais ouurages de Dieu, & ne donne aux hommes pour toute sa fertilité que de mauuaise eau; soit qu'il l'espaississe en neige;

C

soit qu'il la durcisse en glace., ou qu'il la face escouler en pluye. Tellement que si la chaleur ne venoit d'enhaut, on auroit beau allumer des flambeaux, & dresser des feux ; tout ce lustre emprunté, & toute cette clarté artificielle, accompagnée mesme des rais de la Lune, ne sçauroient former le commencement d'vne violete, ny meurir vne cerise. Et ce n'est qu'à cette grande creature lumineuse, dont les autres vniuersellement ont besoin : Ce n'est qu'au Soleil, de qui ie ne puis parler auec mediocrité, qu'en l'establissement de l'ordre des choses, la vertu d'eschauffer & de produire fût suffisamment communiquée.

XVII.   N'ayant donc à jouïr que fort peu de temps du contentement que ie receuois à l'aller admirer tous les soirs, & à regarder les belles traces qu'il laiſſe dans le Ciel quand il ſe couche, & les diuerſes couleurs qui ſe forment de la diſſolution de ſes rayons, il n'y auoit point moyen de me ramener au logis que la nuit ne fuſt venuë, & n'euſt mis fin à la magnificence du ſpectacle qui me retenoit dehors. Parce qu'vne ſaiſon ſi heureuſe ne pouuoit pas eſtre longue, j'en voulois poſſeder tous les inſtans, & eſtois ſi bon meſnager des moindres parties de ſa durée, que j'aymois mieux prendre le ſerain que de perdre les reſtes du iour. Et ne plus ne moins que nous redoublons nos careſſes aux perſones que nous aymons, quand nous nous en deuons bien toſt ſeparer, & que les vieillards deſirent plus ardemment la vie, à laquelle ils n'ont quaſi plus de part ; ainſi j'auois de violentes paſſions pour vn bien qui s'enfuyoit de moy, & que le voisinage de l'hyuer me menaçoit à toute heure de me rauir.

XVIII. On ne me voyoit plus suiure ma premiere forme de vie, ny faire, comme auparauant, plusieurs pieces de l'apresdinée. Ie n'estois sociable que iusqu'à midy; incontinent apres ie sortois tout seul, & n'auois point de patience que ie ne vinsse retrouuer ma chere riuiere ; le long de laquelle me promenant vn iour à l'accoustumée, & ce fût, s'il m'en souuient bien, le mesme iour que nous receusmes la nouuelle de la reddition de la Rochelle, j'apperçeus tout d'vn coup à la riue de delà ie ne sçay quoy de jaune & de bleu, qui se monstroit parmy les peupliers, & faisoit remuer les roseaux. L'Eneide de Virgile, que ie tenois d'auanture entre les mains, & où ie venois de lire l'apparition du Tybre à Enee, qui se fist à peu prés de la mesme sorte, m'auoit tellement mis dans l'esprit les folies de la Poësie, que ie m'allay d'abord imaginer que le fantosme que ie descouurois, pouuoit estre le Dieu de nostre fleuue. Mais ie corrigeay aussi-tost l'extrauagance de ma pensée, & vis distinctement vn homme blond, qui me presentoit vn bonnet de peluche bleuë. A quoy reconnoissant qu'il auoit besoin de charité, & le canal n'estant pas si estroit en cet endroit là, que ie luy pûsse jetter l'aumosne que ie luy voulois faire, je fis signe à vn pescheur, qui tendoit ses filets à vint pas de moy, de l'aller prendre auec son bateau.

Huic Deus ipse loci fluuio Tiberinus amœno, Populeas inter senior se attollere frondes visus, eum tenuis glauco velabat amictu Carbasus & crines vmbrosa tegebat arundo.
Virg. 8. Æneid.

C'estoit vn gentilhomme Flamand, qui venoit d'Espagne, & qui tout pauure & tout deschiré

XIX.

qu'il estoit, ne laissoit pas de sentir son homme bien nay, & d'auoir fort bonne mine, quoy qu'il fust en fort mauuais equipage. Ie sçeus de luy que retournant de Lorette, il auoit esté pris par vn vaisseau Turc, & mené en Alger auec quelques autres Chrestiens, qui pour espargner la despence qu'ils eussent faite par terre, auoient loüé vne petite barque à Ancone, qui les deuoit porter iusques à Marseille. Il me recita au long l'histoire de ses malheurs ; le fascheux traitement qu'il auoit receu de quatre differens maistres, qui l'auoient acheté l'vn de l'autre, & l'insupportable humeur du dernier, qui n'ayant ny raison, ny humanité, luy doubloit toutes les charges de la seruitude, & le mist en fin en tel estat, que se l'estant rendu entierement inutile, il fût contraint de le laisser pour vne piſtole à vn Religieux de la Mercy.

 Il n'oublia pas de me faire la deſcription de ces deux effroyables priſons, qui ſont ſous la ville d'Alger, & qu'on peut nommer à bon droit les ſepulchres des viuans ; puis qu'on y enterre tous les ſoirs douze mille eſclaues, & qu'on les en tire tous les matins, pour les enuoyer à leur trauail ordinaire. Et certes il ſe plaiſoit ſi fort ſur cette matiere, & s'y enfonçoit quelquefois ſi auant, que ie voyois aſſez que les peines paſſées luy eſtoient des contentemens preſens, & que le bien que nous eſperons, ne flate pas dauantage noſtre imagination, que le mal que nous auons ſouffert, contente noſtre memoire. Ie luy donnois donc pour l'obliger la plus paiſible & la plus fauorable audience qu'il euſt pû

XXI.

desirer d'vn auditeur extremement curieux : Ie m'interessois en ses disgraces par les frequentes exclamations dont j'accompagnois ce qu'il me disoit, & luy laissois redire plusieurs fois vne mesme chose, sans l'interrompre, affin de ne sembler pas luy vouloir oster la liberté, qu'il ne venoit que de recouurer.

XXI. Aussi l'ayant longuement escouté par complaisance, je luy fis à mon tour quantité de questions pour ma satisfaction particuliere, & le lassay peut estre de respondre à force de l'interroger. Ie voulus sçauoir de quelle police vsent les Mores, quelles coustumes ils obseruent, & à quels exercices ils s'adonnent. Entr'autres choses il me conta que tous les vendredis ils font des prieres publiques à Dieu, de leur rendre le Royaume de Grenade, & maudissent la memoire

LE PRINCE.

re du dernier Roy, qui ne le sçeut pas deffendre contre Ferdinand. Il m'informa de beaucoup de semblables particularités, que l'histoire ne m'auoit point apprises ; & bien qu'il me fust impossible de le retenir plus de deux iours, quelque priere que ie luy fisse de demeurer dauantage, ie reçeus à mon aise durant ce temps-là tout le proffit qu'il auoit tiré d'vne triste experience, & de la multitude de ses malheurs.

XXII. Mais veritablement ce qui me pleust dauantage en son entretien, & me laissa vne pleine & entiere satisfaction de la rencontre que j'auois faite, ce fût qu'apres luy auoir demandé si les Mores auoient autant de curiosité que moy, ou si, comme les autres Barbares, ils viuoient en vne profonde ignorance des affaires estrangeres; Il me fist responfe qu'il ne se parloit auiourd'huy en toute l'Afrique que des victoires de noſtre Roy, & que la Rochelle auoit eſté cauſe cette année de mille gageures, & de quaſi autant de querelles. Iuſques-là que parmy les eſclaues vn François s'eſtant picqué contre vn Eſpagnol, qui ſouſtenoit qu'elle ne ſe prendroit point, & que le Roy n'en ſçauroit venir à bout, ſans l'aſſiſtence du Roy d'Eſpagne ; le François ne pouuant ſouffrir cette parole, & n'ayant rien pour la repouſſer, ſe fiſt des armes de ſes propres cheiſnes, & en frappa ſi rudement ſon compagnon, qu'il l'eſtendiſt tout roide mort aux pieds de leur commun Maiſtre.

XXIII. Certainement cette action me ſembla ſi peu commune, que ſi celuy qui me la racontoit, ne me l'euſt aſſeurée par de grands & de religieux ſermens, il faut auoüer que ie la trouuois trop belle, pour la croire veritable. Mais le tefmoignage qui m'en fût rendu, ne me deuant pas eftre fufpect, tant parce qu'il fortoit de la bouche d'vn Gentilhomme originaire de la Flandre Efpagnole, & par confequent fubjet du mefme Prince que le mort, que pour d'autres confiderations affez fortes: Ie fus rauy d'ayfe de voir que fur l'extreme vieilleffe du monde, & dans le declin de toutes chofes, la France portoit encore des enfans, dignes de la premiere vigueur de leur mere.

XXIV. Vn fi genereux exemple me donna de l'amour, & en mefme temps de la jaloufie. Ie fus extraordinairement efmeu, & dis en moy-mefme; Puis que de pauures captifs, qui refpirent à peine fous la pefanteur de leurs fers, ayment fi cherement vn Prince, qui ne les

D ij

a point deliurez de la feruitude, & à bien dire, n'ayant ny mains ny forces, tüent les ennemis de fa Couronne par leur feul courage: Puis que les efclaues d'Alger deuiennent foldats de LOVYS LE IVSTE, & que ceux qui ne participent point à fes profperitez, prenent part neanmoins à fa gloire: Quelle apparence y a t'il que viuant en vne Prouince, dont il eft plus particulierement le liberateur, que du refte de la France, & le principal fruit de fes trauaux appartenant à mon Pays, ie regarde d'vn efprit indifferent tant de biens qu'il nous a fais, & jouïffe en fecret & fans dire mot d'vne lafche & ftupide felicité ? Quelle apparence y a t'il qu'eftant dans le champ de la victoire, & ne voyant au tour de moy que des Peuples rachetez, & des ennemis abbatus ; la prefence d'vn fi glorieux objet ne puiſſe exciter mon oyſiueté, & me donner vne penſée genereuſe? Quelle apparence, que ie ne me reſueille point à ce grand bruit, qui ſe leuant icy, ſe fait entendre aux extremitez de la Terre, & que ie ne reçoiue aucune impreſſion d'vne lumiere ſi proche & ſi eſclatante, qui s'eſpand deſia au delà de la Mer, & jette ſes rayons iuſques dans les cachots de Barbarie?

XXV.

 Il faut en effet eſtre touché plus viuement de la bonne fortune publique, & mieux connoiſtre ſon propre bien. Il faut produire quelque acte de noſtre joye, s'il n'eſt plus temps de rendre des preuues de noſtre courage ; & teſmoigner que nous aymons l'Eſtat, ſi nous n'auons eſte capables de le ſeruir. Il ne faut pas dauantage demeurer dans l'aſſoupiſſement & le ſilence de l'admiration. Il ne faut pas que ie fois le feul muet parmy les acclamations du peuple, ny le feul artifan inutile dans les preparatifs du triomphe.

XXVI. Ie crains bien neanmoins à céte heure que ie confidere les chofes d'vne veuë tranquille, & que ie fuis reuenu du tranfport où j'eftois, que la pauureté du lieu où ie fuis ne me fournira pas de quoy trauailler affez dignement à vne fi noble & fi illuftre befongne. Nous n'auons point de carriere de marbre, ny de mine d'or, d'où ie puiffe tirer les ornemens que ie defirerois. L'abondance de Paris ne fe rencontre point au village. Noftre terre contente groffierement le befoin, mais elle ne donne rien aux delices. En vain auffi chercherois-je la communication d'autruy, & le fecours de la conference, ne voyant quafi que des objets qui ne parlent point, &

LE PRINCE.

paſſant ma vie parmy des choſes mortes & inanimées. Qu'eſt-ce que me peuuent apprendre les arbres & les rochers? Qu'y a t'il de commun entre l'Agriculture & la Politique ? Qui puis-je conſulter où ie ne trouue perſone. Deſpuis que la Cour s'eſt eſloignée d'icy, les nouuelles ne vieilliſſent elles pas à venir iuſques à nous ? Suis-je pas des derniers à qui la Renommée les apporte? Les ſçay-je qu'apres quelles ſont publiques & imprimées?

Ie n'ay pas acquis d'ailleurs xxvii. beaucoup de pratique des choſes du monde. On ne m'a point donné de memoires, ny d'inſtructions, pour ſuppleer au defaut de la connoiſſance que ie nay pas: Ie chemine ſans guide, & ſans compagnie. Tous les auantages, qu'vn autre pourroit auoir, me manquent, & j'auouë que ie ſuis fort

mal pourueu des qualitez neceffaires, pour fouftenir la dignité du
deffein que j'ay entrepris. Neanmoins ie me fens comme forcé de
me produire en cette occafion:
Il m'eft impoffible de refifter au
mouuement interieur qui me
pouffe : Ie ne fçaurois m'empef-
cher de parler du Roy, & de fa
vertu : de crier à tous les Princes
que c'eft l'exemple qu'ils doiuent
fuiure ; de demender à tous les
peuples & à tous les âges, s'ils ont
iamais rien veu de femblable. Vn
Hermite veut dire fon aduis de
ce qu'il y a de plus magnifique,
& de plus pompeux en la vie actiue. Ie veux me ietter auec mon
fimple fens commun dans les plus
grandes affaires de la Chreftienté: Ie veux trauerfer la Mer auec
vne claye.

XXIII. C'eft pourquoy ie ne doute
point que ie ne me hazarde ex-
treme-

tremement, & que ie ne coure fortune de me perdre dés le port. Ma temerité ne me peut reüſſir que par miracle : Ie ne puis me rendre remarquable que par mes erreurs. On verra bien aux meſ-contes de mes eſcrits que ie ſuis eſtranger du monde, & habitant du deſert. Toutesfois puis qu'en cecy ie n'exerce ny de charge ci-uile, ny de charge militaire; puis que ie ne donne point d'Arreſts, ny ne mene de gens à la guerre, & qu'vne perſone priuée peut fail-lir, ſans que ſes fautes ſoient dan-gereuſes, ie me conſole de ce que les mienes ne feront point de mal à ma Patrie, & que ma plus groſ-ſiere ignorance ne luy couſtera pas la vie du plus inutile de ſes Citoyens. Ie renonce à tout ce que j'ay pretendu en l'art de bien dire, pour m'acquiter d'vne action de pieté : Ma reputation

E

ne m'eſt point ſi chere que mon deuoir. I'ayme mieux qu'on blaſme mon zele, que ma dureté; & ma violence, que ma langueur: Ie n'aſpire point à la gloire; Ie ſatisfais ſeulement à ma conſcience.

XXIX. Et s'il eſt vray qu'il n'y a perſone, à qui la jouïſſance du repos ſoit plus ſenſible, qu'à celuy qui le ſçait gouſter par le moyen de la Philoſophie, qui apprend à bien deuoir, encore qu'elle ne donne pas dequoy payer; ce ſeroit à faux que ie ferois profeſſion d'vne eſtude ſi honeſte, ſi des effets ie ne montois à la cauſe, & ne rendois quelque preuue de reconnoiſſance au ſecond fondateur de cet Eſtat, par le bien-fait duquel ie reſue icy en ſeureté ſur le bord de la Charante; ie conſidere à mon ayſe les diuerſes beautez de la Nature, & poſſede sans trouble toutes les richesses de la campagne.

 Ces formidables bastions, qui nous empeschoient de voir le Ciel; qui auoient esté bastis du sang & des larmes de nos peres, & dont l'ombre estoit si funeste à trois Prouinces voisines, ne menacent plus nostre liberté. L'Azile des meschans est tombé par terre; il n'en reste que des traces & des ruïnes, qu'on monstre aux passans. L'Eglise a sa reuanche des lieux saints qu'on luy a abbatus, & des images qu'on luy a brisées. Il n'y a plus de trou, ny de cauerne pour retirer cette beste furieuse, qui venoit courir iusques dans nos portes, & s'en retournoit superbe & fiere de nos despouïlles. Elle est maintenant exposee aux jeux & à la risée des enfans : Elle est deuenuë le spectacle & l'amusement du peuple.

xxx.

Elle ne fçauroit plus fe deffendre que du cœur : On luy a arraché les dens & les ongles.

XXXI. Ce n'eſtoit pas certes vne petite entrepriſe, ny qui euſt beſoin d'vn moindre courage que celuy du Roy. Et quand ie conſidere que nos propres freres eſtoient nos ennemis naturels, & qu'il y auoit plus de difference entre deux François, qu'entre vn François & vn Moſcouite ; & qu'aujourd'huy ce genereux Prince nous a tous reconciliez par ſa victoire, & tous reünis dans ſon ſeruice, ie ne voy point de conqueſte qui ſe puiſſe offrir à ſon ambition, qui vaille celle qu'il a deſia faite. Les auantages qu'il en tire ont beaucoup d'eſclat, pour eſbloüyr les yeux du vulgaire, mais ils ont auſſi beaucoup de ſolidité, pour contenter les eſpris des ſages : La gloire qui luy en vient, pese pour le moins autant qu'elle brille, & c'est la parfaite guerison de son Estat, & non pas vn vain ornement de son Histoire.

Et de fait outre qu'il a pris plus de villes qu'il n'y en a dans le Royaume de Naples & dans celuy de Sicile : Que tantost il a affoibly l'Angleterre, & qu'il l'a tantost deshonorée ; qu'il luy a tousiours fait receuoir, ou des pertes, ou des affrons. Outre qu'il a imposé vn joug à la plus orgueilleuse partie de la Nature: qu'il a planté dans la mer des escueils artificiels, pour eschoüer les flottes de ses ennemis, & que la force de sa resolution a surmonté la violence des Elemens & des Astres : Il peut encore dire auec verité qu'il a rendu tout le monde sage ; qu'il s'est fait d'autres subjets, & vn autre peuple, & qu'aux termes où il a reduit

XXXII.

E iij

les factieux, le pis qu'ils puiſſent faire, c'eſt de faire de mauuais ſouhais, & de deſirer que le temps ſe change.

XXXIII. La paix qu'il nous a acquiſe, eſt ſans doute d'vne bien plus forte, & bien plus durable matiere, que toutes celles que nous auons veuës. Ce n'eſt ny la neceſſité des affaires, ny la laſſitude de la guerre, ny l'apprehenſion de ſes diuers euenemens, qui l'a obligé de la nous donner. Elle'eſt ſortie librement de ſon eſprit, apres vne entiere & plaine victoire; apres que la derniere racine du mal a eſté coupée, & que les choſes ont eſté miſes hors de la puiſſance de la fortune. Elle'eſt fondée ſur la deſtruction de tout ce qui la pouuoit iamais troubler, & noſtre repos eſt ſi puiſſamment & ſi ſolidement eſtably, que ſi l'Admiral de * * *

& le Mareschal de * * * reuenoient au monde, auec toutes leurs subtilitez & toutes leurs ruses, ils ne seroient pas capables de nous donner seulement vne fausse allarme.

XXXIV. Il ne faut donc pas craindre que ces grands espris, qui ont tenu leur siecle en perpetuelle inquietude ; qui ont excité des orages dans la serenité des plus beaux jours, & qui maintenant demeureroient oisifs, ne sçachant par quel endroit nous faire du mal, ayent laissé des disciples plus sçauans qu'eux, & plus ingenieux à la ruine de leur Patrie. Il ne faut pas craindre, comme auparauant, que les mescontentemens des particuliers facent naistre les miseres publiques, ny que le premier mouuement de leur cholere soit suiui de la prise des villes, & de la desolation de la campagne. Toute leur mauuaife humeur se passera à l'auenir dans leur cabinet, & contre leurs domestiques : Ils se fascheront à meilleur marché qu'ils ne faisoient, lors qu'il n'y auoit pas assez de charges & de gouuernemens pour les appaiser. L'Estat ne donnera pas plus de peine à conduire, qu'vne maison bien reglée. Tout obeïra, despuis les enfans iusqu'aux mercenaires ; & cette multitude de Roys, qui a si long temps partagé la France, sera enfin reduite au droit commun, & rendra à vn seul la souueraineté qui estoit diuisee entre plusieurs.

xxxv. Qui est-ce, à vostre aduis, qui voudra adiouster ses malheurs à ceux des autres, & suiure l'exemple de tant de gens qui se sont perdus, ou qui sont encore tous moittes, & tous degouttans de leur

leur naufrage? Qui eſt-ce qui pourra ſonger à de nouuelles brouïlleries, s'il ſe ſouuient de ce qu'il a veu, & auoir de l'eſperance, s'il n'a tout à fait perdu la memoire? Qui ſera le temeraire, qui ſe mettra au deuant de cette proſperité impetueuſe, qui a emporté le Bearn, la Guyenne, le Languedoc, & le Dauphiné; & où ſe cachera vn pauure rebelle, puis que d'vn coſté le trauail de ſoixante ans, & l'induſtrie de tous les Mathematiciens de l'Europe, & de l'autre la Mer & l'Angleterre n'ont ſçeu conſeruer la Rochelle dans ſa deſobeïſſance.

XXXVI. Il n'y a rien de ſi fort naturellement, ny de ſi acheué par l'artifice des hommes, qui puiſſe reſiſter à la preſence du Roy. Il n'y a point de grandeur, qui ne s'humilie deuant la ſiéne. Il n'y a point de fineſſe qui ne ſoit foible contre sa prudence. Les places qui eussent attendu le canon il y a dix ans, se rendront à la veuë de sa liurée : Deux lignes signées de sa main, & portées par vn valet de pied, feront obeyr ceux qui eussent voulu l'autre iour des traités de paix, & des conferences reglées, pour rentrer auec ceremonie dans leur deuoir. Qu'il commande à qui que ce soit de luy venir rendre conte de ses actions; il ne deliberera point s'il doit partir, quoy qu'il doiue craindre le succés de son voyage; jl apportera sa teste, & n'enuoyera point de Manifeste. Qu'il deliure, quand il luy plaira, les prisonniers; pour estre en liberté, ils ne seront pas moins en sa puissance. Il ne se dessaisira point de leur persone ; jl eslargira seulement le circuit de leur prison. Il les tiendra par de plus longues chesnes que les premieres, & les laiſſant viure auec le reſte de ſes ſubjets, il ne fera qu'augmenter le nombre des gardes qu'il leur donnoit. De ſorte que bien-toſt les peines & les ſupplices, ne feront plus neceſſaires en ſon Royaume. On ne ſe ſeruira plus de ces remedes faſcheux, que la foibleſſe, & l'impuiſſance des hommes ont mis en vſage, & qui ne peuuent conſeruer le tout ſans la perte de quelque partie. L'Eſtat ſe maintiendra par la reputation du Prince, & le Prince ſera redoutable par ſa ſeule autorité.

Ie parle de ce qui luy reſte à faire en Languedoc, comme d'vne choſe deſia faite. Sa fortune nous eſt trop connuë, pour douter du ſuccés d'vne action qui aux termes où les affaires ſe trouuent, feroit meſmes facile à vn malheureux. Il y aura de la preſſe a ſe   xxxvii.

rendre au Roy. Les Sages ne chercheront point de gloire en vne fauſſe reputation de conſtance; ils prendront conſeil de leur condition preſente, ſans ſe reſſouuenir mal à propos de leur proſperité paſſée. Ils n'attendront pas que la neceſſité les contraigne à venir demander la paix en chemiſe, & aymeront mieux ſe fier à vne parole qui ne peut manquer, qu'à des murailles qui ſe peuuent prendre.

XXXVIII. Au pis aller, il combattra contre des gens qu'il a couſtume de veincre, & qui n'eſtant ſouſtenus que d'vn peu de deſeſpoir qui les porte, ſeront incontinent conſommez par ſes forces, par ſon courage, & par ſon bon heur. Il ne faut plus que nos heretiques facent eſtat de Chefs, de Party, de Ville, ny d'Aſſemblées; il ne leur demeurera que leur hereſie,

laquelle eſtant miſe à nud, & deſ-
poüillée de ces auantages hu-
mains, qui couuroient ſa naturelle laideur, perdra tous les
iours ſes vieux Partiſans, & n'en
acquerra point de nouueaux.
Quelques-vns s'y tiendront encore par commodité, & parce qu'il
faſche aux pareſſeux de deſmeſ-
nager d'vn lieu en vn autre; mais
perſone ne s'y arreſtera pour y
mourir, & les plus opiniaſtres
s'ennuyront de diſputer vne cauſe infortunée, ſi ſouuent, & ſi ſo-
lennelement perduë, abandonnée de Dieu, & des hommes.

 M. le Mareſchal de ✱ ✱ ✱ & xxxix.
M. le Mareſchal de ✱ ✱ ✱ les plus
auiſez & plus conſiderables de
cette ſecte, ſont habitans de Paris, & le Roy n'en eſt pas moins
aſſeuré que du Preuoſt des Mar-
chans. L'vn eſt ſaoul de la guerre ciuile, l'autre n'en a iamais

F iij

voulu taster ; & tous deux sçauent assez quelle servitude c'est que de commander à des Rebelles, parmy lesquels outre que les meilleures actions ont besoin d'abolition ; que les victoires sont des parricides, & qu'il n'y a pas seulement esperance de receuoir vne mort honneste, il ne se peut encore ny apporter, ny trouuer de confiance, à cause qu'il y a du merite à tromper, & qu'en quittant son party, on fait son deuoir.

XL. Pour M. de ✶ ✶ ✶ ✶ ie ne croy pas qu'il ait l'esprit incurable, & qu'il suiue le mal par election. La tempeste l'a jetté dans la reuolte, & il connoist bien qu'il n'y a point de si mauuaise place aupres du Roy, qui ne vaille mieux que la Generalité de son armée. Il a beau estre habile & laborieux, ses entreprises sont semblables aux effors d'vn homme qui songe; il se trauaille & se debat inutilement. On ne sçauroit rien faire en despit du Ciel. Il void vne puissance superieure, qui renuerse d'enhaut tous ses desseins, & toute la prudence humaine abbatuë par la force de la destinée.

XLI. Dauantage, en quelque lieu qu'il soit, il est esclaue d'vne infinité de maistres, & craint autant les siens que les ennemis. Son autorité, qui n'a pour fondement que la passion du menu peuple, est bastie sur de la bouë. Elle depend de la fantaisie d'vn artisan, qui croit auoir droit de luy demander raison de tout ce qu'il fait, & de tout ce qu'il ne fait pas, & de l'appeller traistre, toutes les fois qu'il sera malheureux. Le plus ferme seruiteur qu'il ait, n'est pas à l'espreuue de mille escus de pension. Il n'a pas vn homme sous sa conduite, qui luy rende vne vraye obeïssance, & à qui il ne faille qu'il promette quelque chose, pour en obtenir vne autre. Ils pensent tous aucunement estre égaux à luy par la societé du mesme crime, & que chácun a pareille part à vne puissance, qui n'appartient legitimement à personne.

XLII. Si bien que pour se conseruer cette vaine image de commandement sur eux, il faut qu'il les gouuerne auec des artifices honteux, & que d'abord il leur souffre la licence, voire mesmes contre sa propre persone. Il faut qu'il soit le flateur & le corrupteur de son armee ; que tous les iours il inuente des nouuelles, pour entretenir les esperances; qu'il compose des propheties, pour amuser les credules ; qu'il asseure que les Casimirs repasseront la Loyre, & inon-

& inonderont encore la France auec leurs Lanſquenets & leurs Reiſtres. Qu'apres cela il contreface des lettres de Bethlem Gabor, par leſquelles le Turc doit bien-toſt venir, puis que l'Angleterre & l'Allemagne ont manqué; & que dans l'apprehenſion de ſa prochaine ruine, & parmy les horreurs du deſeſpoir, il ait toutes les mines & toutes les apparences d'vn homme content.

XLIII. Cependant je m'aſſeure que depuis deux ans il n'a pas reçeu d'autres joyes, que celles qui ſe peuuent gouſter dans l'interualle qui eſt entre la condemnation & la mort. Les mauuais jours qu'il paſſe ne ſont pas ſuiuis de meilleures nuits; & s'il veut prendre quelque repos, en meſme temps ſon imagination qui veille, luy repreſente ou vne ſedition en ſon Camp, ou vne Ville qui ſe ſaiſit de luy pour faire ſa paix plus auantageufe, ou le poignard d'vn des fiens qui le tient à la gorge, ou le vifage irrité de fon Maiftre, qui luy reproche fa Felonnie, & l'abandonne aux formes ordinaires de la Iuftice. Certes fi on pouuoit voir les tourmens, & l'agitation de fa pauure ame, je ne doute point qu'on n'en euft pitié. Nous n'auons point de volontaire dans nos troupes, qui vouluft fe changer auec ce malheureux General, & qui n'entendift en ce fens-là les parolles qu'- Homere fait dire à fon Achille, Que ceux qui obeïffent en ce Monde, font plus heureux que ceux qui commandent aux Enfers.

Hom. Odyff. K.

XLIV. Il n'eft donc pas difficile à croire que s'il eftoit à recommencer, il ne preferaft vn banniffement volontaire à fa qualité de Chef de Part; & qu'encore aujourd'huy confiderant l'auenir, qui ne luy monftre rien que de trifte & de funefte, il ne porte enuie aux prisonniers du Bois de Vincennes, qui attendent pour le moins en repos la misericorde du Roy.

XLV. Il regarde bien de tous costez par où il pourroit sortir de cette confusion de diuers malheurs, & cherche vn passage pour retourner à son deuoir. Mais il n'y a point de degrez en vn precipice: On ne void gueres remonter les personnes qui s'y sont jettées, & le danger n'est pas moindre de se deffaire de la Tyrannie, que de s'en saisir. Phalaris estoit tout prest de la quiter; mais il demandoit vn Dieu pour caution, qui luy respondist de sa vie, s'il se despouïlloit de son autorité; & ç'a tousiours esté vne commune opinion, que ceux qui ont pris les armes contre leur Pays, ou contre leur Prince, sont en quelque façon reduits à la necessité de malfaire, pour le peu de seureté qu'ils

Phalar. in Epist.

trouuent à faire bien. Ils n'ofent deuenir innocens, de peur de fe mettre à la mercy des Loix qu'ils ont offenfées, & continuent leurs fautes, à caufe qu'ils ne penfent pas qu'on fe contentaft de leur repentance.

XLVI. Toutesfois la bonté du Roy doit affeurer les efprits que ces Maximes pourroient auoir effrayez : Elle ne s'affujettit point aux regles de la Politique vulgaire, & eft en eftat de les adoucir & de les changer à fa volonté. La rigueur & la courtoifie qu'on exerce dans l'incertitude des euenemens & dans la violence du mal, font pluftoft des effets de neceffité que de vertu. Ce font à bien dire, des craintes honneftes & fpecieufes, qui tefmoignent que nous ne voulons point d'ennemis puiffans, quand nous faifons aux noftres du pis qu'il nous eft poffible ; & quand nous les

LE PRINCE. 53

traitons doucement, que nous en attendons la pareille. Mais la continuelle prosperité du Roy ne donne point lieu à ces pensées; elle oste tout soupçon d'hypocrisie à sa vertu, & laisse à son choix d'vser de justice & de grace comme bon luy semble. Luy seul peut tirer M. de * * * * de l'extremité où il est tombé, & luy donner moyen, ou de trouuer vne mort glorieuse en quelque occasion esloignée qui regarde son seruice, ou de passer vne vieillesse tranquille dans les festes & dans les triomphes de sa Cour. Ses mains ne sont point raccourcies dépuis les dernieres actions de clemence qu'il a faites: & si elles s'estendent sur vn homme, qui peche encore auecque remords; qui n'a pas encore oublié son nom ny sa naissance, & qui certes merite qu'on le conserue, on le loüera par tout de ce qu'apres

G iij

auoir abbatu l'orgueil des rebelles, il ne s'attache point à l'infortune des affligez.

XLVII. Ie n'ose pas dire que les auteurs de la reuolte, qui ont renié leur Prince, & voulu vendre leur pays à l'Estranger, doiuent receuoir vn si fauorable traitement, & qu'il ne faille quelque exemple pour appaiser les ames des Morts, & pour satisfaire le public. Le Roy neanmoins peut faire en cela ce que personne ne luy peut demander raisonnablement, & la douceur de son inclination a corrigé souuent la seuerité de la Charge qu'il exerce.

XLVIII. Mais quand il voudroit estre liberal de ses injures & pardonner à des gens qui l'ont si sensiblement offencé, que feroient-ils d'vne grace, dont il leur seroit impossible de joüyr au milieu d'vne nation irritée? Que leur seruiroit-il d'auoir la liberté, si elle leur estoit plus dangereuse que la prison & d'estre eschappez de la justice du Parlement, pour s'exposer à la vengeance du Peuple? Ils sont si odieux en tout ce Royaume, qu'ils n'y pourroient marcher que de nuit s'ils y retournoient. Les plus tendres esprits ne sont point touchez de leurs disgraces; & quoy que ce soit la nature du mal de donner de la compassion à ceux qui le voyent, ils sont hays, comme s'ils n'estoient pas miserables.

XLIX. On se souuient qu'ils ont tousiours allumé les embrasemens que nous auons veus; qu'ils ont esté les premiers parjures, & les premiers infracteurs de la Foy publique; qu'ils se sont émeus lors que le trouble mesme se reposoit, & ont deuancé le sousleuement de leur Party par l'impatience de leur propre rebellion. On se souuient qu'en pleine Paix ils se sont faits Pyrates de nostre Mer, & violateurs de la franchise de nos Havres; qu'ils se sont opposez à la grandeur de la France; qu'ils ont enuié la gloire du Roy, & détourné son esprit d'vne genereuse entrepise hors de ce Royaume, par les empeschemens domestiques qu'ils luy ont suscitez au dedans.

L. Nous sçauons qu'ils ont diuisé les Roys, & rompu les Alliances des Couronnes ; que leurs Harangues seditieuses ont versé le feu & le souffre de tous costez ; qu'ils ont essayé de remüer toute l'Europe contre leur Patrie; qu'ils ont esté au bout du Monde nous chercher des ennemis; & ont fait si peu d'estat de la dignité du nom François, qu'ils n'ont point eu honte de se trouuer au leuer d'vn fauory d'Angleterre, & de plier les genoux deuant vne puissance estrangere.

LI. Les Rebelles d'ailleurs les regardent comme les demons qui les ont tentez, & leur ont inspiré la premiere fure fureur des armes, qui leur ont si mal-heureusement reüssi. Il est bien vray qu'ils ont pressé le secours qui leur est venu, & les ont seruis chez nos voisins auec de l'affection & du soin : mais ils n'ont pas esté si bons conducteurs de leurs troupes, que bons solliciteurs de leurs affaires, & apres auoir preparé la guerre, & engagé les soldats, ils se sont contentez presque tousiours de donner des conseils hardis & de deliberer genereusement. Ainsi ils ont poussé dans le peril ceux qu'ils y deuoient mener, qui leur reprochent continuellement leurs blessures & leurs pertes, & croyent qu'ils font vn crime de viure apres la ruïne de leur Party. Ils ne sont pas en meilleure odeur chez les Estrangers, & s'il estoit possible de recueillir les voix de tous les Peuples ensemble, ils seroient condamnez par vn commun Arreſt du genre humain, & repouſſez de tous les Afyles de la Terre.

LII. Or il eſt ſans doute, à mon aduis, que l'extreme hayne qu'on leur porte, vient de l'extreme amour qu'on a pour le Roy. Les offenſes qui ſont faites à vn Prince iuſte, excitent des reſſentimens vniuerſels, & appartienent à tout le Public. Tout homme eſt ſoldat contre les ennemis de l'excellente vertu. Il n'y en a point de ſi deſintereſſé, qu'elle n'engage dans ſon party, ny de ſi froid, à qui elle ne donne de la paſſion, ny de ſi contraire qu'elle ne change. En quelque lieu qu'elle ſe face voir, elle acquiert premierement l'eſtime, qui eſt le fondement de l'autorité : Elle produit aprés des ſentimens plus doux & plus tendres, & ne laiſſe pas meſmes à ceux qu'elle bat & qu'elle pourſuit, la liberté de ne l'aymer pas.

LIII.

Nous voyons les habitans des villes raſées, qui adorent la vertu de leur deſtructeur; qui beniſſent la foudre qui les a frappez, & reconnoiſſent que la guerre qu'on leur a faite, n'a eſté ny vn mouuement precipité de cholere, ny vn effet de mauuaiſe volonté contre eux; mais vne neceſſaire concluſion de tous les principes de la prudence, & le ſeul remede qui les pouuoit mettre en meilleur eſtat. Ils confeſſent qu'ils jouïſſent par la perte de la Rochelle, de la ſeureté, qu'ils n'auoient pû trouuer en ſes prodigieuſes fortifications, & ne ſe pleignent point de leur cheute, n'eſtant tombez que dans le ſein de leur pere. Ils ne font point difficulté d'auoüer qu'ils ſont obligez à la victoire du Roy, de leur tranquillité & de leur repos; qu'il leur a donné loisir de vacquer à leurs affaires particulieres, en les deschargeant de celles de leur party; & que puis qu'on n'a touché ny à leur vie, ny à leur liberté, ny à leur fortune, qu'en leur ostant des places qui n'estoient pas à eux, on ne leur a osté que des soucis, des inquietudes, & des peines.

LIV. Comme les vents les plus impetueux & les plus froids se relaschent & s'adoucissent aucunement, passant par vne region temperée: Aussi les plus seueres & les plus fascheuses actions retienent quelque chose des qualitez de la persone qui les entreprend, & perdent vne partie de leur aspreté & de leur rudesse, dans la conduite d'vn Prince sage & bien auisé. Le Roy a sçeu mesnager cette-cy auec tant d'adresse, qu'en

faisant iustice, il a receu des loüanges de la propre bouche des
coupables, & a porté son ressen-
timent à vne pleine satisfaction
de l'offense qu'il auoit receuë,
sans qu'il ait paru d'aigreur en
son procedé, ny d'esmotion en
son esprit. Il a agi ne plus ne
moins qu'agissent les loix, qui ordonnent des peines & des supplices, sans se mettre en cholere,
& ne sont point passionnées,
quoy qu'elles soient dures & in-
flexibles. Tout le monde a admiré la subtilité de la main, qui en
mesme temps a sauué le corps, &
percé le serpent qui l'entortilloit;
qui a employé innocemment le
fer & le feu, la rigueur & la vengeance; qui a exercé vne hostilité
si charitable, que les veincus en
remercient auiourd'huy le victorieux.

 Il a donc à bon droit la faueur

vniuerſelle, & les volontez des vns & des autres. En vne ſi iuſte affection le Huguenot eſt riual du Catholique; toute la France eſt également amoureuſe de ſon Roy. Et bien qu'en s'eſloignant d'elle, il luy ait laiſſé la paix, & d'autres gages tres-precieux;bien qu'il n'acquiere point de gloire, qui ne ſoit pour elle, & qu'à toute heure il luy enuoyé des trophées du lieu où il eſt, elle ne ſe peut conſoler de ſon abſence, qui la met en vn ſi haut degré de reputation, en la ſeparant de luy. Elle eſt enuieuſe de la bonne fortune de ſes ennemis, qui voyent pour le moins le viſage qui leur fait peur, & jouïſſent de la clarté qui les esblouït.

LVI. Nos yeux, qui ne ſont iamais ſatisfais des meſmes objets; qui veulent touſiours changer de beauté, & qui s'ennuyent quelque-

LE PRINCE. 63

fois du jour & de la lumiere, ne se laſſent point de regarder noſtre Prince. Quand il a paſſé par vne ruë, le Peuple court à l'autre pour le reuoir : Et toutesfois ce n'eſt pas la forme exterieure que nous ſuiuons, quoy que les Philoſophes l'eſtiment la troiſieſme partie du ſouuerain Bien. Noſtre affection eſt plus ſpirituelle, & plus deſtachée des ſens : Nous ſommes attirez par vne plus noble force. I'ay deſia dit qu'il nous a gaignez par ſon merite. Par là il poſſede le cœur de tous ſes Subjets, & poſſede par conſequent le lieu des veritables affections ; le lieu où les hommes mettent leurs femmes & leurs enfans, & les autres choſes qui leur ſont cheres ; le lieu, qui a reſiſté à la puiſſance des Conquerans ; qui a tenu bon contre Ceſar ; qui eſt fermé à ceux, à qui les portes des Citadelles sont ouuertes; qui se conserue libre, lors que la Tyrannie se desborde sur toute la Terre.

Certes si les Peuples ont eu autresfois des passions violentes pour des Princes, qu'ils ne pouuoient pas encore connoistre, & qui ne leur auoient fait ny bien ny mal: Si Rome a esté idolatre du jeune Marcellus, qui ne monstroit encore que des signes & des presages d'vne future grandeur, & qui fût esteint, comme il commençoit à luire; Si pour cet effet il a esté appellé les courtes & malheureuses amours du peuple Romain, qui pleura sa mort amerement, & eût vne extreme affliction d'auoir perdu ce qu'il esperoit, c'est à dire d'auoir perdu ce qu'il n'auoit pas; ce seroit vne honte que des bien-fais reçeus trouuassent moins de reconnoissance

Breues & infaustos Populi Romani amores.
C. Tac. l. An.

sance que n'en ont trouué des bien-fais à receuoir; que nous fissions moins de cas d'vne vraye & reelle possession, qu'on n'a estimé des imaginations & des desirs; que Rome eust admiré les boutons & les fleurs d'vne inclination portée au bien, & que la France ne fust pas rauie de recueillir le fruit d'vne vertu consommée. Ce seroit veritablement trop d'iniustice, si vn Prince qui a tant veincu, & tant trauaillé pour nous, n'auoit pû se rendre agreable par ses peines & par ses victoires; Si les couronnes & les applaudissemens luy manquoient apres le salut de l'Estat, & le repos de l'Eglise, qu'il a procuré; & si de parfaites obligations produisoient des ressentimens vulgaires.

LVIII. Ie ne pense pas que personne m'accuse de faire le Declamateur,

& de vouloir aggrandir de petites choses. Ie m'esloigne bien plus de l'excés, que du deffaut ; & de l'extremité où se jettent ceux qui abusent de leur esprit, que de celle où tombent ceux qui n'en ont point. Mon dessein n'est ny de gaigner de la creance au mensonge, ny d'apporter de l'embellissement à la verité : Et nous ne viuons pas sous ces Regnes malheureux, où pour dire du bien de son maistre, il falloit parler improprement, & appeller châque chose par le nom d'vne autre.

LIX. En ce temps-là lors qu'vn Prince faisoit de grandes cruautez, on disoit qu'il faisoit de grands exemples ; il receuoit des remerciemens de toutes les actions dont il deuoit receuoir du blasme : lors qu'il payoit tribut à ses ennemis, on vouloit luy persua-

Zozim. passim & philip. de Commines.

der qu'il donnoit pension à ses voisins, & changer vn effet de seruitude en vne marque de superiorité. On le loüoit d'estre vaillant, pour auoir mis vne fois son cheual en fougue, ou fait semblant de signer à regret vn traité de paix. Il n'y auoit point de fuite si honteuse, qui ne fust vne retraite honorable. Ils nommoient le Debonaire celuy qu'ils n'osoient nommer le sot, & destournoient generalement tous les mots de leur vraye & de leur ancienne signification, affin de desguiser toutes choses.

Vn Empereur a triomphé de l'Ocean, pour auoir traisné vne armée de Rome à Calais, & s'estre contenté, ayant regardé la Mer, de faire amasser à ses soldats les coquilles du riuage. Il y en a eu, qui ont attaché à leurs chariots d'or des hommes blancs, qu'ils

LX.
Sueton. in Caius.

auoient noircis, fans prendre la peine d'aller conquerir l'Ethiopie. Il y en a eu, qui ont habillé des Romains en Perfes, affin de monftrer des captifs des Prouinces qu'ils n'auoient point conquifes ; & les vns & les autres n'ont pas manqué d'Orateurs, qui les ont coniurez au nom du public de ne hazarder plus leur perfone en de fi dangereufes occafions, & d'vfer à l'auenir de leur courage auec plus de moderation, & de retenuë.

Themiftius Euphrad. Orat. 10. & Synef. ad Arcadium περὶ βασιλείας.

L.XI. La flaterie donne de la majefté à des Souuerains, qui auroient bien de la peine à treuuer leur Eftat dans la Carte. Elle benit les dominations iniuftes, & fait des vœux pour la profperité des mefchans. Elle baftit des Temples à ceux qui ne meritent pas des fepulchres. On flate leur memoire, quand on ne peut plus flater leur perſone. Celuy-là iure qu'il a veu monter Romulus au Ciel, armé de toutes pieces, & qu'il luy a commandé d'en venir aduertir le Senat. Claudius l'imbecille eſt auſſi bien fait Dieu, qu'Auguſte le ſage. Vne meſme autorité conſacre leurs cendres, & leur decerne des honneurs celeſtes. On inſtitue des Preſtres, on bruſle de l'encens, on preſente des ſacrifices à l'ame d'vn hebeté; à celuy qui, au iugement de ſa propre mere, n'eſtoit que le commencement d'vn homme.

Il n'eſt point auiourd'huy de ſi petit Prince, en qui la prophetie de la ruine du Turc ne doiue eſtre accomplie, s'il en faut croire à vn mauuais liure, qui aura eſté fait en ſa faueur. On a veu des Anglois prendre querelle, & vouloir ſouſtenir l'eſpée à la main, que leur Reyne Elizabeth eſtoit

LXII.

vierge, & qu'elle gueriſſoit des eſcruelles, en qualité de Reyne de France. Les Poëtes de ſa Cour ont chanté ſa beauté, & l'ont preferée à celle d'Heleine : Et à la verité elle eſtoit ſi charmante, que le Comte d'Eſſex ayma mieux mourir que de luy demander la vie, de peur d'eſtre encore importuné de ſon amour & de ſes careſſes.

LXIII. Il y a eu de la laſcheté, par tout où il y a eu de le tyrannie. L'autorité, quoy qu'iniuſte & odieuſe, a eſté de tout temps adorée. Mais auſſi il eſt à remarquer que ç'a eſté par des perſones qui en auoient peur, ou beſoin ; qui en eſtoient ſubjettes, ou dépendantes : Car autrement ces honeurs forcez n'ont duré, qu'autant qu'a duré la ſeruitude, & ont eſté ſeulement rendus où il eſtoit dangereux de les refuſer. Le premier rayon de liberté a fondu toutes les statuës qui auoient esté erigées aux mauuais Princes. Cet *Demet. Phaler.* ambitieux, qui auoit rempli des siennes la capitale ville de Grece, suruesquit à tous ces beaux monumens de sa vanité, & eût le regret auant mourir d'en voir faire des meubles de cuisine. En plusieurs endroits, au mesme moment qu'on crie viue le Prince, on en souhaite la mort. Souuent on s'est mocqué en particulier de ce qu'on auoit admiré en public, & les estrangers ont démenti l'histoire, que les domestiques auoient publiée.

Ayant à parler du Roy, nous LXIV. ne courons point cette fortune. L'Escurial en fait autant de cas que le Louure ; sa repuation est reuerée au loin, comme aupres. Il est loüé iusques dans le cabinet de ses ennemis ; & cette voix se

fait entendre affez haut chez nos voifins, QVI NOVS POVRROIT RESISTER, SI NOVS AVIONS VN SI BRAVE MAISTRE. De forte que ie ne dis rien qui foit nouueau à perfone; qui ne foit confirmé par la commune reputation; que les Allemans & les Efpagnols ne dient, auffi bien que moy. Ce n'eſt point vn Eloge, ny vn Panegyric que j'efcris: c'eſt vn tefmoignage que ie rends à noſtre Siecle, & à la Poſterité. C'eſt vne confeſſion que le droit des Gens, & la Iuſtice vniuerfelle tirent de la bouche de tous les hommes. Ceux-là mefmes qui font feparez de nous de toute l'eſtenduë de la Mer; qui voyent vn autre iour, & d'autres eſtoiles, n'ignorent point cette verité, & s'eſtonnent qu'il y ait en l'Europe quelque chofe de plus excellent, & de plus parfait, que la
puif-

puissance, à laquelle ils obeissent.

LXV.

Ie ne suis point en peine d'amplifier mon sujet; il est si diffus & si vaste, que ie n'en sçaurois tant employer, qu'il m'en demeurera: I'en laisse beaucoup plus que ie n'en prens, & troüue beaucoup moins de parolles que de choses. Cette rencontre me fait voir tout à la fois la sterilité de mon esprit, la pauureté de nostre langue, & la foiblesse de la Rhetorique : C'est vne science qui m'a trompé, & de qui j'eusse attendu de plus grands secours. Ses plus viues couleurs sont trop sombres, pour representer vne vie si esclatante que celle du Roy : Ses plus violentes figures ne peuuent suiure que lentement & de loin le progrés d'vn courage si actif: Tous les termes sont inferieurs à ses actions. Et partant reconois-

K

sons l'auantage qu'a noſtre matiere, tant ſur noſtre intelligence, que ſur noſtre art. On donne des enrichiſſemens aux autres, mais il les faut prendre de celle-cy, & taſcher ſeulement de ne pas gaſter, ce qu'il n'eſt pas poſſible d'embellir.

LXVI.   Ie ne veux point preuenir le iugement de l'Egliſe, ny reſpondre d'vne vertu, que Dieu n'a pas encore recompenſée des felicitez de l'autre vie. Ie dis ſeulement qu'il n'y a perſone auiourd'huy au monde, qui ſçache que le Roy peche, & que la plus hardie, & la plus iniuſte meſdiſance, qui ſe puiſſe attaquer aux choſes ſaintes, ne ſçauroit treuuer ſur ſes actions dequoy mentir auecques couleur. Y a t'il des enfans qui ſe pleignent que le Prince eſt heritier de leur pere ? Y a t'il des peres qui demandent les enfans que le Prince leur a rauis, & qui les pleurent auant qu'ils soient morts? Où void-on de Beauté, à qui il ne permette d'estre chaste? Où sont les Ministres de sa cruauté & de ses plaisirs? En quel endroit a t'il fait verser vne goutte de sang innocent? Où entend-on les cris & les gemissemens des familles qu'il a desolées? Qu'on me monstre en fin vne seule marque qu'il ait laissée, par laquelle la posterité puisse sçauoir qu'il a esté jeune.

LXVII. Lors que la jeunesse se rencontre auec l'autorité, elles sont capables de produire ensemble d'estranges effets, & de mettre en feu toute la Terre. C'est vne pareille conionction à celle qui se fait dans le Ciel de deux Astres également dangereux : Et si la violence, qui accompagne d'ordinaire cet âge-là, n'est pas supportable en vne condition priuée, bien que la crainte des loix la retienne, & qu'elle soit liée de mille cheisnes; je vous laisse à penser ce qu'elle doit faire, estant armée des forces d'vn grand Royaume; ayant les Magistrats & la Iustice à ses pieds, & ne trouuant ny d'empeschement en ce qu'elle desire, ny de limites en ce qu'elle peut.

LXVIII. Voicy neanmoins vn homme, qui en la fleur de son âge, & dans vne souueraine fortune, ne laisse à ses passions qu'autant d'estenduë, que la sagesse leur en ordonne, & leur ferme tout ce long espace que la Royauté leur ouuriroit. Voicy vn homme qui se sçait abstenir au milieu de l'abondance, & ayant de l'appetit; Qui sçait mettre des bornes par sa vertu, à vne puissance qui n'en a point; & tout Prince qu'il est, mene vne vie plus modeste & plus reguliere que ne font les simples citoyens des petites Republiques.

LXIX. Voicy sous les loix, & dans le deuoir, celuy qui ne void rien que le Ciel au dessus de soy ; qui ne sçauroit pecher que contre Dieu seul ; qui porte la Couronne la plus independante qui soit au monde, & pour lequel l'Eglise, qui lance ses foudres sur toutes les autres testes, n'a que des benedictions & des graces. Celuy-là, dis-je, rend vne si parfaite obeïssance à la raison, & conduit ses actions auec vne si exacte probité, qu'il me semble qu'au lieu du Roy de France, ie voy le Roy de Lacedemone, qui n'auoit autre auantage sur ses subjets, si ce n'est qu'il luy estoit permis d'estre plus vaillant qu'eux, & de faire moins de fautes.

LXX. Ie ne m'estonne point que le

mal soit peu connu au village, & que l'on conserue son innocence où il est difficile de la perdre. Vn homme est bien mal-heureux, qui se noye en vn lieu, où il n'y a presque pas assez d'eau pour boire, & qui tombe, sans que persone le pousse. Mais quand toutes les puissances de l'Enfer s'esleuent à la fois pour l'attaquer; que ses yeux, ses oreilles, & les autres auenuës de son cœur, sont continuellement assiegées, & que les ennemis taschent d'entrer par toutes les portes, il fait certes quasi plus qu'il ne doit, s'il soustient de si violens efforts, & s'il resiste à tant d'assaillans.

LXXI. Quand les objets agreables le pressent & le poursuiuent de tous costez, & que la fin des plus belles choses est de se rendre dignes de son amour: Quand le desir d'auoir s'allume en son ame par l'es-

LE PRINCE.

clat & par la grosseur des diamans, & que pour peu qu'il face valoir le crime de leze Majesté, tout ce qui est à autruy, peut incõtinent deuenir sien. Lors que la Fortune luy ouure elle-mesme le passage à la conqueste de l'Vniuers, & luy dispose les choses de telle sorte, que pour toute la peine de l'execution, elle ne luy laisse que la gloire de l'euenement: lors qu'il ne tient qu'à luy qu'il ne mette en chemise ses petis voisins, & que dans quinze iours il ne recule la frontiere de son Estat de cinquante lieuës; il faut sans mentir qu'il ayme bien la vertu, pour ne l'a pas quiter en vne rencontre, où le vice luy offre tant de retour, s'il le veut suiure, & qu'il ait de grandes pretensions en l'autre monde, pour mespriser tous les biens, & toutes les esperances de celuy-cy.

LXXII. La Philosophie ne sçauroit aller iusques-là, quelque presomptueuse qu'elle soit, & quelque vanité qu'elle se donne. Elle promet beaucoup, mais elle manque le plus souuent de parole : Elle a du courage pour aspirer à la perfection, mais elle n'a point de force pour y paruenir. Cette force est propre & particuliere aux Fideles, qui peuuent tout en celuy qui les assiste de sa puissance. Il n'y a que la Morale de Iesus-Christ, qui puisse former vne si excellente habitude ; & c'est elle qui esleue tellement le Roy au dessus des grandeurs du monde, & le met si prés du principe de toute grandeur, qu'encore qu'apparemment il n'y ait rien de plus éminent que la Royauté, il faut pourtant qu'il descende d'vn lieu plus haut, & qu'il s'abbaisse, toutes les fois qu'il veut s'asseoir

Paul. ad Philip. c. 4.

sur le

sur le throsne de ses Peres, & se communiquer auecque les hommes.

Il regarde desia la Terre de la mesme sorte qu'on la regarde du Ciel. Rien ne luy paroist grand dans vn si petit espace: Il n'y trouue rien qui merite d'arrester ses pensées, ny d'occuper ses desirs: Tout ce qu'elle contient, ne le rempliroit pas à demy. La seule possession de Dieu est capable de combler vn si large cœur. Aussi est-ce, sans plus, son amour & son ambition; sa part & son heritage: Les Peuples & les Estats qu'il gouuerne n'en sont que les suites & les accessoires. LXXIII.

Celle qui prend plaisir de couronner les bergers, & de metre les Roys à la chesne; qui est également maudite & adorée dans le monde: La Fortune, dis-je, fait tous ses desordres au dessous de LXXIV.

L

luy, & est trop foible pour attaquer sa constance, & trop pauure pour tenter sa moderation. Il ne connoist d'heur ny de mal'heur, que la bonne & la mauuaise conscience. Il est bien plus glorieux de son Baptesme que de son Sacre ; & fait bien plus d'estat du moindre priuilege de la Grace, que de tous les auantages de la Nature. Iamais esprit ne fût mieux persuadé que le sien, de l'auenir que nous attendons; ny ne receut de plus viues & de plus violentes impressions de la verité ; ny ne pensa plus hautement de la dignité du Christianisme; ny ne rendist de plus belles, & de plus illustres preuues de sa creance.

LXXV. Qu'on ne me parle point de cette grossiere imitation de pieté, qui ne cherche que des spectateurs; qui amuse le monde de mines, &

s'employe pluftoft à conduire les mouuemens de la tefte, & à donner vn certain tour au vifage, qu'à regler les affections de l'ame. C'eft vne pure action du corps, & des moins difficiles de cette vie. Les plus mal-adrois y reüffiffent du premier coup: Elle ne demande ny force, ny induftrie, & ne baille pas plus de peine que ces petis jeux, qui diuertiffent fans trauailler, & qui s'apprenent fans maiftre. C'eft vne forte d'oyfiueté, defguifée fous vn nom plus honefte que le fien propre; où pour le plus, vne occupation languiffante & pareffeufe, de laquelle vn homme fe fçait fort dignement acquiter, encore qu'il ne fçache rien faire, & qui fe paffe quafi toute, ou à murmurer quelques paroles confufes, ou à remüer fimplement les levres, ou à s'adoucir tout d'vn coup les yeux, apres auoir contrefait le triste.

LXXVI. Il y a vne autre sorte de fausse deuotion, qui est plus dangereuse que celle-là. Ie veux dire cette deuotion tremblante, & perpetuellement effrayée, qui pense que Dieu n'est occupé dans son bien-heureux repos, qu'à luy preparer des peines & des supplices, & qu'il afflige les Royaumes, & enuoye les pestes & les sterilitez, pour la seule hayne qu'il luy porte. Les visions sortent en foule de son imagination troublée, qui luy reuienent apres au deuant, comme des monstres estrangers & inconnus. Il ne se passe nuit que les morts ne s'apparoissent à elle, auec des formes estranges, & vn attirail espouuantable, qu'elle leur donne. Iamais elle n'oüyt de cry parmy les tenebres, qu'elle ne creust que ce fust la voix d'vne ame qui se pleignist: Elle ne sçauroit voir vne partie de l'air, plus sombre & plus espesse que l'autre, qu'elle ne se figure que c'est vn phantosme. Toutes les maladies luy sont des possessions, & où il ne faut que des Medecins, elle employe les Exorcistes.

Elle affoiblist l'esprit, & abbat le courage de telle sorte, que ceux qui en sont frappez, n'osent ny se resioüyr en temps de paix, ny se deffendre dans la necessité de la guerre. Vn mauuais songe suffit pour leur faire changer vn bon dessein: De cinq iours ils en content quatre mal-heureux, & choisissent les heures & les momens qu'ils ont marquez de blāc, auant que d'entreprendre la moindre de leurs affaires. Si bien que les occasions sont plustost escoulées que leur resolution n'est prise. Ils sont à demy veincus par le chant

LXXVII.

d'vn corbeau, ou par la rencontre d'vne belette, & cheriffent fi folement leur erreur, que pour luy conferuer l'opinion de verité qu'ils luy ont donnée, ils aymeroient mieux fe rendre à leur ennemy, que de faire mentir vn prefage.

LXXVIII. Ces gens-là adorent tous leurs foupçons & toutes leurs doutes. Ils fe font des Saints de leur autorité priuée, & fans attendre la fin de la vie, ny l'oracle du fouuerain Pontife. Ils rendent des honeurs diuins à ceux qui font encore fujets aux infirmitez humaines; qui font encore iufticiables de l'inquifition, & qui ne fçauent encore s'ils font dignes d'amour ou de hayne. Cependant les fuperftitieux les canonifent en leur cœur, en defpit de Rome & du Confiftoire, & paffant d'vne extreme crainte à vne extreme temerité,

& du desespoir de leur propre salut à la distribution de la gloire d'autruy, ils leur adressent des-ja des vœux, & les inuoquent, comme s'ils estoient en estat de les exaucer, & que des coupables pûssent donner grace à leurs compagnons.

Apres cela les corps les plus gras & les plus replets leur paroissent transparens & lumineux, & la teste qu'ils reuerent n'a pas vn cheueu, qui ne leur semble vn rayon de sa Coronne. Ils pensent que ce soit vne Sainte en extase, & ce n'est qu'vne femme esuanoüie; ils iurent qu'elle a des reuelations de l'auenir, & à peine sçait-elle les nouuelles qui courent, apres qu'on les luy a dites. A leur opinion, il est aussi aysé de ressusciter vn mort que de resueiller vn homme endormy. Si on veut leur adjouster foy, l'ordre du monde se trouble châque iour par des prodiges continuels, & ils se persuadent plus facilement qu'vne chose est arriuée contre le cours ordinaire de la Nature, qu'ils ne s'imaginent que celuy qui la conte, peut estre menteur.

LXXX. Les accés mesme les plus tranquilles d'vne si fascheüse maladie ne sont point sans beaucoup d'extrauagance. Il s'en est trouué, qui pour se marier plus Chrestiennement, ont esté choisir des femmes dans les lieux de dissolution, & de desbauche, affin, disoient-ils, de gaigner des ames à nostre Seigneur. Quelques-vns ayant à toucher vn payement, qui leur estoit deu, ont fait scrupule de le receuoir en Iacobus, à cause qu'ils vienent d'vn pays excommunié. D'autres se sont confessez d'auoir serui l'Estat durant les troubles,
& de

LE PRINCE.

& de n'auoir pas esté de la Ligue. Et j'en sçay qui croyent estre obligez en conscience de trahir, & de donner des aduis à ceux du party contraire, pource que la sainte Escriture nous commande de faire du bien à nos ennemis.

LXXXI. Toutesfois la plufpart de ceuxlà se tienent dans les bornes d'vne innocente folie. Leur volonté est entiere, quoy que leur entendement soit blessé. Ils sont trompez par quelque ombre, & quelque image de Religion, qui se presente par tout à eux : mais ils ne se seruent point de la Religion pour tromper persone, & n'assujettissent pas à leurs desseins particuliers, celle qui doit estre la Reyne, & la maistresse des choses humaines. Il se void donc dans le monde des pipeurs, qui paroissent ce qu'ils ne font pas, & ne loüent la Iustice, qu'affin d'estre iniuftes plus finement. Il se void des Pharisiens, qui nettoyent le bord de la coupe, estant pleins d'ordure & de rapine au dedans; qui edifient les sepulchres des Prophetes, & parent les monumens des Saints, estant tous prests de les tüer encores, s'ils reuenoient au monde leur dire la verité, & reprendre leur mauuaise vie.

Math. c. 23. v. 29.

LXXXII. Le iugement qui se fait de la bonté des choses par leur simple dehors, & par leur couleur exterieure, n'est pas tousiours infaillible. Quelquefois le mensonge est plus vray-semblable que la verité, & le mal a plus d'apparence de bien, que le bien mesme. Persone ne doute que ce ne soit vne œuure de misericorde de racheter les prisonniers, de payer les debtes des miserables, de distribuer du blé au peuple en temps de cherté: Et neanmoins dans les Republiques bien policées on a puny des hommes, pour auoir exercé de ces œuures de misericorde; & beaucoup de meschans citoyens sont venus par là à la Tyranie. Combien y a t'il eu de faux Philosophes, qui sous vn visage austere ont caché de sales affections; qui ont mesprisé la gloire par orgueil, & non pas par humilité; qui ont fait profession de la pauureté, pour se faire reuerer des Princes?

LXXXIII. Dans la bezace de ce fameux Cynique, qui parust du temps de Lucian, où l'on croyoit qu'il n'y eust que des feves & du pain bis, on trouua vne balle de dets, vne boëtte de senteurs, & le portrait d'vne femme. Celuy que vous pensez qui s'en soit fuy au desert, pour vacquer à la contemplation auec moins de diuertissement, y est allé peut-estre pour faire la fausse monoye auec plus de seureté. Nous auons ouy parler d'vn Prince, qui se retiroit reglément toutes les bonnes festes dans les maisons Religieuses ; & là tandis qu'on croyoit qu'il examinast sa conscience, & qu'il fist ses exercices spirituels, on l'a surpris souuent qu'il faisoit des despesches, & qu'il donnoit des audiences secrettes. Ne vous fiez pas à la feinte humilité, ny au mauuais habillement de ce directeur des consciences, qui semble se preparer tousiours à la mort : car au dedans il est tout vestu de pourpre; Il a l'ambition de quatre Roys; Il a des desseins pour vn autre siecle. Mais sur tout desfiez-vous de ces ouuriers d'iniquité, de ces hommes puissans en malice, qui leuent au Ciel des mains impures, & ne craignent point de s'approcher de nos redoutables myſteres, eſtant tous ſanglans de leurs parricides.

Ils ſont cruels; ils ſont inceſtueux; ils ſont ſacrileges, & ne laiſſent pas d'eſtre deuots. Leur deuotion corrige leurs geſtes, & reforme leurs cheueux, mais elle ne touche point à leurs paſſions, ny à leurs vices. Ils mettent toute la vertu à loüer les * * * * & à dire mal des Huguenots. O qu'ils feroient de grands exploits en vn maſſacre, & qu'ils feroient vaillans contre des perſonnes endormies, & qu'on auroit conuié à des nopces. Leur zele, qui ſelon l'intention du ſaint Eſprit, les deuroit deuorer, deuore leur prochain, & bruſle les villes & les Prouinces. Ils ne gaignent rien de la frequentation des choſes Saintes, que le meſpris qui naiſt de la familiarité, & la couſtume

LXXXIV.

Pſal. 68.

de les violer. Ils en deuienent plus hardis meschans, & non pas plus gens de bien : Ils perdent le scrupule, & ne quittent pas le mal.

LXXXV. Tellement qu'il est à croire qu'ils ne vont pas tant à l'Eglise, pour obtenir pardon de leurs fautes, que pour demander permission de les faire, & auoir autorité de pecher. Et comme quelques-vns des premiers Chrestiens ne faisoient point difficulté de s'enyurer, estant assis sur le tombeau des Martyrs, ils se figurent aussi que toute autre meschanceté leur est permise, pourueu que d'ailleurs ils demeurent dans quelque apparence de pieté.

Hieron. in Epist.

LXXXVI. La plufpart des Grands ont eu de tout temps cette belle deuotion; & quoy que ce soit vn masque fort vsé, & reconnu d'vn châcun, il ne laisse pas pourtant de seruir tousiours, & d'abuser encore le peuple. Ne connoissons nous pas ceux-là qui meslent Dieu parmy toutes leurs passions; qui le font entrer dans tous leurs interests, & l'employent à toutes sortes d'vsages? S'ils vsurpent vn Royaume, sur lequel ils n'ont aucun droit, que celuy de la bienseance, ou de la force, ils disent que c'est pour empescher que les ennemis de l'Eglise ne s'en saisissent, & pour aller au deuant d'vn mal, qui n'arriuera possible iamais. Si leur auarice les fait trauerser les Mers, & courir au bout du monde, ils publient que c'est le bien des ames, qui les y attire, & le desir de sauuer les Infidelles. Et toutesfois il est vray que la charité de ces bons Chrestiens ne va qu'au pays où le Soleil fait de l'or, & ne s'est point encore tournée vers les dernieres parties du

Septentrion, où il y a bien des ames à conuertir, mais où il n'y a que de la glace & des neiges à gaigner.

LXXXVII. Ils ne veulent le salut que des Peuples du Perou, & de la Mexique, & encore estant arriués chés eux, ils leur parlent si peu de nostre foy, & leur vendent si cherement vn crayon confus & imparfait, qu'ils leur en figurent, qu'il est aysé à voir que le pretexte qu'ils prenent, n'est pas la cause de leur voyage. D'abord ils enleuent dans leurs vaisseaux toutes les richesses qui paroissent sur la face de la terre, & consomment en suite des generations entieres à chercher celles qui sont cachées dans les Mines. De maniere qu'il ne vient pas vne pistole en l'Europe, qui ne couste la vie d'vn Indien, & qui ne soit le crime d'vn Catholique.

Cepen-

Cependant on laiſſe crier la vieille Theologie dans les Eſcholes, & dans les chaires des Predicateurs, où elle n'eſt eſcoutée que des enfans & des femmes. Elle dit aſſez, "Qu'vn petit mal eſt "deffendu, quand il en deuroit "naiſtre vn grand bien ; Que ſi le "monde ne ſe peut conſeruer que "par vn peché, elle eſt d'auis "qu'on le laiſſe perdre ; Que ce "n'eſt pas à nous à troubler l'or- "dre de la Prouidence, & à nous "meſler des affaires ſuperieures; "Que Dieu a mis entre nos mains "ſes commandemens, & non pas "la conduite de l'vniuers, & qu'il "faut que nous faſſions noſtre de- "uoir, & que nous luy laiſſions "faire ſa charge. "

LXXXVIII.

Il eſt venu depuis vne autre Theologie, plus douce & plus agreable ; qui ſe ſçait mieux aiuſter à l'humeur des Grands;

LXXXIX.

qui accommode toutes fes maximes à leurs intentions, & n'eſt pas ſi ruſtique, & ſi inciuile que la premiere. La Cour a produit de certains Docteurs, qui ont trouué le moyen d'accorder le vice auec la vertu, & de joindre enſemble des extremités ſi eſloignées. On donne aujourd'huy des expediens à ceux qui ont volé le bien d'autruy, pour le pouuoir retenir en ſaine conſcience. On enſeigne aux Princes à entreprendre ſur la vie des autres Princes, apres les auoir declarés Heretiques en leur cabinet. On leur apprend à abbreger des guerres, dont ils apprehendent la longueur & la deſpence, par des aſſaſſinats, où ils ne hazardent que la perſonne d'vn traiſtre, & à ſe desfaire de leurs propres enfans, ſans aucune forme de procés, pourueu que ce ſoit du consentement de leur Confesseur.

Outre cela, comme si nostre Seigneur estoit mercenaire, & qu'il se laissast corrompre par presens : Comme si c'estoit le Iupiter des Payens, qu'ils appelloient au partage de la proye, & du butin; Apres vn nombre infini de crimes, dont ils sont coupables, on ne leur demande ny larmes, ny restitution, ny penitence; il suffit qu'ils facent quelque legere aumosne à l'Eglise. On compose auec eux de ce qu'ils ont pris à mille persones, pour vne petite partie, qu'ils donent à d'autres, à qui ils ne doiuent rien; & on leur fait accroire que la fondation d'vn Conuent, ou la dorure d'vne Chapelle les dispense de toutes les obligations du Christianisme, & de toutes les vertus morales.

XC.

Ipsumque vocantes in partem prædamque Iouem.
Virgil. 3. Æneid.

XCI. Nous auons vn Prince, qui ne se sert point de ces guides en la conduite de sa conscience, & qui puise dans vne meilleure source les maximes auec lesquelles il se gouuerne. Il ne verroit pas de si mauuais œil des gens qui viendroient tout exprés pour l'empoisoner, que de semblables Docteurs, qui voudroient le corrompre de leur haleine; & souffriroit plus patiemment en sa Cour les Iuifs & les Magiciens, c'est à dire, les ennemis declarez de la Verité, que ces seruiteurs infideles, qui ne portent les liurées de Iesus-Christ, & ne sont à ses gages, que pour le trahir. Mais aussi quel besoin a t'il de la Theologie complaisante, puis qu'il ne fait rien que ce que la plus seuere luy ordonne ? A quoy luy seruiroient les vendeurs de fard & de plaistre, puis qu'il n'a, ny tâche à couurir, ny defaut à desguiser ? & quel goust prendroit-il aux cajolleries de trois ou quatre Sophistes, parmy les remerciemens des Peuples, & les loüanges de la Renommée ?

Sçachant que nostre Religion nous ordonne de nous abstenir " de toute apparence de mal, & de " faire ce qui est bon, non seule- " ment deuant Dieu, mais aussi de- " uant les hommes, il ne se conten- " te pas d'vne pieté secrete, & de la simple adoration de l'esprit. Il croit estre obligé de donner quelque chose aux yeux du monde, & a soin par son exemple de l'edification de son peuple. Les moindres ceremonies, qui regardent le culte diuin, luy sont en tresgrande reuerence: Il mesle quelquefois sa voix dans les prieres publiques, & se souuient de ces parolles d'vn Roy, comme luy, Ie "

XCII.
Paul. Ep.1 ad Thessal. & 2. ad Corinth.

„ suis las de crier : j'en suis enroüé,
„ les yeux me sont defaillis, criant
„ & regardant apres mon Dieu.

Cantic. Ezech. Isai. 36.

XCIII. Sa deuotion neanmoins a tousjours beaucoup plus de solidité que de montre, & ressemble à ces arbres, dont les racines sont encore plus longues que les branches. Elle n'est point corporelle, ny attachée aux objets sensibles. Elle a son siege en l'entendement, qui est parfaitement esclairé ; qui ne croit rien de bas des choses du Ciel, & n'a que de tres-saines & de tres-raisonables opinions de cette premiere & excellente Cause, dont la pluspart des hommes font des iugemens si temeraires. Mais parce que la qualité dont ie parle, seroit comme morte, & de nul vsage, si elle ne partoit de la plus haute region de l'ame, où se forme le discours & l'intelligence, & qu'il faut qu'el-

LE PRINCE.

le reside également en la seconde partie, où naissent les affections & les desirs ; il l'a sçait faire descendre de la teste dans le cœur, affin que ce qui estoit lumiere, deuiene feu, & qu'vne connoissance si noble, & si releuée, qui doit estre fertile en grandes operations, & sortir au dehors par des effets admirables, ne finisse point en elle-mesme, & ne s'arreste pas aux plaisirs oisifs de la simple meditation.

Ne la considerons donc pas seulement à l'Autel & dans l'Oratoire, où elle traite sans peril auecques Dieu, & exerce vn commerce paisible, qui ne peut estre troublé de persone : Car elle se trouue dans les occasions de la guerre aussi bien que l'à : Elle paroist à la teste de nos troupes : Elle va dans les tranchées, & expose à toutes les iniures du temps, & à

XCIV.

toutes les embufches de la fortune, la plus precieufe vie qui foit aujourd'huy au monde. Elle ne s'occupe pas feulement à la ftructure, ou à l'embelliffement de quelques pierres; mais elle affermit tous les Autels : Elle affeure les fondemens de l'Eglife : Elle la pare des drapeaux d'Angleterre, & la remplit d'vne infinité de Conuertis, qui auoient befoin pour deuenir bons, qu'on leur oftaft la puiffance de mal-faire.

XCV. Ce font-là des effets de fa deuotion, qui agit & trauaille fans relafche, & qui en agiffant & en trauaillant, impetre du Dieu des armées, tant fur Terre, que fur Mer, des victoires pleines de merueilles. Et c'eft ainfi, à mon aduis, qu'il veut eftre prié à la guerre. Il ne refufe rien en ces occafions, aux perfones violentes & laborieufes, & exauce bien plus volontiers

LE PRINCE. 105
lontiers les courageux que les lasches, & ceux qui vont au deuant de ses graces, & se preparent pour les receuoir, que ceux qui les attendent au logis, sans se mettre en estat de les meriter.

 Cette legion de Chrestiens, qui du temps, & sous les enseignes de Marc Aurele, fist tomber la foudre du Ciel sur les ennemis, dont elle merita le nom de LEGION FOVDROYANTE, n'obtint pas les bras croisez vn succés si merueilleux : Mais en suite d'vne rude & opiniastre meslee, & en combatant de toutes ses forces. Et despuis lors que les vents & la gresle s'armerent à la priere de l'Empereur Theodose, contre le Tyran Eugene ; ce fût vne priere qu'il fist estant à cheual, apres auoir fait tout deuoir de bon Capitaine, & s'estre rendu digne de

XCVI.
*Tertull. Apolog. c. 5.
& ad Scapul. c. 4.*

August. 5. de ciuit. 26. Ambros. de funere Theodos.

O

ce miracle. Car autrement d'exiger de Dieu, qu'il fauorife les indignes, & qu'il donne à la pareffe & à la timidité, la recompenfe qui eft deuë au trauail & à la vaillance, ce feroit vfer de luy indifcretement, & le folliciter d'vne iniuftice.

XCVII. Il eft donc befoin qu'vn Prince foit deuot de cette premiere forte, & comme le Roy le fût au combat de Rié, & en la desfaite des Anglois. Il ne fçauroit produire vn acte plus eminent de pieté ; & s'il eft inferieur à celuy des Martyrs, ce que j'ay bien de la peine à confeffer, ce ne peut eftre que d'vn degré feulement, à caufe que dans l'humilité du Chriftianifme, le fouffrir eft plus eftimé que le faire.

XCVIII. Mais quoy que ç'en foit, cette deuotion victorieufe eft celle qui a acquis à nos Roys le glorieux

superlatif de TRES-CHRESTIEN, qui estoit inconnu auant eux, & qu'il fallût faire exprés, & contre l'vsage de toutes les langues, pour honorer tout ensemble leurs victoires & leur zele. La mesme deuotion a receu ces tesmoignages de la bouche des souuerains Pontifes, Que Dieu se seruoit des " *Hom. 3.*
Roys de France, comme de ses "
principales forces, & d'vn rem- "
part inexpugnable pour deffen- "
dre la Republique Chrestienne. "
Que leur Royaume estoit son " *Gregor. 9.*
Carquois, & qu'il en tiroit toutes "
les flesches qu'il descochoit con- "
tre les Tyrans. La mesme en fin "
merite aujourd'huy les mesmes Eloges; porte le Roy à des entreprises si hautes, qu'elles ne peuent estre tirées en exemple, & outre la vaillance, qui est née auecque luy, & celle qu'il s'est formée par la raison, luy inspire

O ij

encore vne troisiesme sorte de courage, qui est vne espece de fureur diuine, dont les Princes Orthodoxes ont esté autresfois agitez, lors que leur seule presence a mis des armées en fuite, & que leurs aduersaires ont veu quelque chose d'extraordinaire sur leur visage, à quoy ils n'ont osé resister.

XCIX. Comme ce n'est pas tousiours vne simple exhalaison, esleuée de la Terre, qui cause ces estranges & espouuantables feux, qui passent de bien loin le feu materiel, & elementaire, mais ce sont souuent effets des Demons, qui entrent dans les causes naturelles: Ainsi quelquefois dans les actions humaines il descend vn rayon de Diuinité, qui les renforce & les perfectionne ; qui en estend la puissance, & en augmente la vertu presqu'à l'infiny ; qui attire apres elles l'eftonnement & l'admiration des peuples.

 Et s'il eft vray que l'innocence, que perdift noftre premier Pere, luy imprimoit vn caractere d'autorité, que les beftes fauuages reconnoiſſoient, & qui le faifoit reuerer de ce qu'il y a de plus cruel & de plus redoutable en la Nature ; Ie ne m'eftonne point qu'vn homme, qui femble auoir recouuré cette ancienne & originelle iuftice, ait de l'auantage fur les autres hommes, & que la plufpart du temps il treuue de la foumiſſion où les mefchans trouueroient de la refiftence. Ie ne m'eftône point qu'ayant l'efprit vuide de tous les remords, & de toutes les craintes, qui accompagnent le vice, il foit extremement courageux, & que ne fentant point de trouble, ny de defordre en foy-mefme, qui face diuerfion de fes penfées, il combate auec plus de liberté que les pecheurs, qui font defia las & haraffez d'vne guerre interieure & cachée, quand ils marchent contre leurs Ennemis.

CI.
Sap. c.18. v. XI.
,, La confcience troublée prefu- ,, me chofes cruelles. La malice eft ,, craintiue, & donnée à l'homme ,, en condamnation. Et partant vn Prince, qui n'a que de faintes intentions, ne fçauroit auoir que de bonnes efperances. Les entreprifes les plus hazardeufes n'ont point de difficulté pour luy : Il y va auec vne ferme creance, que ce qui n'eftoit pas eftimé faifable par fes predeceffeurs, eft referué à fa pieté, & ne fe met point en peine de l'incertitude de l'auenir, par ce qu'il ne s'engage pas fur la foy d'vn Almanach, & fur les propofitions d'vn Aftrologue, mais il fuit les infpirations du Dieu des Chreftiens, qui au mefme lieu où

est appellé L'ADMIRABLE, LE DIEV FORT, LE PERE DV SIECLE ADVENIR, est aussi appellé LE CONSEILLER. Il se repose sur la parole de celuy qui ne peut mentir, & qui a promis à ceux qui le seruent, de les assi- " *Psal. 33.*
ster visiblement de ses Anges; " *Psal. 39.*
d'aller luy-mesme en persone leur "
seruir d'espée & de bouclier; de "
les cacher dans son Tabernacle " *Psal. 26.*
au temps de leur aduersité, & de "
les sauuer au plus secret de sa "
maison; d'enuoyer son espouuen- " *Exod.c. 13.*
tement deuant eux, & d'effrayer "
tout peuple, vers lequel ils arri- "
ueront; de repousser deuant eux " *Psal. 77.*
les Nations, & de leur partager, "
& mesurer la Terre pour herita- "
ge. "
          CII.

 Mais au pis aller, quand ces promesses temporelles ne seroient pas punctuellement executées, & que les bons succés ne suiuroient

pas de necessité la bonne cause:
Quand les justes ne fleuriroient
pas comme la palme, & ne s'esle-
ueroient pas comme le Cedre du
Liban; il est tousiours impossible
qu'vn Prince Religieux creigne
la mort, au delà de laquelle il void
de si grandes recompenses qui
l'attendent, & qu'il ait dû regret
de quitter vn Royaume, qui est
enfermé entre les Alpes & les Py-
renées, pour aller prendre possession d'vn autre Royaume qui n'a
point de bornes.

CIII. La pieté du Roy se monstre par
éminence en ce genereux mespris
qu'il fait de la plus terrible des
choses terribles: Mais elle paroist
vniuersellement en toutes sortes
de bonnes actions, qui sont sans
doute les vrayes & essentielles
marques de la discipline Chre-
stiene. Car il est certain que sans
les œuures la foy n'a pas plus de
merite

LE PRINCE. 113

merite, que l'effet violent d'vne imagination forte, ou la credulité d'vn esprit aysé à persuader : sans elles la connoissance des Mysteres est vne speculation curieuse, sont vn Philosophe Payen peut estre capable; la priere n'est qu'vn simple bruit, & les sacrifices ne sont que des meurtres.

Et de fait, bien que dans l'Exode ils soient nommez plus d'vne fois, LA VIANDE ET LA NOVRRITVRE DV SEIGNEVR; Si est-ce que pour la raison que j'ay alleguée, il est escrit en d'autres lieux, Que les sacrifices des meschans sont abominables au Seigneur; Que celuy qui presente sacrifice de la substance des paures, est comme celuy qui sacrifie le fils en la presence du pere; Que Dieu ne reçoit point des mauuais dons, & qui luy sont offers de peché. Il proteste luy-mesme

retinent fidem infusam et fugien cujus philosophus paganus non est

CIV.

" Prouerb. c. 15. v. 8.

" Ecclesiastic. c. 34.
" & 35.

P

*Isai.c.*1.*v.*11.13.
14.15.

,, aux fideles, Qu'il n'a que faire de
,, la multitude de leurs oblations;
,, qu'il est plein; qu'il ne demande
,, ny la gresse, ny le sang des bestes;
,, que l'encens luy est en abomina-
,, tion; qu'il ne souffrira plus leur
,, nouuelle Lune, ny leur Sabbat, ny
,, leurs autres festes : Que son ame
,, hait leurs iours des Calendes, &
,, leurs solemnitez; qu'elles luy sont
,, à charge; qu'il a peine de les sou-
,, stenir; Qu'il ne les exaucera point,
,, quand ils multiplieront leurs orai-
,, sons, parce que leurs mains sont
,, pleines de sang; que quand ils les
,, estendront vers luy, il destourne-
,, ra ses yeux en arriere.

C V.
Deuter. 23.

Dauantage, comme en la Loy il
ne receuoit point pour offrande,
ny le prix du chien, ny le salaire
de la paillarde; aussi en l'Euangile il desire que l'aumosne prouie-
ne des choses qui sont acquises
legitimement. Il veut que la pie-

té des Chrestiens soit actiue, leur simplicité aduisée, & leur sagesse bien-faisante; & nous aduertit en termes exprés, que nous connoistrons les siens à leurs fruits, & *Math. c. 6. v. 33.* qu'on ne cueille point des raisins de l'espine, ny des figues du chardon.

 Pensez-vous que si la douleur CVI. pouuoit entrer dans le Ciel, & si les bien-heureux Espris qui l'habitent, auoient emporté leurs passions auec eux, il ne leur faschast pas de voir qu'on employe tant de ceremonie à celebrer leur feste, & qu'on mette si peu de soin à imiter leur vertu. Pensez-vous aussi que le Saint des Saints veuille vne meilleure deuotion de nous, que celle qui nous approche le plus de luy, par l'exercice des choses honestes; & qu'il ait vn plus agreable spectacle, quand il jette les yeux icy bas, que de considerer
      P ij

le progrés que fait le Roy dans le deſſein qu'il a de le ſuiure. Car à dire vray, ce n'eſt pas en contrefaiſant le Tonnerre, ny en portant le Trident en vne main, & le Globe de la Terre en l'autre, ny en commandant qu'on les appelle Eternels, que les Princes ſe rendent ſemblables à luy : Mais c'eſt en gouuernant ſagement leurs peuples, en deliurant les foibles de l'oppreſſion des plus forts, & en faiſant du bien à tout le monde. Ce n'eſt pas la puiſſance de Dieu, qui eſt imitable aux hommes ; Mais c'eſt ſa bonté & ſa juſtice, dont nous pouuons repreſenter quelques trais & quelques ombrages, & que le Roy poſſede auec vne ſi pleine & ſi liberale communication, qu'il en a receuë, qu'il ne ſeroit pas plus difficile de mener le Soleil par vne autre route que la ſiene, & de deſregler les mouuemens des Cieux, que de le destourner de l'honesteté.

C'est pourquoy, bien qu'on le voye assez souuent prosterné deuant son Confesseur, & toute sa Majesté humiliée aux pieds d'vn de ses Sujets, qu'on ne s'imagine pas pour cela que ce soit l'habitude qu'il a à pecher, qui luy rende plus familiere cette action. Car humainement parlant, & dans la rigueur de nostre justice, s'il ne se calomnie soy-mesme, il ne peut s'accuser de mal-faire. Et sans me hazarder beaucoup, ny presumer trop des forces de l'homme, & de l'assistence de la Grace, je pense pouuoir dire qu'il a conserué pure & entiere iusques icy, l'innocence qu'il a receuë de son Baptesme. Mais en effet le plus souuent il se laue pour se rafraischir, & non pas pour se nettoyer: Il prend des remedes pour se confirmer en santé, & non pas pour se guerir; Il cherche la perfection auec tant d'ardeur & de violence, que quand il y a lieu de mieux, il estime que le bien est vne espece de mal.

CVIII. De là vient qu'il pratique d'ordinaire les vertus difficiles, & perilleuses; qu'il va au deuant des occasions qu'il pourroit attendre, & que pouuant demeurer en repos, il prefere les dangers honestes à vne seureté sans merite. De là vient qu'il n'vse pas tousjours de la liberté de son naturel; qu'il est contraint de cacher la douceur, qui luy est propre, sous vne seuerité qu'il emprunte, & qu'auec vn cœur de Pere il exerce l'office de Iuge; que quelquefois il a pris la cause du public contre ses sentimens, & ses affections particulieres, & qu'il a passé sur toutes sortes de reipects, pour obeyr à la souueraine raison.

Au commencement de la derniere guerre, qu'on peut nommer moitié estrangere, & moitié ciuile, en vne saison où les gens de seruice n'estoient pas si communs, que la perte n'en fust remarquable, n'a t'il pas souffert que sa Iustice luy ait rauy des persones qui luy estoient cheres, & qu'il eust rachetées de toutes les pierreries de sa Couronne, mais qu'il n'a pas voulu sauuer auec vne parole de foiblesse ? En cette occasion les seruices de trois Connestables, le merite du sang de Montmorency, la valeur du Chef de cette maison, de tout temps si chere & si necessaire à la France, n'ont peu rien gaigner sur luy, que le regret de ne pouuoir rien donner à de si puissantes considerations. Il a resisté aux larmes des Princesses, aux

CIX.

prieres de sa Cour, à sa propre volonté; comme en d'autres rencontres, où la douceur de la vengeance sembloit estre legitime, & où il la pouuoit saouler du sang & du carnage de tout vn peuple, jl a quité encore pour l'amour du Public ses iustes ressentimens, & s'est relasché par le mesme motif, qu'il s'estoit roidy: faisant voir en tout qu'il ne va qu'à mesure que la raison le remuë, & que le Roy est tellement separé de l'homme, & l'esprit a tellement destruit la matiere, que les interests de son Estat luy tienent aujourd'huy lieu des passions de son ame.

CX.   De maniere qu'il n'a garde à ce conte-là d'estendre plus qu'il ne faut l'autorité souueraine, puis qu'il se resserre mesme dans la iustice ciuile. Il n'a garde de faire ce qui est deffendu, puis qu'il s'abtient de ce qui est permis. Il n'a garde

garde d'estre indulgent aux mauuais desirs, & d'accorder tout à la volupté, puis qu'il refuse beaucoup de choses à la necessité & à la Nature. Il n'a garde en vn mot, d'aymer les plaisirs, qui sont communs aux hommes auecques les bestes, puis qu'il n'en veut pas mesmes, qui luy soient communs auecques les autres hommes, & ne connoist que ces contentemens serieux, qui naissent de la satisfaction d'vne bonne conscience, qui vienent de la gloire d'vne grande action, qui sont tousiours frais & tousiours nouueaux, & que les Loix ne tolerent pas comme des remedes de l'infirmité humaine, mais que les Sages proposent pour la recompense de la vertu heroïque.

 Ie sçay bien qu'en cet endroit j'estime vne qualité mesprisée du monde, & que la plufpart de ceux

CXI.

qui font profession de la galanterie, me reprocheront que ie loüe les hommes des vertus des femmes. Mais ie ne m'arreste pas aux opinions d'vn Siecle si desbauché que le nostre. Pour aller droit, ie vais contre le fil du torrent, & de la corruption presente. Et puis que la parole eternelle dit qu'ell'est la verité, & ne dit pas qu'ell'est la coustume, j'ayme mieux parler veritablement que selon le sentiment de plusieurs, & me tenir à la raison abandonnée, qu'à l'vsage qui est suiuy.

Tertull. lib. de veland. virgin.

CXII. Il est certain que toutes les actions hardies ne se font pas à la guerre : Il faut aussi de la resolution & du courage pour estre chaste, & les belles choses sont souuent plus à craindre que les mauuaises. La douleur attaque nostre ame par la partie la plus forte, où elle rencontre le despit &

la colere qui se deffendent; mais la Volupté bat l'endroit le plus descouuert & le plus foible, où elle ne trouue que l'amour de nous-mesmes, qui se rend. Et partant comme il n'est pas si difficile de tenir bon dans des murailles, que de combattre sur vne breche, Il n'y a pas aussi tant de peine de resister à la douleur qu'à la volupté.

En quoy la Religion est d'accord auec la Philosophie; & pource qu'au jugement du Fils de Dieu, arracher sa conuoitise n'est pas moins que s'arracher vn œil, ou se coupper vne main, & que saint Paul parle d'ordinaire de la crucifier, & dit que nos affections sont nos membres, on a crû dans l'Eglise que la continence estoit vn Martyre non sanglant, & vne persecution, veritablement inuisible, mais la plus longue, la plus

CXIII.

Paul. ad Ephes. 5. 5.

Hieron. in Epist.

opiniaftre, & la plus violente de toutes.

CXIV. Ie ne craindray donc point de loüer le Roy de fa pureté, puis qu'elle fait vne partie de fa valeur, puis qu'il la doit à la force de fa raifon, affiftee de la grace de Dieu, & non pas à la foibleffe de fes appetis, & que la paix de fa confcience ne vient pas de la langueur & de l'oyfiueté de fon naturel, mais du trauail & de la victoire de fon efprit. Il ne luy eft point honteux que l'on fçache qu'il eft Roy de foy-mefme, auffi bien que de fes peuples; qu'il eft abfolu au dedans, comme au dehors; qu'il furmonte toutes fortes d'ennemis; Qu'il n'y a point de combat, foit contre les eftrangers, foit contre fes fujets, foit contre fes paffions, où il ne demeure le maiftre.

CXV. Or il eft fans difficulté que de ces actes de valeur naiffent des joyes si parfaictes, que hors du Ciel il ne s'en reçoit point de semblables, & que les victorieux sont les plus satisfais de tous les hommes. Qu'on vante tant qu'on voudra les plus beaux yeux, qui ayent iamais esclairé le monde, & le merite de ces superbes Creatures, qui traisnent apres elles les Princes captifs. En tout l'Empire de la Volupté il n'est point de si douce jouïssance que celle d'vne ville prise, ou d'vne bataille gaignée. Leuctres & Mantinée ont donné plus de plaisir à Epaminondas, que Laïs & Phryné n'en donnerent à tous leurs Amans: & bien qu'il perdist la vie en la derniere de ces deux journées, & qu'il ne pûst posseder sa gloire qu'vne demie heure, & dans les douleurs d'vne blessure mortelle; il mourût pourtant plus heureusement que ne viuent les effeminez, & n'eust pas voulu donner vn instant de ce temps-là, pour leur longue & inutile vieillesse.

CXVI.
Apud Cicer. & Senec.

Mais si Epicure luy-mesme a eu le courage de dire que la vertu ne seroit pas malheureuse sur la rouë: Que le souuenir du passé l'obligeroit de confesser qu'elle s'y trouue bien, & que la douleur qui fait fremir ses bourreaux, ne fait que la chatouïller; Douterons nous qu'en vn estat plus tranquille, & dans vne pure prosperité, elle ne ressente des contentemens incomparables, mille fois plus vifs, plus subtils, & plus penetrans, que tous les effets de ces agreables artifices, que l'esprit à inuentez pour flater le corps.

CXVII.
Nous embrassons en ce monde de certains objets, qui s'escoulent & fondent entre nos mains, qui sont perpetuellement mena-

cez de fin, ou de changement; que nous sommes asseurez, ou de haïr bien-tost, ou de mespriser, ou de n'aymer plus. Leur nature estant de commencer à se corrompre, immediatement apres leur production, l'affection que nous leur portons va aussi de necessité en diminuant: Et à cause que l'infinité ne luy appartient pas, il faut qu'elle perisse par son propre accroissement; que le desir se termine par le dégoust, & le mouuement par la lassitude. Et par consequent admirons nostre sage Prince, qui sçait mettre sa passion en des objets qu'il peut tousiours aymer, & qui seront tousiours aymables; qui ne se salit point de la bouë des choses terrestres; qui esleue ses desirs iusqu'à la plus haute & la premiere beauté, & les esloigne du corps & de la matiere, comme de la lie & de l'impureté des Creatures.

CXVIII. La Volupté auec toutes ſes inuentions, & tous ſes attrais, n'eſt pas capable d'emporter ſur luy vn commencement de volonté, ny de luy plaire meſmes en le ſurprenant. Il purifiera pluſtoſt la Cour par ſon exemple, que la Cour ne le corrompra par ſes delices. En toute ſa vie il n'eſt pas ſorti vn mot de ſa bouche, qui puiſſe receuoir vn ſens deshoneſte, & il ne luy ſeroit pas poſſible non plus, de laiſſer acheuer vne parole ſale, à quiconque oſeroit la proferer deuant luy. La pudeur de ſon viſage, & vn agreable meſlange de douceur & de ſeuerité, qui paroiſſent dans ſes yeux, eſtouffent les mauuaiſes penſées iuſques dans l'ame des hommes, & reforment d'abord tout ce qui s'approche de luy. Si bien qu'en

ſa presa presence les plus desbauchez ressemblent aux plus modestes, & son seul regard a le pouuoir, ou de changer, ou de suspendre leur inclination.

Vne si rare & si difficile vertu, CXIX. est à la verité vn present du Ciel, & vn priuilege de sa naissance; Mais c'est aussi vn effet de sa penible façon de viure, & le fruit de ses continuelles occupations. Il ne donne point au vice le moyen, ny le temps de l'attaquer. Il n'a iamais eu encore loisir de faire du mal, & son mauuais Ange l'a tousjours trouué occupé ailleurs, quand il a essayé de l'y porter. Que s'il ne peut pas tousiours estre à la guerre, ny dans le Conseil, Encores les esbats & les diuertissemens qu'il prend, sont austeres & laborieux, & les delices qu'il gouste, viriles & militaires. La volupté ne le sçauroit gaigner

R

par d'autres charmes, ny l'attirer à elle que par le trauail. Tous ses exercices seruent à sa principale profession ; ont du rapport, ou de la ressemblance auec le mestier des armes, & sont ou des jmages, ou des meditations de la guerre.

CXX. La pluspart des Princes que nous connoissons, & dont nous auons ouy parler, ne sont pas de cette humeur. Ils n'agissent pas mesmes auec tant de force, qu'il en fait voir en se relaschant, & le repos dans lequel ils languissent est si honteux, qu'il vaudroit mieux pour leur honneur que ce fust vne pure letargie. Les vns vieillissent à table, & passent les jours & les nuits dans les plaisirs de la bonne chere. Les autres employent le tiers de leur vie à se friser les cheueux, & à se regarder au miroir; & les plus honeste-

LE PRINCE. 131

ment occupez mettent tout leur temps & tout leur esprit, ou à faire peindre vne galerie, ou à tirer des essences de jasmin, ou à conduire vne fontaine de quatre lieuës, pour embellir vn parterre, ou à calculer le reuenu de leur trafic, ou à escouter les propositions d'vn Alchimiste.

Ils sont cachez le plus souuent au fonds d'vn Palais, où leur propre felicité les ennuye ; où ils se pleignent de la misere de leur condition, parce qu'il n'y a plus de nouuelles voluptez à descouurir ; où au milieu de leurs thresors, & de leurs delices, ils deuienent pauures & chagrins par leurs desirs. L'à dedans on les engraisse comme des victimes qui doiuent estre immolées : On les parfume comme des corps qu'on veut embaumer : On leur allume des flambeaux dés le midy, affin

CXXI.

R ij

que la pompe de leur vie soit le commencement de l'appareil de leurs funerailles, & que quand on passe deuant leur porte, on puisse dire auec raison, ICY GIST LE PRINCE TEL.

CXXII. Que si quelquefois le bruit des victoires du Roy va resueiller leurs lasches espris, & si vne si viue lumiere perce l'espaisseur & l'obscurité de leurs prisons, peut-estre qu'ils reuienent vn peu de ce profond assoupissement, & qu'ils sentent quelque legere picqueure de gloire ; mais le cœur n'en est point entamé, & ces bons mouuemens ne produisant que de beaux souhaits, au lieu d'imiter la vertu d'vn si braue Prince, ils se contentent de porter enuie à sa fortune. Si quelquefois encor' ils osent souffrir le jour, & s'ils se hazardent de voir le Soleil, qui leur est estranger & inconnu, ne vous imaginez-pas que ce soit pour entreprendre de longs voyages, & pour assister en personne leurs Alliez, qu'ils quittent les tenebres, & la solitude. Ils ne sortent du logis, que pour aller faire l'amour à la ville, & pour forcer la chasteté qui resiste, ou corrompre celle qui flechit.

Et au partir de là, quand ils ont saoulé leurs brutales passions; qu'ils ont violé la saincteté du Mariage, & deshonoré les pauures familles, ils appellent cela se joüer, & cherchent de bons mots pour farder de vilaines actions. N'y en auoit-il pas vn dernierement, qui se vantoit d'auoir triomphé de la plus belle partie du monde, parlant des Dames qu'il auoit aymées: Et vn autre ne disoit-il pas, que pour meriter à meilleur titre le nom de Pere de son peuple, il

CXXIII.
«
«
«
«
«
«
«
«

„ faifoit le plus d'enfans qu'il pou-
„ uoit aux femmes de fes Sujets. En ces Cours fales & desbauchées les plus faintes dignitez font bien fouuent la recompenfe d'vne nuit que le Prince aura paffée agreablement. Rien ne fe refufe dans les embraffemens d'vne femme artificieufe, & qui fe fçait feruir de fes charmes: Rien n'eft impoffible à fes baifers. Les moindres de fes affeteries emportent les graces des criminels, & la condamnation des jnnocens, & ce qui n'a peu paffer au Confeil, ne reçoit point de difficulté dans le lit.

CXXIV.   Graces à Dieu nous fommes à couuert de ce malheur, & noftre Cour eft pure de cette tâche. Le defir de la vraye gloire ne peut fouffrir où il eft de plus petites affections, & dans le cœur du Roy cette ardante paffion consomme, à bien dire, toutes les autres. Agissant sans cesse, comme il agit, quand pourroit-il songer à la volupté? & estant, comme il est, infiniment laborieux, pourquoy tomberoit-il dans le peché des oysifs? Quelques diuertissemens qu'on luy presente, jamais il ne destourne tout à fait son esprit de dessus les affaires de son Estat: Quelques regards qu'il enuoye par fois sur d'autres objets, sa veuë est tousiours attachée-là. Quoy qu'il face, & à quoy qu'il s'applique, il ne s'oublie iamais de regner. Iamais il n'auilit sa Majesté dans des occupations basses, & indecentes à sa condition: Toute sa vie est quasi également serieuse.

N'ayez pas peur qu'il se renferme des journées entieres, pour ajuster les pieces d'vne horologe, ou pour disputer vne partie aux

CXXV.

eschets. Il ne sçauroit s'employer à de vaines affaires, ny estudier les petites choses. Il ne veut point estre industrieux inutilement. Il reserue toute l'attention de son esprit, pour chercher les moyens de paruenir à la grande fin qu'il s'est proposée. Les jeux de hazard ne luy plaisent pas beaucoup dauantage : soit qu'il luy fasche de s'esmouuoir en des occasions de peu d'importance ; soit qu'il ayme mieux donner, que perdre, ny que gaigner ; soit qu'il ne desire pas que les moindres parties de sa vie soient sujettes à la Fortune. Pour la lutte, la course, & la Comedie, que quelques nations ont si fort prisées, il tient bien que ce peuuent estre des plaisirs de Prince, mais il ne croit pas que ç'en doiuent estre les actions, & auroit honte d'estre estimé d'vne chose que les Romains ne vouloient

loient pas faire apprendre à leurs enfans, & faisoient apprendre à leurs esclaues, & de receuoir des loüanges qui luy fussent communes auec les derniers de tout le peuple.

Il n'apporte donc à semblables CXXVI. passe-temps que ses yeux & sa presence, & s'y trouue plustost pour ne sembler pas les condamner, & paroistre de mauuaise humeur dans la resiouïssance publique, que pour y prendre du goust, & se laisser toucher a de si legeres voluptez. Ie ne doute point qu'il n'ait leu auec beaucoup de desdain l'histoire du Roy René, dernier Comte de Prouence, qui fùt trouué acheuant le crayon d'vne perdrix, par celuy qui luy apporta la nouuelle de la perte de son Royaume de Sicile; Et ie m'asseure que si Selim, Empereur des Turcs dans vn tableau qu'il fit, &

Ce fut la bataille qu'il donna à Ismael Roy de Perse.

qu'il publia, n'eust figuré vne bataille qu'il auoit gaignée, il ne luy pardonneroit pas facilement d'auoir fait sçauoir au monde qu'il estoit peintre.

CXXVII. Non pas pourtant qu'il ait de l'auersion pour les choses curieuses, & qu'il soit ennemy de la politesse, & des inuentions innocentes, qui soulagent & adoucissent les ennuis de cette vie : Car au contraire il void distinctement dans les Ars les beautés & les graces qui nous sont cachées : Il descouure dans les ouurages ce qu'il y a de plus délié & de plus spirituel, ce qui est comme separé du reste, & qui ne tient point à la matiere ; ce qui eschappe aysement à vne veüe, qui n'est pas purgée par vne subtile connoissance.

CXXVIII. Et à la verité ce n'est pas sans raison qu'on s'est mocqué de la

LE PRINCE. 139

rudesse de ces Princes, dont l'vn trouuoit le hennissement de son cheual plus agreable que la Musique, & l'autre preferoit la senteur des aulx à tous les artifices des parfumeurs. Vn Seigneur de Saxe se promenant dans les Galleries du Marché de Rome, s'arresta à vne peinture qu'il voyoit admirer d'vn chacun, où estoit representé vn grand homme sec, vsé de vieillesse & de maladies, qui se soustenoit sur vn baston: Mais comme le marchand qui pensoit faire sa fortune par la vente de cette rare piece, luy eust demandé combien il estimoit son vieillard, il respondit innocemment qu'il ne l'estimoit point, & qu'il ne le voudroit pas tout en vie, quand on le luy voudroit donner pour rien. Et de la memoire de nos peres, lors qu'on monstra au Pape Adrian sixies-

Plin. lib. 35. c. 4.

Paul. Iou. in vita Adriani. PP.

me le Laocoon du jardin de Belueder, & d'autres precieux restes de la magnificence Romaine, il commanda en cholere qu'on ostast de deuant luy ces jdoles des Payens, & fût sur le point d'en faire faire de la chaux, pour rebastir quelques endrois ruinez des murailles de la ville.

CXXIX. En ces mespris inciuils, & iniurieux à l'Antiquité, il y a ou vne ignorance grossiere & brutale, ou vne seuerité presomptueuse & farouche ; & à moins que d'estre Scythe, on ne peut blasmer le Roy d'auoir les sens qui ont le plus de commerce auec l'esprit, naturellement tres-purs, & de s'en estre acquis la derniere perfection par l'art & la discipline. On ne le peut blasmer de voir & d'ouïr auecques science ; d'auoir les mains adroites & ingenieuses, & de pouuoir figurer sur vne toile vn com-

LE PRINCE. 141

bat, ou vn siege qu'il viendra de faire. Il importe seulement que le monde sçache qu'il conoist quantité de choses, ausquelles il ne s'occupe pas; qu'il scait iuger sainement de la profession des autres, & s'acquiter parfaitement de la siene, & qu'il ne hait point les Muses, & leurs exercices honestes, mais que la guerre & les affaires ne luy laissent pas la liberté de s'y adonner.

Il est certain que la principale science des Roys, doit auoir pour objet la Royauté. Leur Philosophie doit estre practique, & quiter l'ombre & les jardins, où l'on passe vne vie douce & obscure, pour se faire voir dans la lice & dans le grand monde, toute couuerte de sueur & de poussiere. Elle ne doit point s'occuper à chercher ces inutiles veritez, qui ne rendent ceux qui les ont trou-

cxxx.

uées, ny meilleurs, ny plus heureux qu'ils eſtoient. Il faut qu'elle trauaille à l'acquiſition des vertus actiues, & neceſſaires au monde : Il faut qu'elle opere la felicité de l'Eſtat, & non pas le ſimple contentement de l'eſprit : Il faut qu'elle face des experiences d'vne choſe, dont l'eſcole ne ſçait faire que des diſcours.

CXXXI. Lors que ie conſidere que l'Empereur Numerian voulût qu'on mit au deſſous de ſes Statuës, A NVMERIAN LE MEILLEVR ORATEVR DE SA COVR : Et que cet autre ridicule Prince deſpeſcha des Courriers en tous les lieux de ſon obeïſſance, pour donner aduis de la victoire qu'il auoit gaignée aux jeux Olympiques, c'eſt à ſçauoir ſur de mauuais Poëtes, & ſur de mauuais Muſiciens ; Ie ne puis aſſez m'eſtonner de leur petite ambition,

Philoſtr. in vita Apollon.

& d'vne vanité si mal fondée. Ce que sçait le Roy vaut bien mieux que tout cela, & son art est bien plus noble, quoy qu'il ne l'exerce pas auec tant de pompe, & d'ostentation. Il entend la science, sous la protection de laquelle toutes les autres se reposent, & toute la societé des hommes se maintient ; la science, dis-je, de gouuerner. Il ne veut point disputer de la gloire du langage auec ses Subjets & les Autheurs de son temps, mais il peut debattre de celle de la vaillance & de la justice auec ses Ancestres, & toute l'Antiquité.

CXXXII.

Les premiers Lacedemoniens, qui ont esté des demi-Dieux, & non pas des hommes, estoient encore moins sçauants que luy. Ils n'alloient point à Athenes acquerir des mots & de la subtilité, ny ne desiroient conferer auec les

Egyptiens, pour s'esclaircir de leurs doutes, pource qu'ils croyoient que les loix de Licurgue n'auoient rien oublié à dire, & que les autres connoissances qui leur pourroient venir d'ailleurs, estoient, ou mauuaises, ou inutiles. Il eust esté difficile de remarquer distinctement en leurs discours les parties de l'oraison, & de separer l'exorde, de la narration; & la confirmation, de l'epilogue. Ils ne s'expliquoient quasi que par monosillabes; & s'ils eussent pû se faire entendre, sans prendre la peine de parler, ils eussent encore espargné le peu de paroles qu'ils employoient.

CXXXIII. Pour les Romains, qui paroîtront si souuent en cet ouurage, & deuant & apres lesquels il n'y a eu que des essais, ou des imitations de la sagesse qu'ils ont montrée, Il est tres-vray qu'ils ont fait

fait toutes les grandes choses que nous admirons, sans sçauoir faire de dilemme, ny de sillogisme. Mais si tost que cette vertu parfaite se relascha, & qu'ils cultiuerent auec moins de soin leurs bonnes inclinations naturelles, ils eurent de la curiosité pour les ráretés de dehors. Ils commencerent à estudier, si tost qu'ils commencerent à se corrompre, & la Grece a veincu ses maistres par ses vices, & par ses sciences.

CXXXIV.

C'a tousiours esté pourtant vne commune opinion parmy eux, qu'il suffisoit de gouster de la Philosophie, mais qu'il ne falloit pas s'en saouler; qu'il leur estoit permis de passer par l'Academie & par le Licée, pourueu qu'ils n'y seiournassent pas; & que selon les âges & les conditions, il pouuoit y auoir de l'intemperance en la recherche des belles choses.

T

C'eſt-pourquoy quand le vieux Caton ſe miſt ſur la fin de ſes iours a apprendre vne langue eſtrangere, on ſe mocqua de luy, comme d'vn homme qui ſe preparoit pour faire des harangues en l'autre monde, & auoit peur que Minos, qui eſtoit Grec, n'entendiſt-pas le Latin. Sans doute la vieilleſſe l'auoit changé, & ſon iugement ſe reſſentoit de l'infirmité de ſon âge, veu meſmes qu'auparauant il faiſoit profeſſion ouuerte de haïr les lettres Grecques : qu'il tenoit Socrate pour vn ſeditieux & vn charlatan, & auoit eſté d'aduis, lors que tout le monde couroit apres le Philoſophe Carneades, qu'on l'enuoyaſt bien-toſt à ſon eſchole diſputer auec les enfans des Grecs, & qu'on laiſſaſt ceux des Romains obeïr aux loix, & aux Magiſtrats de leur pays.

Ces sages & vertueux Magistrats ont resisté tant qu'ils ont pû à cette violente passion de la ieunesse : Ils ont chassé à diuerses fois, non seulement les Mathematiciens & les Philosophes, mais aussi les Rhetoriciens, & voicy sur ce sujet vn de leurs Arrests, dans lequel on void encore respirer la grandeur & la majesté de la Republique morte. IL NOVS A ESTE' RAPPORTE' QVE CERTAINS HOMMES, QVI SE DISENT LES RHETORICIENS, VEVLENT INTRODVIRE VNE NOVVELLE SORTE DE DISCIPLINE, ET QVE LES IEVNES GENS FONT DES ASSEMBLEES, OV ILS S'AMVSENT TOVT LE IOVR A LES ESCOVTER. NOS PERES ONT ORDONNE' CE QV'ILS DESIROIENT QVE LEVRS ENFANS APPRISSENT. CES NOVVEAVTEZ CONTRAIRES A LEVRS

CXXXV.

Aul. Gell. lib. 15. c. 11.

ORDONNANCES ET A NOS COVSTVMES, NE NOVS SONT POINT AGREABLES, ET NE NOVS SEMBLENT PAS BONNES.

CXXXVI. Asseurement il n'y a point de meilleur moyen d'amollir la vigueur des courages, que d'occuper les espris à des exercices paisibles & sedentaires, & l'oysiueté ne peut entrer dans les Estats bien policez par vne plus subtile, ny plus dangereuse tromperie que celle des lettres. Ce sont ces persones oysiues & paresseuses, qui en partie ont ruiné le commerce, & l'agriculture; qui sont cause de la foiblesse de nostre Estat, & de la lascheté de nostre Siecle. Et si dans vn grand Royaume on ne peut aujourd'huy leuer que de petites armées: si la France n'enuoye plus comme autrefois, des cent mille combatans en la Terre

Sainte ; ce n'eſt pas qu'elle ſoit moins peuplée qu'elle n'eſtoit, ny que les femmes ſoient deuenuës ſteriles, ny qu'on meure plus qu'on ne faiſoit de ce temps-là: C'eſt que la pluſpart de ceux, dont on cõpoſeroit ces puiſſantes & formidables armées, embraſſent vne profeſſion cõtraire à celle des armes, & qu'il y a vn grand peuple inutile, qui conſomme toute ſa cholere en procés, & ne ſe ſert de ſes mains qu'à faire des Eſcritures & des Liures.

Quand toute vne nation eſt malade de la Dialectique, ou de la Poëſie, & qu'en vn pays on trafique plus de Spheres & d'Aſtrolabes, que des autres choſes neceſſaires, c'eſt vn ſigne tres-aſſeuré de ſa prochaine ruïne: Quiconque l'entreprendra, en viendra ayſément à bout, & aura à faire à des hommes, qui ne ſe reſueilleront qu'à

CXXXVII.

l'extremité de leurs profondes speculations ; qui dans vne ville prise n'entendront ny le son des trompetes, ny le bruit des armes, & ne s'apperceuront qu'il y a du danger, qu'aprés que le feu aura gaigné leur cabinet, & que leur chambre sera bruslée.

CXXXVIII. Ce n'est pas pourtant mon dessein d'abrutir le monde, & d'esteindre vne des lumieres de la vie. Ie ne veux point faire reuenir cette nuit obscure, qui couuroit la face de la Terre, lorsque les Princes de Valois & ceux de Medicis furent diuinement enuoyés pour chasser la Barbarie du siecle passé. Ie sçay que comme la Nature jette les semences du bien en nostre ame, qu'aussi sa maturité dépend de l'estude & de l'exercice ; que comme elle fait quelquefois plus de la moitié des choses, qu'il faut aussi que l'art les

LE PRINCE.

acheue, & que la discipline dresse & mette en ordre les vertus maladroites & mal-arrangées. Cette discipline sert pour le moins de clef, pour ouurir de meilleure heure l'esprit : elle le rend capable d'affaires, sans attendre le succés ennuyeux & les longueurs de l'experience, & luy espargne le grand temps qui luy seroit necessaire, pour paruenir de soy-mesme à la Sagesse. Et à la verité si le bon sens, & la simple raison d'vn homme, sont extremement à estimer, je ne voy pas pourquoy on mesprisera la science, qui est comme le sens recueilli d'vne infinité de testes, & la raison commune de plusieurs Sages.

CXXXIX.

Mais icy aussi-bien qu'ailleurs, il est besoin de distinguer, & de faire difference de science. Ie n'ay garde de blasmer les bonnes lettres : Ie soustiens seulement qu'il y en a de mauuaifes, qui ne font que de vains amufemens de l'efprit; des fonges & des vifions de gens qui veillent; des trauaux qui n'aboutiffent à rien, & n'apportent ny force, ny embelliffement à la Patrie. Ie me mocque des fçauans, qui font fçauans aux chofes qui ne vienent point en vfage, & n'ignorent rien de ce qui eft inutile; qui courent iour & nuit aprés la quadrature du Cercle, & le mouuement perpetuel, fans pouuoir attraper, ny l'vn, ny l'autre. Ie n'approuue point les Docteurs, qui n'vfent pas plus de leur doctrine que les auares de leurs richeffes; qui s'empliffent toufjours, & ne produifent iamais; qui confomment leur vie à la recherche de quelques mots, & à l'intelligence d'vne langue; qui prenent les moyens pour la fin, & les chemins pour les villes. Ces gens-là font

font fort mal propres à la vie ciuile. Tant s'en faut qu'ils fuſſent de bons Princes, qu'ils ne ſeroient pas ſeulement de tolerables Sujets. Ce ſont des membres à retrancher de la commune ſocieté: Ce ſont des ſuperfluitez de la Republique, & pour vſer des termes d'vn ancien Grec, ils ne valent rien qu'à peupler les deſerts & les ſolitudes.

Nous ne rejettons donc pas CXL. abſolument la ſcience, mais nous rejettons la leur. Nous ne condamnons pas ces Orateurs, qui perſuadent la verité, & font naiſtre l'amour de la vertu dans le cœur des hommes, (& peut-eſtre qu'on croira vn iour, que nous auons quelque intereſt à les deffendre) Mais nous condamnons ces importuns, dont les diſcours ne ſont que des bruits & des ſons qui frappent l'air, & ne paſſent

V

pas l'oüye ; qui veulent debiter pour eloquence vne facilité de mal parler ; qui difent des fottifes fagement, & prononcent bien les mauuaifes chofes. Nous ne chaffons pas de l'Eftat l'eftude de la Sageffe, mais nous receuons principalement dans le Palais deux de fes parties, dont l'vne regle l'homme entant qu'il eft animal doüé de raifon, l'autre le conduit entant qu'il eft né à la focieté; l'vne a pour fin la vertu & le bien d'vn feul ; l'autre la felicité & le bien public.

CXLI. A quoy il me femble que les Roys peuuent encore ajoufter la lecture de l'Hiftoire, qui eft vne Philofophie plus populaire & plus agreable, que celle qui fe recueille dans la fechereffe des preceptes, parmy les efpines & les aiguillons de la difpute. Par elle toute la vertu des anciens eft noftre,

& ils n'ont vefcu, à bien dire, que
pour nous inftruire, ny fait de
bonnes actions que pour nous
laiffer de bons exemples. Elle donne au Prince l'induftrie de ceux
qui l'ont precedé, pour la mettre
auecque la fiene. Elle luy prefenté des confeils finceres ; qui ne
font point fufpects de flaterie; qui
ne vienent point de paffion; dans
lefquels il n'entre point d'intereft
particulier. Elle luy monftre les
iffuës par où les Sages font fortis
des paffages difficiles, & la voye
qu'ils fe font faite, lors qu'ils n'en
ont pas treuué.

 Celuy qui ne fçait rien de ce-   CXLII.
la, & qui de tous les temps ne connoift que le prefent, eft furpris
par la nouueauté d'vn accident
qu'il n'a point preueu; fe laiffe abbatre au premier fouffle de vent
contraire, & s'imaginant que le
mal doit durer toufiours, n'a ja-

mais le courage de bien efperer. Celuy au contraire qui femble eftre de tous les pays, auoir vefcu en tous les âges, & affifté à tous les confeils, & à toutes les affemblées publiques, tire de là de puiffans fecours pour refifter à l'auerfité. Pour le moins, il ne trouue rien d'eftrange, ny de nouueau. Il attend la bonne fortune aprés la mauuaife, & iuge à peu prés d'vne action par vne autre. Car en effet ce n'eft, ny de l'afpect des conftellations, ny du vol, & du chant des oyfeaux, ny du cœur & des entrailles des beftes mortes, que ce iugement fe forme; mais c'eft ordinairement des chofes paffées qu'on apprend les chofes auenir. Et combien que les affaires du monde changent quelquefois de cours, prenant vn autre chemin que le leur accouftumé, & que cela feulement foit vray-femblable, ainsi que disoit Agathon, que beaucoup de choses arriuent contre la vray-semblance ; Toutesfois communement parlant, semblables entreprises produisent semblables éuenemens, & quoy que ce soient differens acteurs qui paroissent, c'est tousiours le mesme theatre, sur lequel on represente, & les mesmes pieces qui se rejoüent.

Il n'y a point de doute qu'vne si vtile connoissance ne soit digne de la curiosité des Grands, & qu'elle ne leur puisse seruir en diuerses occasions. Aussi le Roy s'est plû de tout temps à s'en faire entretenir : Il a tousiours escouté auec plaisir ceux qui luy ont rendu conte des choses passées ; & sans chercher de plus particulieres preuues de ce que ie dis, les merueilles que nous auons veuës de luy, nous font assez voir qu'il

CXLIII.

ne prend pas ſes exemples parmy nous, & que ce ne ſont pas les hommes de noſtre temps qui luy donnent de la jalouſie. Dauantaǵe, ſa vie domeſtique eſt ſi exempte de blaſme, voire meſme de ſoupçon; ſa conduite publique eſt ſi pleine d'adreſſe & de legitimes artifices; toutes ſes actions ſont ſi conformes aux regles que les Maiſtres des mœurs & les Docteurs de l'Eſtat nous ont laiſſées, que s'il n'auoit appris la Morale, & la Politique, il faudroit qu'elles luy fuſſent naturelles, & qu'il euſt reçeu de Dieu vne ame toute inſtruite & toute ſçauante.

CXLIV.   Pour les autres eſtudes ſteriles, & de nul vſage, qui exigent vne violente attention, & vne aſſiduité ſeruile; qui ont beſoin de tout le loiſir d'vn particulier, & de toutes les minutes des heures, elles peuuent eſtre, à mon aduis, vtilement negligées par vn homme de sa condition, & ne sont gueres compatibles auec les fonctions de la Royauté, qui demande aussi les hommes tous entiers; & de telle sorte, qu'en matiere de Gouuernement, il n'y a souuent pas assez du iour & de la nuit, pour le trauail necessaire, & il faudroit pour se délasser vn temps qui ne se trouue point.

CXLV.

Les affaires sont en plus grand nombre que les momens: La mort la plus tardiue surprend tousiours les Princes, & laisse leurs ouurages imparfais : Peu de ces Artisans acheuent leur besongne en ce monde. Le Roy donc, qui veut venir à bout de celle qu'il a entreprise, ne s'amuse point ailleurs. Il ne songe qu'à sa charge & à son deuoir, & l'ordre qui a esté establi dés le commencement en la constitution des choses, ne pouuant pas eſtre reformé, il allonge par artifice vne vie qui d'elle-meſme eſt fort courte: Il eſpargne toutes les heures qu'ont couſtume d'emporter les occupations mauuaiſes & les ſuperfluës, & prend de ſa diligence, ce qu'il ne peut obtenir de la liberalité de la Nature.

CXLVI. Il y a dix ans qu'il veille quaſi touſiours; qu'il eſt quaſi touſiours à cheual; qu'il court par tout où l'appelle la neceſſité publique: Et d'autant qu'il ſçait bien que les Roys & les Royaumes ne peuuent jouïr d'vn meſme repos, il eſt content que les peines & les dangers ſoient pour luy, & que la paix & la ſeureté ſoient à la France. Ses cheueux blancs luy ſont venus des nobles & glorieuſes inquietudes, qui ont produit la tranquillité de ſes peuples. Il pleut, & il neige tous les hyuers ſur la premiere teſte du monde: dans les plus violentes

lentes chaleurs de l'Esté, lors que nous employons tous les moyens imaginables, pour chercher le frais & auoir de l'ombre, son visage se hasle au Soleil de Languedoc, & c'est d'ordinaire en pleine campagne, & à dix iournées du Louure, qu'il reçoit les iniures de l'air, & les incommoditez des saisons. Quelques-vns de ses Predecesseurs auoient plus de peine à se remüer, & à passer de leur chambre à leur cabinet, qu'il n'en a d'aller d'vne extremité du Royaume à l'autre. Il fait ses Galleries & ses pourmenoirs de Paris en Guyenne, ou en Dauphiné, & il n'y a point de partie affligée en son Estat, pour esloignée qu'elle soit, qui luy ayant descouuert ses playes, & donné connoissance de son mal, ne sente incōtinent le soulagement qu'apporte sa presence, en quelque lieu qu'il se monstre.

CXLVII. Pour cet effet la Nature luy a donné vn corps qui ne pefe point à fon efprit, & qui eftant extremement foupple & vigoureux, n'a pas beaucoup de difficulté à fuiure les mouuemens de fon courage. La continuelle agitation, dans laquelle il fe nourrit, ne laiffe pas mettre enfemble ce grand amas d'humeurs, & cet excés de chair fuperfluë, qui fe forme par l'oyfiueté, & qui bien fouuent eft a charge à l'ame; Outre qu'il n'eft pas embarraffé de ce long equipage de desbauche, que traifnent apres eux les voluptueux, & qu'il ne fait pas la guerre à la mode des Princes Afiatiques. On ne voit point des troupes de femmes & d'Eunuques, & vne autre armée de perfonnes inutiles, à la fuite de la fiene. Il ne luy faut point vn nombre incroyable de chariots, pour porter des luts, des violons, des miroirs, & des parfums, comme il en falloit à Marc Antoine, quand il marchoit auec Cleopatre. Le premier objet agreable qu'il rencontre en son chemin, ne l'oblige point de s'y arrester, & il ne campe pas au bord des belles riuieres, au lieu de les trauerser, ny ne fait dresser des tentes dans les vallons delicieux, quand il faut passer les montagnes. Il est libre de ces empeschemens, que se font, ou que trouuent les effeminez, & qui sont cause d'vne notable perte de temps, qui doit estre au Prince la plus precieuse de toutes les choses, & de laquelle il peut estre auare, sans perdre le tiltre de liberal.

CLXVIII. Si le Roy n'en sçauoit vser auecque beaucoup d'œconomie, & s'il n'estoit excellent dispensateur d'vn bien si fragile & de si mauuaise garde, il n'auroit pas comme il a fait, en moins de six ans, commencé, poursuiui, & terminé vn trauail, qui apparemment deuoit exercer ses Successeurs, & durer iusqu'à la Posterité. Il ne se seroit pas rendu maistre chez soy, & Iuge chez ses voisins; & n'auroit pas esteint, comme il a fait, la rebellion, desarmé l'erreur, soustenu la foiblesse, abbaissé la tyrannie. Vn Prince mediocrement diligent seroit encore à my-chemin d'vne si penible course, & sous vn autre Roy que le nostre, nous ferions encore des vœux pour arriuer au port, dans lequel aujourd'huy nous les rendons.

CXLIX. Ne parlons point laschement de la prosperité de nos affaires ; Ne contredisons point à la voix publique ; N'affoiblissons point la verité par des exceptions malicieuses, & par des loüanges conditionnées ; Auoüons à tout le

LE PRINCE. 165

moins les obligations que nous auons au Roy, si nous ne pouuons les reconnoistre. On ne vit iamais vne si grande disposition à la felicité, que les Politiques cherchent: Iamais les promesses de l'auenir ne furent si belles. Nous ne craignons plus la ruïne de nostre Estat ; nous en esperons l'Eternité. Toutes les pieces de cette superbe Masse, qui a branflé si long temps, sont maintenant raffermies. Tout est compassé auec vne admirable iustesse : pas vne pierre ne pousse hors de son allignement : Rien n'offense les yeux delicats. Voicy la premiere fois que la mesdisance sera müette. Il n'y a plus de deffaux à descouurir ; jl n'y a presque pas de souhais à faire.

Ie tiens certes mes yeux pour suspects, & ay de la peine à me croire moy-mesme, quand ie con-

X iij

sidere le present, & qu'il me souuient du passé. Ce n'est plus la France de dernierement, si deschirée, si malade, si caduque. Ce ne sont plus les François, si ennemis de leur Patrie, si languissans au seruice de leur Prince, si descriés parmy les nations estrangeres. Sous les mesmes visages ie remarque d'autres hommes, & dans le mesme Royaume vn autre Estat. L'ancienne apparence reste, mais l'interieur est renouuellé. Il s'est fait vne reuolution Morale; vn changement de l'esprit; vn passage doux & agreable du mal au bien. Le Roy a remis ses Subjets en reputation ; a communiqué sa force & sa vigueur à la Republique; a corrigé les fautes du siecle passé ; a chassé tout ensemble la mollesse & la temerité de l'administration des affaires.

CLI.   Ie n'ay pû encore deuiner pourquoy on nomme vn de nos Princes Charles le Sage, si ce n'est peut-estre pour le distinguer de son fils, qui ne l'estoit pas, & qui eust vne maladie, qui fust presque mortelle à toute la France. C'est le Roy qui est veritablement Sage aussi-bien que Iuste, & qui ne trompe, ny soy, ny les autres. Il ne se sent point de la corruption presente, & quasi point de l'infirmité humaine. Il est capable d'arrester vn Estat sur la pente de sa cheute; de reparer les ruïnes que la longueur du temps y a faites; de raccommoder les choses gastées. Il est capable, pour le dire ainsi, de rajeunir l'Vniuers, & si ce parfait Gouuernement, dont on n'a veu encore que la peinture, doit en-fin s'esclore & paroistre au iour, il sortira sans doute de son incomparable Sagesse.

Nous auons beau nous flatter,

& corrompre la fidelité de noſtre Hiſtoire, iuſques icy nous deuons noſtre conſeruation, pluſtoſt à toute autre choſe, qu'à nous meſmes ; & ſi dépuis la naiſſance de l'Eſtat, on excepte ſeulement la vie de deux Princes, & quelques années de celles des autres, il ſe peut dire que la Fortune a gouuerné parmy nous ſouuerainement, & qu'en la conduite de nos affaires elle n'a laiſſé que fort peu de part au ſens & à la raiſon. On a mis en prouerbe noſtre legereté, noſtre inconſtance, noſtre folie. On a dit que la France eſtoit vn vaiſſeau, à qui la tempeſte ſeruoit de Pilote. Nos Peres ont conduit leurs guerres ſans diſcipline, & leurs negotiations ſans ſecret. Leur façon d'agir eſtoit auſſi peu reglée, que s'ils euſſent eu deſſein de perdre en tous les Traictez, & leur vaillance auſſi eſtourdie

LE PRINCE.

estourdie, que s'ils se fussent bandé les yeux pour combatre. Ils nous ont pourtant laissé ce qu'ils gouuernoient si mal, & leur Estat est venu iusques à nous dans cette confusion, & dans ce desordre. Toutes les maximes receuës vniuersellement pour veritables, se sont trouuées fausses en ce qui nous regarde: Tous les signes d'vne mort certaine ont esté vains quand ils ont paru sur nous: Toute la Sagesse estrangere s'est trompée au iugement qu'elle a fait de la durée de nostre Monarchie.

CLIII. Aprés la prison de Iean & de François, qui furent l'vne & l'autre des fruits de leur imprudence, Il y auoit toutes les apparences du monde que ce Royaume changeroit de Maistre, & ne seroit plus qu'vne Prouince de nos ennemis. Toutesfois le voicy encore sous la puiſſance de l'heritier legitime de ces braues priſonniers. Les Roys d'Angleterre, qui ont regné, & qui ont eſté couronnez à Paris, n'y auoient hier qu'vn Ambaſſadeur, & n'y ont plus aujourd'huy perſonne. Il ne leur reſte de toutes les conqueſtes qu'ils ont faites qu'vn nom inutile que nous leur laiſſons, pour embellir leurs tiltres, & pour ſe conſoler de leurs pertes: Et apres tant de batailles gaignées, ie ne ſçay quoy les a fait fuïr, & les a chaſſez d'vn païs où ils croyoient eſtre chez eux, & où il n'y auoit plus que trois ou quatre villes qui fuſſent Françoiſes.

CLIV. L'Eſpagne ayant quaſi eu les meſmes auantages, s'eſt veuë trompée par le meſme éuenement. Nous luy auions ouuert toutes nos portes : Nous auions reçeu ſes Garniſons dans nos vil-

LE PRINCE.

les, & ses Ministres, dans nostre Conseil. La pluspart de nos gens, s'ils eussent esté nés à Madrid, ou à Tolede, ne pouuoient pas estre meilleurs Espagnols qu'ils estoient, & tout le monde couroit en foule & les yeux fermez à la seruitude. Neanmoins cette disposition au changement, & ces auances de la victoire, n'ont de rien serui à Philippe, ny à son Infante. Nous n'auons pû perdre ce que nous auions donné: Nous n'auons pû tomber sous vne domination estrangere, quoy que nostre cheute fust nostre dessein. Les cheisnes que nous demandions, nous ont esté refusees, & nostre Patrie nous a demeuré, apres l'auoir liurée à nostre ennemy.

Ailleurs il ne faut qu'vne guerre ciuile pour mettre vn Estat en pieces, & abolir le gouuernement Monarchique: Mais qu'auonsnous veu autre chofe que des guerres ciuiles, dépuis la mort de Henry fecond? Et n'ont-elles pas efté fi frequentes, qu'on a pû long temps conter les années par les Traitez de paix qu'il falloit faire? Nos Roys fignerent l'Arreft de leur mort, ou au moins de leur depofition, quand ils fignerent la Ligue, & que des deux factions qui defchiroient leur Royaume, ils donnerent à celle-cy leurs armes & leur autorité, affin de demeurer defarmez & defcouuers contre les entreprifes de l'vne & de l'autre. S'ils fe fuffent gouuernez par la raifon, ils n'euffent jamais fait vne telle faute, & s'il y euft eu de la prudence en ce temps-là, il n'y euft eu ny Ligue, ny Huguenots. Ce dernier party qu'il falloit eftouffer au berceau, lors qu'il n'eftoit qu'à demy-formé, & que les plus debiles mains le pouuoient deffaire, a crû aussi par l'indulgence du Souuerain; a pris sa premiere vigueur du mespris qu'on faisoit de sa foiblesse, & est monté en-fin à vne si prodigieuse grandeur, qu'il a souuent balancé les forces Royales, & qu'il a fallu que sa ruïne ayt esté le Chef-d'œuure de LOVYS LE IVSTE.

CLVI. Mais auant que ce genereux Prince fust venu au monde, pour accomplir nostre salut, & arrester les choses au point où elles doiuent demeurer, Combien de fois ces deux puissantes factions ont-elles failli leur coup ? A combien peu a t'il tenu que nous n'ayons veu vne Republique de Languedoc; qu'il n'y ait eu des Estats de Guyenne; qu'il ne se soit fait des Ducs de Bourgongne, & des Comtes de Prouence ? Et qui pouuoit respondre à nos Peres, que la Rebellion attendist à faire ses derniers & ses extremes efforts, contre celuy, qui seul estoit capable de la destruire? Nous auons tousjours esté les ouuriers & les artisans de nos mal'heurs. Nos ennemis ont esleué leurs Remparts & basti leurs Forts à l'ombre de nos Paix & de nos Traitez: Ils se sont aggrandis & maintenus sous nostre protection: Ils se sont eschauffez & nourris en nostre sein. La foiblesse, & la timidité des Maistres, a esté cause de l'audace & des entreprises des Seruiteurs. Tout l'Estat s'est ressenti des vices & de la lascheté du Cabinet. Du mespris que le Prince faisoit de sa charge, est venu celuy qu'on a fait de son autorité: Il eust esté obey, s'il eust sçeu regner.

CLVII. Parmy nous la Peine ny la Recompense n'ont presque iamais esté connuës. Les Grands ont tousjours offensé impunément les petis : Les foibles ont tousiours esté la proye des plus forts : On a tousjours marché sur ceux qui se sont humiliez : On a tousiours mesprisé les gens de bien, pource qu'on n'a point de peine à les conseruer, ny de crainte de les perdre. Aristophon se glorifioit à Athenes, d'auoir esté accusé soixante & quinze fois, & d'auoir autant de fois corrompu ses Iuges. Icy les meschans ont bien plus heureusement reüssi. Ils n'ont pas seulement joüy de l'impunité, on leur a donné des recompenses. Ils ont esté recherchez auec beaucoup de soin, & traitez auec toute sorte de faueur. Ils ont gaigné perpetuellement en l'exercice du mal : Ils ont profité de toutes leurs fautes. Celles qui meritoient le plus seuere chastiment, ont esté le plus cherement payées; & nous

Démost. orat. 10.

auons veu vn vieux pecheur, qui monſtroit trois maiſons qu'il auoit acquiſes de l'argent que le Roy luy auoit donné, pour auoir eſté de trois conjurations contre ſon ſeruice. Tellement que luy & ſes compagnons n'auoient garde de ſe repentir d'vn ſi bon crime, ny de trouuer que la Rebellion fuſt vne choſe mauuaiſe, puis qu'ils en tiroient de ſi notables commoditez, & qu'elle eſtoit ſi liberalement recompenſée.

CLVIII. Ce n'eſtoit pas regner ; Ce n'eſtoit pas veincre ; Ce n'eſtoit pas triompher, ce qu'on faiſoit en ce temps-là : C'eſtoit viure ſeulement, & aller d'vn iour à vn autre. L'eſtat des affaires n'eſtoit ny paix, ny guerre, ny tréue : C'eſtoit vn repos d'aſſoupiſſement, qu'on procuroit au peuple par artifice, & le ſomme des criminels & des obſedez n'eſt pas plus agité, ny
plus

LE PRINCE. 177

plus inquiet que cette trompeuse tranquillité. On ne sçauoit point guerir, on sçauoit seulement farder des malades, & leur faire le visage bon. Ceux qui gouuernoient, vouloient appriuoiser la Rebellion, en la caressant ; Ils la saouloient de bien-faits & de gratifications. Mais par là ils la rendoient plus puissante, & non pas meilleure ; Ils augmentoient sa force, & ne diminuoient point sa malice. Aucunefois ils luy ostoient quelques hommes, qui estoient à vendre, & des auantages qui ne luy seruoient de rien ; & ne voyoient pas que c'estoit cultiuer le desordre, que de toucher ainsi legerement à ses branches & à ses rejettons, & ne point mettre le fer à son tronc & à sa racine.

CLIX.
Toutes les hautes entreprises les espouuantoient : Toutes les grandes choses leur paroissoient

Z

monstrueuses : Tout ce qui n'estoit pas aysé, ils l'appelloient impossible; & la peur leur grossissant les objets, & leur multipliant presque à l'infini châque indiuidu, quand trois mal contens se retiroient de la Cour auecques leur train, ils se figuroient vne armée de Rebelles à la campagne, qui entraisnoit les Villes & les Communautez apres elle, sans trouuer de resistence. En suite dequoy ils ne se mettoient point en deuoir de les chastier, mais ils taschoient de les adoucir, & au lieu de les aller visiter auec des canons & des soldats, ils leur enuoyoient des gens de robe longue, chargez d'offres & de conditions, & leur promettoient beaucoup plus qu'il ne pouuoient esperer de la victoire.

CLX. Ainsi la bonté du Prince estoit vne rente & vn reuenu certain aux meschans. Il espuisoit ses coffres pour soudoyer les armées de ses ennemis, & payoit tous les jours vne chose qu'il n'acqueroit jamais. A la moindre rumeur il descendoit de son throsne, pour traiter auecques ses subjets: D'vn Souuerain il se faisoit vne personne priuée, & d'vn Legislateur, vn Aduocat. Par cette breche l'entre-deux qui le separe du peuple, estoit rompu, & la puissance changée en égalité. Les coupables montoient sur le Tribunal, & deliberoient de leur propre fait auecques leur Iuge : Ils nommoient le lieu de la conference, & on l'acceptoit: Ils choisissoient pour conferer les personnes en qui ils auoient plus de confiance, & on leur donnoit ces personnes agreables. Et là il ne se parloit ny de grace, ny de pardon : Ces termes eussent esté trop rudes,

& leur eussent fait mal aux oreilles : Mais le Maistre offensé declaroit solennellement que tout auoit esté fait pour le bien de son seruice, & sçauoit bon gré à ses seruiteurs infideles, des affrons qu'il auoit reçeus d'eux.

CLXI. Finalement le dessein du Cabinet n'estant que de separer les Alliez, & de destourner l'orage present, On leur accordoit plus qu'ils ne demandoient : On estoit prodigue de la foy publique : On ne mesnageoit point le nom du Roy. Et de cette sorte il se trouuoit sur le bord de deux extremitez également dangereuses : Car soit qu'il voulust tenir sa parole, en ruinant ses affaires, soit qu'il les remist en la violant, il estoit tousjours reduit à vne deplorable élection ; ou de hazarder son Estat, pour estre fidele, ou de manquer a son honeur, pour demeurer Roy.

Ces desordres, & autres semblables, ne deuoient-ils pas perdre la France, & beaucoup d'Estats n'ont-ils pas peri à moins que celà? Elle a pourtant fait mentir tous les deuins: Elle a refuté tous les Politiques: Elle a mis des exceptions à toutes les regles generales; & il n'y auroit pas tant dequoy s'estonner qu'vn corps, dont le temperament fust mauuais, & la constitution desreglée, fust paruenu à vne extreme vieillesse, par des blessures, par des excés, & par des desbauches, que de considerer douze cens ans que cet Estat a duré, contre toutes les apparences humaines. C'est vn vieux desbauché, qui a fait ce qu'il a pû pour mourir, & qui vit en despit des Medecins: C'est nostre fortune, qui a corrigé tous les defaux de nostre conduite: C'est le hazard qui nous a sauuez. Ou pour nommer noftre bon - heur plus Chreftiennement, & quitter les termes de l'vfage corrompu, qui fentent encor le Paganifme, C'eft Dieu, qui a pris vn foin particulier de la France abandonnée, & a voulu eftre fon Curateur dans la confufion de fes affaires: C'eft fa prouidence, qui a perpetuellement combattu contre l'imprudence des hommes: C'eft le Ciel, qui a fait autant de miracles qu'ils faifoient de fautes.

CLXII. Il ne faut pas neanmoins aymer le peril, ny perfeuerer dans le mal, fur l'efperance d'vn fecours miraculeux. Ce n'eft pas à dire que Dieu fe foit obligé par ferment de rendre heureufes toutes nos cheutes, ny qu'il veüille benir toutes nos folies, ny qu'il ne s'ennuye point de donner de bons éuenemens à tous nos mauuais confeils. Il permet à la fin que les effets fuiuent leurs causes, & que ce qui a troublé long-temps l'ordre du monde, & violé la Loy generale, rentre dans le cours ordinaire dont il est sorti, & obeïsse à la commune necessité, qu'il a imposée aux actions de ses Creatures.

CLXIII.

Mais en l'estat où nous sommes aujourd'huy, à la bonne-heure nous prendra l'orage: Nous pouuons nous passer de cette assistence extraordinaire, que nous ne pouuions pas tousiours nous promettre. Nous ne tenterons plus Dieu par vne temeraire confiance, ny ne dormirons dans le danger, en nous attendant aux coups du Ciel: Et quand il n'y auroit plus d'impunité pour nos fautes, nous n'auons rien à craindre, estant asseurés de ne plus faillir. Encore n'a-t'il pas esté inconuenient que les choses n'arriuassent pas tout d'vn coup à la plus haute esleuation, où elles pouuoient iamais monter. Il falloit venir par beaucoup de degrez à LOVYS LE IVSTE: À ce Prince, qui possedant la raison en vn degré souuerainement excellent, deuroit regner de droit naturel, selon l'opinion d'Aristote, quand il ne regneroit pas de droit diuin, selon les principes de nostre foy. Il estoit raisonnable de demander plus d'vne fois au Ciel vn si necessaire reformateur, qui par vne adresse pleine de force a destourné les affaires du mauuais cours qu'elles auoient pris, & veincu la longue accoustumance, que nous auions au desordre ; qui a porté l'Autorité Royale iusques où elle peut aller sans Tyrannie; qui a puni & recompensé auec le choix & la discretion requise, pour ne tomber ny dans la cruauté ny

1. *Politic. cap.* 1.

té, ny dans la foiblesse ; qui a apporté la discipline à la guerre, & le secret au Conseil ; qui a remis nostre foy en bonne odeur parmy les nations estrangeres, & fait que ceux qui resisteroient à nos forces, se rendent souuent à sa preudomie ; qui a changé les petites finesses, dont nous nous seruions? pour attraper des inferieurs & des Subjets, en ses grandes & courageuses maximes, qui donnent la Loy aux Roys & aux Republiques ; qui finalement (ce que mon interest particulier me rend plus considerable que tout le reste) vient d'acheuer sur le bord de l'Ocean vn ouurage, dont la seule figure, & la seule proposition nous faisoit peur, & a sçeu prendre ses mesures si iustes, & le temps si propre au dessein qu'il meditoit, que plutost, ou plus tard, l'execution n'en eust pas esté possible.

A a

CLXIV.

La lumiere de son esprit a paru là principalement. Pour faire des choses extraordinaires, il ne suffit pas de sçauoir bien employer le temps, il est encores besoin de le sçauoir bien choisir. La prudence ciuile, non moins que l'Astrologie iudiciaire, reconnoist de bonnes & de mauuaises heures, selon lesquelles elle se repose, ou elle trauaille. Toutes les actions des hommes ont leur saison, voire mesmes les plus vertueuses, qui peuuent estre faites mal à propos. Et d'autant que ce qui n'est qu'accident aux choses naturelles, est essence aux choses morales, il ne faut qu'vne legere circonstance du temps ou du lieu, pour gaster vne affaire, qui en soy seroit tres-vtile & tres-raisonnable. Il importe d'ailleurs pour l'accomplissement de nostre dessein, que l'iniustice de nos ennemis soit à son comble ; que la mauuaise influence qui dominoit, commençeant à s'affoiblir, il n'y ait plus de resistence de la part du Ciel, & que le moment soit venu, auquel il plaise à Dieu de laisser faire les hommes. Et comme les voyageurs qui se leuent au rais de la Lune, pensant qu'il soit iour, sont contrains de se recoucher, ou courent fortune de s'esgarer, s'ils se mettent en chemin : De mesme ceux qui suiuent la simple lueur de l'apparence, & qui entreprenent hors de saison, sont en danger de ne rien gaigner, ou de se perdre en leurs entreprises. Or si iamais homme a sceu prendre le poinct de l'occasion, qui n'est gueres moins difficile à rencontrer que ce juste degré de chaleur, que les Chimiques cherchent en l'operation de leur secret : Si iamais homme a sceu connoistre l'heure de l'execution des choses, & se preualoir de l'opportunité, on me doit auoüer que c'est le Prince de qui ie parle.

CLXV. Si tost que cette opprtunité, si necessaire en la Politique, commence à paroistre, & qu'il sent que les affaires sont meures, il n'en laisse point corrompre le fruit. Il fait valoir les moindres instans ; Il donne chaleur à la besongne par sa presence ; Il anime les ouuriers par sa mine, par sa voix, & par ses caresses. Vous voyés de quel courage & de quelle force il agit luy mesme ; auec quelle gayeté il se porte dans le peril; de quelle asseurance il considere la mort, & se prepare à tous les euenemens ; de quelle seuerité de visage il reiette les conseils timides, & la Sagesse tremblante & mal-asseurée.

CLXVI. Il est certain que dans la conduite des affaires le courage n'est pas moins necessaire au iugement pour le pousser, que le iugement, est necessaire à l'esprit, pour le retenir ; & de mesme que l'esprit tout seul fait beaucoup de fautes, & veut remuer temerairement le Ciel & la Terre, aussi le iugement tout seul n'a point d'action, & est la plus oysiue & la plus sterile partie de l'homme. Il empesche de tomber, mais c'est en conseillant de ne marcher pas : Il fait éuiter le mauuais temps, mais c'est en faisant garder la chambre : Il employe à mediter les iours & les nuits, & de ce raisonnement continuel il ne sort que des soupçons & des doutes, & vne miserable irresolution, qui est cause qu'il n'entreprend iamais rien, pource qu'il ne veut rien entreprendre auec hazard.

Or eſt-il qu'il ſe trouue du hazard par tout, & qu'il n'eſt point d'affaire ſi ſeure, ſur qui la Fortune n'ayt quelque droit, & qui ne ſoit ſuiette pour le moins à vn inconuenient.

CLXVII. ,,   Celuy qui regarde touſiours
Ecclſſiaſtic.c.6.v.4. ,, au vent, & qui obſerue touſiours
,, les nuées, ne ſeme, ny ne moiſ-
,, ſonne. Le pareſſeux pour ne
Ecclſſiaſt.c.26.v.13. ,, point marcher, dit que le Lyon eſt
,, dans la voye, & que la Lyonne
,, n'eſt pas loing de là. Le Roy au contraire apres auoir formé ſon deſſein, ne ſe trauaille plus l'eſprit par vn raiſonement importun, ny ne rentre en des conſiderations qui n'ont point de fin. Il ceſſe de deliberer, quand la ſaiſon de faire eſt venuë. Il ne renuerſe point ſes premieres opinions par les ſecondes, ny celles-là par d'autres nouuelles. Il ne s'amuſe point à ſe combattre ſoy-

LE PRINCE. 191

mesme, quand il faut aller contre l'Ennemy. Lors qu'il a entrepris quelque voyage, on ne gaigne rien de s'y opposer : Il est aussi ferme en ses resolutions ordinaires, que les hommes le sont en leurs plus anciennes habitudes. Les obstacles qui se presentent ne l'arrestent point, pourueu que la puissance humaine les puisse veincre. Ceux-là mesmes qui viennent d'vne cause plus haute, & de l'absoluë necessité, ont bien de la peine à le retenir, & s'il est forcé qu'il cede quelquefois à la violence de la douleur, & qu'il se ressente de l'infirmité de nostre condition, en cet estat là il est beaucoup plus tourmenté par son courage que par son mal.

Dans l'ardeur de la fiéure qui le brusle, il ne se plaint que des iours & des occasions qu'il perd: CLXVIII.

Il n'eſt inquieté pue du reculement de ſes affaires : Il veut partir à tous les bons interualles qui luy vienent. Au lieu d'attendre en repos l'effet des remedes, & le recouurement de ſa ſanté, il employe les reſtes de ſa maladie à ſe rendre en ſon armée: Il va s'acheuer de guerir à la guerre, & auec vn corps qui n'a que la moitié de ſes forces, il donne le commencement à la plus difficile entrepriſe de noſtre Siecle.

CLXIX.

Sçachant bien que les meſmes auantages ſe preſentent rarement deux fois aux meſmes perſones, il ne remet point les affaires au lendemain Il ne perd point les bons ſuccés en les differant : Il ne dit iamais, il y en a aſſés de fait pour vn coup, & nous acheuerons bien touſiours le reſte. Ce procedé n'eſt bon que pour Dieu, qui eſt patient

patient de la forte, pource que d'ailleurs il est Eternel, & qui laisse quelquefois durer les meschans, pource qu'il a vn autre Monde que celuy-cy pour les chastier. Mais on ne peut proposer aux hommes vn exemple qu'ils ne peuuent suiure. Ils ne font pas les occasions, ils les reçoiuent : Ils ne commandent pas au temps; Ils n'en possedent qu'vne petite partie, je veux dire le present, qui est vn poinct presque imperceptible, opposé à cette vaste estenduë de l'auenir, laquelle n'a point de bornes. Pour arriuer à leur but il est necessaire qu'ils aillent viste, & qu'ils partent de bonne heure ; Ils doiuent se haster parmy des choses soudaines & passageres: Et ce sage Prince qui outre les connoissance qu'il tiroit de son experience & de sa raison, estoit en-

Psal. 101. „ core esclairé de Dieu, a dit par-
„ lant de foy-mefme, qu'il tüoit les
„ mefchans dés le matin : d'autant à
mon aduis qu'il ne s'affeuroit pas
de l'aprefdinée, & qu'il ne fçauoit
fi fa bonne fortune dureroit iuf-
ques-là.

CLXX. Ce font des maximes neceffaires au fort de l'orage & dans les
grandes extremitez. Mais on s'en
peut mefmes feruir lors qu'on
void paroiftre quelque figne de
changement de temps, & le moindre prefage de broüillerie. Le
Roy auffi ne les rejette pas abfo-
lument en ces fortes de rencontres, bien que durant le calme &
en pleine paix il en ait de plus
douces & de plus humaines. Quelquefois il a oppofé la force toute
prefte à la violence qui fe preparoit. Il a fait de petites guerres
pour en éuiter de grandes. Il a
peut-eftre diminué la France de

deux ou trois teftes, dont le repos public auoit befoin pour fon affermiffement, & fa Clemence n'a pas toufiours veincu fa Iuftice.

CLXXI. Nous nous fouuenons de ce qui fe paffa fur le Pont du Louure, & de cette fatale faifon, où n'y ayant quafi pour luy que luy-mefme, il fût contraint de rappeller à foy la puiffance de condamner, que les Princes ont commife à autruy, & de reprendre cette fafcheufe partie de l'autorité Royale, de laquelle ils fe font defchargez fur leur Parlement. Vn miferable eftranger auoit tellement confondu les chofes, & meflé fes interefts dans ceux de l'Eftat, qu'il n'y auoit que le Roy feul qui les pûft feparer, & efclaircir le monde de la verité de fon feruice. Il fe refolut donc de fe declarer, & de purger la Cour de la honteufe domination qui s'eftabliffoit fur les ruïnes de

Bb ij

la Royauté, & qu'il fembloit approuuer par fa patience. Il conçeut ce iour-là le deffein du falut de fon Eftat, & par la mort des deux ferpens, nous fift efperer la deffaite de l'Hydre, que nous venons de voir aux abbois. Que fi celuy qui s'eft nommé le plus doux & le plus debonnaire de tous les hommes; Si le diuin Moyfe, eftant encore perfone priuée, & à ce conte-là n'ayant point encore d'autorité, mais voyant feulement l'affliction de fes freres, crût eftre obligé de les fecourir, & de commencer la deliurance du peuple, par le meurtre d'vn Egyptien, qui frappoit vn Ifraëlite: Auec combien plus de raifon le Roy, à qui Dieu a donné le glaiue, & qui feul a droit de vie & de mort, s'eft-il ferui de ce droit, pour punir vn Tyran, qui opprimoit fes vrays & legitimes Subjets, qui

Exod. c. 2. v. 11.

estoit alteré du sang de ses Princes, qui tenoit captiue toute sa Cour, qui deuoroit en esperance tout son Royaume.

Toutesfois la Posterité verra fort peu de ces exemples dans son histoire. Il n'a vsé de l'autorité souueraine que contre ceux qui la vouloient vsurper, ny laissé tomber la foudre que sur ceux qui l'a luy vouloient arracher des mains. Il n'a consenti au supplice des Criminels, que quand il n'a resté que cette voye de finir leurs crimes. Il ne tuë, ny ne prend plaisir de voir tüer, non pas mesme les ennemis publics : Mais il tasche tant qu'il peut, d'en faire de bons Citoyens, & de bons Subjets. Il fait à tout le moins que les meschans ne sont point dangereux au public, & sans leur oster la vie, il leur oste la force & le venin. Sa puissance est aujourd'huy telle,

CLXXII.

que fi trois mutins s'affemblent contre l'Eftat, il a quatre moyens de les diffiper ; mais fa prudence eft telle de l'autre cofté, qu'il n'en vient-là que fort rarement, & ne leur donne gueres le loifir de fe rendre tout à fait coupables. Il les furprend entre la penfée du crime & l'execution. Ils croient auoir negotié fort fecretement, & il fçait autant de leurs nouuelles que s'il auoit prefidé à leur Confeil: Ils deliberent encore par où ils fe jetteront dans le danger, & il a defia pourueu à leur feureté: Ils veulent leuer la main pour frapper leur coup, & ils la treuuent faifie: Ils s'imaginent de partager bien toft le Royaume, & ils fe voyent reduis à vne chambre de la Baftille.

CLXXIII. Le Roy qui fe porte difficilement à la violence des remedes, s'eft ferui aucunefois de la douceur de ces preseruatifs. Il a trouué cet excellent temperament entre la peine & l'impunité : Il a pris ce milieu entre la rigueur & l'indulgence. Et sans mentir, il me semble qu'il est fort raisonable d'aller au deuant de certaines fautes, qui ne peuuent pas estre punies quand elles sont faites, & de n'attendre pas à corriger le mal, lors que les Criminels sont deuenus maistres de leurs Iuges. Il est bien vray que par vne sotte pitié, on fauorise tousiours les particuliers qui entreprenent contre les Princes, d'autant qu'en toutes sortes de causes le plus puissant est estimé le plus outrageux, & qu'on presume que l'injure vient plustost de la force que de la foiblesse. Le Peuple ne veut pas croire qu'on a conjuré contre les Roys, que quand il void la conjuration executée, ny leur adjouster foy que quand ils font morts. Ie ne leur confeille pas neanmoins de fe laiffer tüer, pour juftifier leur deffiance, ny de tomber dans les pieges qu'on leur prepare, pour monftrer qu'ils ne craignent pas à faux. Ils peuuent preuenir le danger, voire par la mort de ceux qui leur font fufpects, & c'eft vne excufable feuerité: Mais c'eft vne bonté qui ne peut eftre affez loüée, & qui n'eft propre qu'au Roy, de faire la mefme chofe, & de ne faire mourir perfonne.

CLXXIV. Sur vn fimple foupçon, fur vne legere deffiance, fur vn fonge qu'aura fait le Prince, pourquoy ne luy fera-t'il pas permis de s'affeurer de fes Subjets factieux, & de fe foulager l'efprit en leur donnant pour peine leur propre repos? Pourquoy mefmes vn fidele feruiteur ne fouffrira-t'il auec quelque joye fa detention, qui

donnant

donnant lieu à la preuue d'vne chose contestée, fera voir plus nettement sa fidelité, conueincra la calomnie de ses ennemis, & appaisera les inquietudes de son Maistre.

CLXXV.

Ne vaut-il pas bien mieux empescher les innocens de faillir, qu'estre reduit à cette triste necessité de condamner des coupables? En vser de la sorte, n'est-ce pas exercer des actions de clemence? N'est-ce pas la plus-part du temps conseruer des gens qui se veulent perdre? Si on se fust tousjours serui d'vn moyen si aysé de destourner des Estats les malheurs qui les menaçoient, la liberté d'vn particulier n'eust pas souuent esté la ruine de tout vn Royaume: Si on se fust saisi à propos des autheurs de nos desordres, outre que par là on les eust sauuez les premiers, on eust espargné vn nombre infini d'autres vies, & tout le sang qui s'est versé durant les guerres ciuiles: Si les mauuais vents eussent esté enfermez, la mer n'eust point esté agitée : Si les Roys auoient assez de prudence, ils n'auroient que faire de Iustice.

CLXXVI. Ie parle de cette punctuelle & scrupuleuse Iustice, qui ne veut point remedier aux crimes qui se forment, par ce que ce ne sont pas des crimes formez; qui veut attendre que les Rebelles ayent ruiné l'Estat, affin d'agir contre eux legitimement; qui veut que pour obseruer les termes d'vne Loy, on laisse perir toutes les Loix. Ce souuerain droit est vne souueraine injustice, & ce seroit pecher contre la raison, de ne pecher pas en cecy contre les formes. Si les vertus ne se prestoient ayde,& ne venoient au secours les vnes des autres, elles seroient imparfaites & defectueuses. Il faut que la Prudence soulage la Iustice de beaucoup de choses; qu'elle coure où celle-cy qui va trop lentement, n'arriueroit iamais; qu'elle empesche les maux, dont la punition seroit ou impossible, ou dangereuse. La Iustice s'exerce seulement sur les actions des hommes, mais la Prudence a droit sur leurs pensées & sur leur secret. Elle s'estend bien auant dans l'auenir; Elle regarde l'interest general; Elle pouruoit au bien de la Posterité. Et pour cet effet elle est contrainte icy & ailleurs d'employer des moyens que les Loix n'ordonnent pas, mais que la Necessité iustifie, & qui ne seroient pas entierement bons, s'ils n'estoient rapportés à vne bonne fin.

L'vtilité publique ne se fait elle pas souuent du dommage des Particuliers ? Le vent de Nort ne purge-t'il pas l'air, en desracinant des arbres, & en abbatant des maisons ? Ne rachete-t'on pas la vie par l'abstinence, par la douleur, par la perte mesme de quelque partie, qu'on donne volontiers pour sauuer le Tout ? Bien que le Roy ait conserué la dignité & la reputation de la Couronne en des conionctures, où d'autres eussent crû beaucoup faire de ne pas perdre l'Estat ; Bien qu'en l'extremité mesme du mal, il voudroit, s'il luy estoit possible, ne se seruir d'vn seul remede qui ne fust honeste ; Bien qu'en vn mot il soit infiniment sensible à la misere & aux plaintes de son peuple, il n'a pû neanmoins s'empescher de l'amaigrir en le guerissant, ny de tirer de ses veines & de sa substance, dequoy luy procurer son salut.

LE PRINCE. 205
Mais on doit souffrir de bon cœur les courtes peines qui produisent les longues prosperitez: Nous ne pouuons desirer auec honeur d'estre déchargez d'vn faix, que nous portons conjointement auec nostre Maistre, & en des occasions où le Prince employe tout le sien, & n'espargne pas sa propre personne, il est bien iuste que les Subjets facent quelque effort de leur costé, & qu'il n'y ait rien de paresseux, ny de lasche en son Estat, pendant qu'il trauaille & qu'il se hazarde.

Les Dames Romaines jetterent autrefois toutes leurs pierreries dans vn abisme, qui s'ouurit au milieu de la Ville, s'imaginant le fermer par là; & celles de Carthage en vne pressante necessité se couperent elles mesmes les cheueux, & les donnerent au Public, pour faire des cordages à des ma-

CLXXVIII.

Cc iij

chines de guerre. Et si cela est, ne sommes nous pas bien delicas de nous plaindre, & bien iniustes de murmurer? Les François doiuent-ils auoir plus de passion pour leur argent, que les Romaines & les Carthaginoises n'ont eu de soin de leurs ornemens & de leur beauté, & craindrons-nous de deuenir pauures pour sauuer nostre pays, puisque des femmes ont voulu estre laides pour le mesme effet?

CLXXIX. Nous auons pour le moins cette consolation, que ce ne sont point les desbauches de nostre Prince, qui consomment nos peines & nos sueurs, & que l'entretenement de ses plaisirs ne couste rien à personne. L'argent qui se tire de son Royaume, pour equipper des vaisseaux, & pour nourrir des armées, n'est point diuerti ailleurs, ny employé à celebrer des nop-

LE PRINCE.

ces, & à representer des Comedies. Il ne fait pas comme les Gouuerneurs d'Athenes, qui selon le calcul d'vn ancien Auteur, ont plus despensé à faire joüer la Medée & l'Antigone, les Bacchantes, & les Phoënisses, qu'à faire la guerre aux Perses, & à deffendre la Souueraineté de la Grece. Depuis quelques années les despenses ont esté grandes à la verité, mais elles ont esté necessaires ; le Peuple a payé beaucoup, mais ça esté sa rançon qu'il a payé ; & nous ne pouuions acheter trop cherement la deliurance de nostre Patrie, que nous voyons libre ; ny le repos de nostre Posterité, à qui nous ne laisserons point de fascheuse occupation. Le Roy a bien leué des millions en peu de temps ; Mais aussi en peu de temps il a bien fait des guerres, il a bien défait des partis, il a bien pris des Villes, il a bien nettoyé des Prouinces.

CLXXX. Et icy ie me retrouue sans y penser au mesme lieu d'où ie suis parti : Ie suis retombé dans mon premier discours, ie ne sçay comment. Il faut admirer encore vne fois la diligence du Roy, qui à la grandeur des choses qu'il a faites, a presque tousiours adjousté la grace de les faire promptement. En cela certes il paroist quelque chose de plus qu'humain. Il vse de la façon d'operer, la plus releuée & la plus excellente de toutes: Il semble qu'il agisse en vn instant, & qu'il tiene desia quelque chose des corps glorieux, à qui l'agilité n'est pas moins propre que la lumiere. La vitesse de ses actions trouble la veuë & l'imagination des spectateurs qui le considerent. L'issuë d'vn dessein luy est l'acheminement à vn autre:

tre: Le changement de trauail luy sert de repos: Ce qu'on pense qui doiue estre sa fin, n'est qu'vn de ses moyens pour y arriuer.

CLXXXI.
Qui ne croyoit qu'il ne voulust se délasser aprés vn siege de quinze mois, & que son esprit ne deust estre satisfait de la desroute de l'armée Angloise, & de la prise de la Rochelle ? N'auoit-il pas dequoy s'entretenir fort long-temps de la memoire de deux si fameuses actions ; se nourrir des fruits qu'il venoit de cueillir, & posseder à son ayse la reputation qu'il s'estoit acquise. Neanmoins il a mieux aymé vser de la victoire, que d'en jouïr, & se priuer de la recompense d'auoir bien fait, que perdre vne seule occasion de bien faire. Le voyla, qui n'est pas à demy essuyé de la sueur de la guerre; qui est encore couuert de la poussiere d'Aunix; qui n'a pas

Dd

acheué de rendre ses complimens aux Reynes; le voylà dis-je, qui à bien dire, n'est pas tout à fait reuenu de la Rochelle, qu'il sort de Paris pour aller mettre l'Italie en liberté. Le voyla qui presse la Fortune, sans luy donner de relasche: qui ne laisse point languir sa prosperité; qui poursuit viuement les faueurs du Ciel, & force les affaires par son courage, qu'auparauant il auoit lassées par sa patience.

CLXXXII. Sans doute les bons succés ne finissent pas auec l'action qui les a produis: Ils durent encore apres qu'ils sont arriuez, & laissent dans le cœur des Princes vn aiguillon qui les agite incessamment, & les pousse hors de leur Throsne, si tost qu'ils pretendent de s'y asseoir. Les desseins qui ont bien reüssi, leur font naistre de nouuelles pensées, pour entreprendre de nouuelles choses, & leur donnent des desirs d'vne seconde reputation, comme si la premiere estoit desia toute vsée. Et tout ainsi que la pluspart des amoureux ne regardent plus leurs maistresses, quand elles sont deuenuës leurs femmes; Ceux-cy de mesme mesprisent leur ancienne gloire lors qu'ils n'ont plus de peine à la rechercher. Cette passion dans l'ame du Roy, n'est autre chose qu'vne emulation de soy-mesme; vne jalousie de son propre merite; vne obstination de se vouloir tousiours veincre, l'esperance de l'auenir combatant perpetuellement auecque l'estime du passé, & l'enuie de ce qu'il veut entreprendre auec ce qu'il a desia entrepris.

Il descend donc des Alpes au cœur de l'hyuer, & par vn combat memorable, dont ie reserue

CLXXXIII.

les particularités à vn autre lieu, s'asseurant du passage, qu'on luy vouloit disputer, & arrachant les clefs d'entre les mains des portiers, il ouure les prisons à toute vne nation captiue, & fait sçauoir à ceux qui se pleignent des Tyrans, que leur Liberateur est venu. Au bruit d'vne si grande nouuelle les Espagnols retirent leurs troupes du Monferrat, abandonnent le trauail de plusieurs mois, & perdent la gloire de cette constance, que leurs flatteurs opposent si souuent à nostre legereté. C'est en vain que tant de preparatifs se font faits, & qu'il s'est remué tant de terre. La despense d'vn long siege demeure inutile: Ils craignent plus pour Milan, qu'ils n'ont d'esperance pour Cazal. Et comme il n'y a rien de si contagieux, ny qui coure si viste, que la frayeur, l'imagination troublée se figurant d'abord les derniers maux, & l'extremité des choses ; on tremble desia iusques dans les Chasteaux de Naples, & la garnison de Palerme ne trouue pas assez large le destroit de Mer qui separe la Sicile de l'Italie.

CLXXXIV.

Le Roy cependant se contente de releuer les courages abbatus, & d'apprendre l'humilité aux superbes. Il ne veut point estre heureux pour soy, n'ayant combattu que pour ses amis, ny profiter de leur guerre, ses armes n'estant point mercenaires. Il laisse mesmes pour vn temps reposer ses pretensions, & les droicts de sa Couronne, qu'il ne mesle point auec leurs affaires, afin que l'assistance qu'il leur rend soit purement gratuite, & qu'il ne semble pas qu'il ait en cecy vn plus proche & plus particulier interest que celuy de leur salut, ny qu'il veuille faire seruir vne moindre entreprise à vne plus grande.

CLXXXV. Les Romains n'assistoient pas leurs Alliés auec vne semblable franchise, ny n'embrassoient comme luy les choses honestes, pour le simple respect de l'honnesteté. Les particuliers estoient vertueux; mais la Republique estoit iniuste. L'vtilité qu'ils mesprisoient au logis, estoit la fin de leurs deliberations au Senat, & quoy qu'ils donnassent de beaux noms à leurs entreprises, & les colorassent d'vne generosité apparente, elles estoient pourtant toutes remplies d'interest, & alloient, ou tout droit, ou par quelque route destournée, à l'accroissement de leur Empire. Dans la cause du peuple qui les appelloit, ils auoient tousjours leur dessein à part: Presque toutes leurs vsurpations ont commencé par la deffence du bien d'autruy, & en fecourant les foibles contre les plus forts, ils ont gaigné vne moitié de la Terre, & veincu l'autre.

Le Roy ne trafique pas ainfi de fes courtoifies & de fes bien-faits, & fa vaillance n'eft ny auare, ny ambitieufe. Aprés le feruice de Dieu, & le bien general de la Chreftienté, qui font fes premiers obiets, il ne trauaille que pour la reputation & pour la gloire. Il ne cherche autre recompenfe de ce qu'il fait, que l'efclat qui rejaillit de fon action, & la bône odeur qui en demeure. Il n'a efté attiré chés fes voifins que par la feule confideration de leur befoin & de fon honneur, & n'a porté fes armes hors de fon Royaume, que pour fe mettre en eftat de connoiftre des differens des Princes auecque fruit : de receuoir auec autorité

CLXXXVI.

les plaintes des affligés; de conseruer le bon droit à ceux qui l'ont, & de faire iustice à tout le monde.

CLXXXVII. Cela certes s'appelle estre Roy, & tenir la place de Dieu sur la Terre. C'est exercer vne puissance, salutaire à tous les peuples, & qui compatit auec toutes les formes de gouuernement : C'est embrasser d'vne commune protection ce qui est esloigné, comme ce qui est proche : C'est donner en intention de ne point prendre. Et ne plus ne moins que l'Aigle des Fables porta Ganimede dans le Ciel, sans esgratigner sa peau, ny deschirer ses habillemens ; C'est de mesme faire sentir aux Estrangers le bon-heur de son Empire, sans offenser pour cela leur liberté, ny toucher aux choses qui leur sont cheres.

CLXXXVIII. Les Princes qui viuent de cette sorte,

forte, sont bien dauantage à estimer que les Conquerans, & ceux qui aspirent à la Monarchie. Les Haures qui reçoiuent dans leur sein les vaisseaux battus de la tempeste, sont bien de plus riches ornemens des Costes, & de plus belles pieces de l'Vniuers, que ces infames escueils, que les Mariniers ne regardent qu'en tremblant, & qui n'auroient point de nom, s'il ne se faisoit point de naufrage. Il y a bien plus de plaisir de voir leuer le Soleil, tout couronné de rayons, qui nous apporte la joye auec la lumiere, que de voir paroistre les Cometes, auec leur cheuelure sanglante, qui nous menaçent de mille maux: Et si les autres corps Superieurs auoient vne volonté, & agissoient raisonnablement, ce seroit sans doute de leurs aspects fauorables que les hommes les loüeroient, &

E e

non pas de leurs influences malignes.

CLXXXIX. La gloire qui s'acquiert en obligeant le public, eſt la ſeule gloire qui n'eſt diſputée de perſonne, parce que chacun y participe, & que l'honeur d'vn homme ſeul eſt la felicité de tout le monde. Auſſi les Peuples touchez d'vn ſi legitime reſſentiment ont mis autresfois leurs bien-facteurs au nombre des Dieux, & ont adoré la vaillance, qui leur a eſté vtile. Ceux qui auoient eſcraſé vn Serpent d'vne grandeur extraordinaire, ou aſſommé vn Sanglier qui faiſoit le dégaſt autour de leur ville, receuoient des deuoirs religieux de la reconnoiſſance de leurs Citoyens, & pour eſtre Heros il ſuffiſoit d'auoir nettoyé le pays de quelque monſtre. Or ie vous prie, y en eut-il iamais vn plus cruel, & plus redoutable que la

Tyrannie, qui veut aujourd'huy engloutir toute la Republique Chrestienne, & qui n'est pas saoule, depuis cent cinquante ans, ou enuiron, qu'elle deuore les Estats & les Souuerains?

N'accusons point en cecy le sang d'Austriche, ny les actions particulieres d'aucun de ses Princes. Ils sont tous extrememement bien nés: Ils apportent tous au monde de grandes semences de vertu, qu'ils cultiuent auec de grands soins. La Bonté, le Courage, & la Sagesse, sont les vrayes marques de cette race, & plus belles incomparablement, que la figure d'vne espée au bras droit, ou l'impression d'vne lance sur la cuisse. Il n'y eut jamais d'ames plus nobles, ny plus Royales; Il ne se peut voir de meilleures, ny de plus douces inclinations que les leurs, & le mal que j'apprehende

cxc.

est de leur Fortune, & non pas de leur Persone.

CLXXXXI. Outre que ie fais profession de reuerer en general les puissances Souueraines, je sçay le respect qui est deu au merite & à la dignité d'vne Maison, dont l'Empereur n'est que le Cadet, & l'Espagne n'est qu'vne portion. Ie n'ignore pas la saincteté de nos Alliances: Ie voy bien d'où nous est venuë nostre bonne Reyne. Mais ie veux croire qu'elle ne trouuera pas mauuais ce que la necessité de mon discours exige de moy, & ce que ie suis contraint de dire de l'ambition d'vn Peuple, qui ne luy est plus rien. Elle n'a point tant de passion pour le Royaume où elle est née, que pour celuy où elle commande : Et s'il est vray, selon la maxime des Iurisconsultes, qu'en quelque façon les femmes font la fin des maisons d'où elles

Vlpian. lib. 46. ad Edict. l. Pronunciat. 19. §. vlt. D. de verb. signif.

sortent, & le commencement de celles où elles entrent, le nom que porte cette Sage & genereuse Princesse, quoy que tres-auguste & tres-glorieux, mais qui ne sçauroit passer d'elle à vn autre, ne luy peut estre de beaucoup si cher que l'esperance de la belle posterité, qu'elle promet à cette Couronne. Les interests qu'elle a quittez il y a long-temps, ne peuuent diuiser aujourd'huy ses affections, ny mettre du trouble dans son esprit, & ce qu'elle a receu d'Espagne ne luy est point, ie m'assure, en telle consideration, que ce qu'elle doit donner à la France.

CLXXXXII. Nous honorons serieusement & d'vne particuliere deuotion les personnes qui luy appartiennent: Elles nous sont doublement sacrées, & par leur caractere, & par sa proximité. Mais veritablement le dessein de la Monarchie vniuerselle, qui a esté conçeu sous le Roy Ferdinand, qui s'est esclos sous l'Empereur Charles, & que le Conseil d'Espagne a tousjours nourri depuis ce temps-là, ne peut estre consideré sans horreur & sans indignation par vn homme qui ayme sa Patrie.

CLXXXXIII. Ie ne pretens de blasmer que ce Conseil, duquel ils ont coustume de dire, que leurs Princes sont mortels, mais que leur conduite est eternelle : Ce Conseil, que les Roys trouuent, & qu'ils ne font pas ; qu'ils reçoiuent de Pere en Fils ; auquel ils n'osent toucher, non plus qu'aux fondemens de l'Estat, & qui exerce en quelque sorte vne Souueraineté separee de la leur, laquelle ils souffrent par la seule reuerence de la coustume. Ie blasme donc ce Conseil, qui suit de dangereuses maximes,

& non pas eux, qui n'ont que de droites intentions. J'accuse ce Conseil, qui combat contre le bon naturel du Prince; qui veut commander à son propre Maistre, & c'est le Monstre de qui ie parle.

Voyez, s'il vous plaist, auec quelle ardeur il se jette sur sa proye, & comme il s'efforce de mettre en pieces les plus nobles parties de l'Europe ? L'Italie seigne en diuers lieux des atteintes qu'elle en a receuës : Elle n'est à couuert de ses coups, qu'en vn petit coin de terre ferme, & encores ce qu'elle a de sain de ce costé-là, est si pezant de vieillesse, qu'à peine se peut-il remüer pour defendre le demeurant. Il ne reste rien d'entier ny de reconnoissable en Allemagne, que la Mer & les Montagnes, parce qu'il n'a pû changer la face de la Nature. Ce

CLXXXXIV.

n'eſt plus cette Prouince ſi libre, & ſi puiſſante autresfois: Il l'a fait gemir ſous les fers & ſous les fardeaux dont il la charge; Il a caſſé tous ſes priuileges; Il a violé toutes ſes franchiſes; Il l'a abbatuë par ſes propres forces. Ce ne ſont plus ſes membres qu'il tourmente maintenant, ce ne ſont que ſes bleſſures.

CVC. S'il flate quelque Republique, parmy le grand nombre de celles qu'il menace & qu'il perſecute, la bonne volonté qu'il luy monſtre, eſt vn amour d'Adultere; Il ne la recherche que pour en jouyr, & ne luy fait des offres & des promeſſes, que pour luy oſter finalement l'honeur, & la diſpoſition de ſoy-meſme. Ses confederations ſont ſemblables à celles de Naaz Ammonite, qui reſpondit aux hommes de Iabés en Galaad, qui luy demandoient d'entrer en alliance

alliance auec luy, I'y confens, " I. Reg. c. 11. art. 2.
pourueu que j'arrache à châcun "
de vous l'œil droit, & que ie vous "
mette en opprobre deuant tout "
Ifraël. "

Si fes careffes ne tüent pas touf- CLXXXXVI.
jours, elles debilitent & corrompent.
S'il n'eftouffe en embraffant,
il falit & gafte le corps qu'il touche.
Les endrois qu'il ne ronge pas
de fes morfures, il les infecte de
fon haleine ; Et bien qu'il efpargne
en apparence les Genois &
ceux de Luques, ils ne fçauroient
dire pourtant qu'il leur laiffe leur
liberté pure & nette, & fans aucune
tâche de feruitude.

Il donne à ceux-cy, il emprunte CLXXXXVII.
de ceux-là, affin que les vns & les
autres defpendent de luy ; Affin
que des penfionnaires & des creanciers
luy gardent vn pays, où il
n'a point de Subiets: Affin qu'il regne
par des familles intereffées,

F f

ne pouuant le faire par des Colonies & des Garnisons. Cette Toyson, qu'on estime tant, est vn joug qu'il impose aux petis Princes, qui ne s'apperçoiuent pas qu'il les dompte par là, en les honorant, & qu'vne telle societé leur donne vn Maistre, & non pas vn compagnon. Il veut en fin ou tout destruire, ou tout posseder, & tant de là les Alpes, que de là le Rhin, il opprime quasi tous les Souuerains, ou de son amitié, ou de sa hayne.

CLXXXXVIII. On ne voit autour de luy que des Sceptres brisez, que des Couronnes rompuës, que des Tribunaux abbatus, que des Enseignes de Seigneurie & de Iurisdiction deschirées, que des testes de Roys morts, que des dépouïlles de ceux qui viuent encore. On n'entend autour de luy que des plaintes & des gemissemens d'affligez, que des commandemens superbes & outrageux, que des brauades adjoustées à la cruauté, que des reproches faits à la misere, que des voix qui font retentir de tous costez, MALHEVR ET DESESPOIR AVX VEINCVS.

Affin d'oster à sa Tyrannie l'amertume de la nouueauté, il ressuscite des anciens Oracles, qu'il interprete à son auantage: Il allegue pour droit & pour tiltre de son ambition, Que le Seigneur de « tout le monde doit sortir d'Espa- « gne, & qu'il y a plus de quinze « cens ans que la promesse luy en est faite. En vertu dequoy il voulut faire accroire par Ferdinand Cortez à Motesume Roy de Mexique, Que l'Empereur estoit son « naturel Seigneur, celuy qu'il de- « uoit attendre & reconoistre com- « me Souuerain Monarque de l'V- « niuers, son Aisné, & le legitime «

CLXXXXIX.

Oriturum ex Hispaniâ Dominum rerum. Sueton. in Galba. Hæc genſ at qui cunſt: regant. Claudian. de Hiſpaniâ.

„ heritier de ſes Predeceſſeurs en
„ toutes les Indes.

CC.   A la perſuaſion de ce Monſtre le meſme Empereur, ſi ſage d'ailleurs & ſi vertueux, ſe vantoit ordinairement parmy ſes familiers, de rendre le Roy François, le plus pauure Gentilhomme de ſon Royaume. Il les rebroüilloit le meſme iour qu'ils s'eſtoient raccommodez. Les plus modeſtes parolles qu'il faiſoit proferer à Charles en ce temps-là, eſtoient celles-
„ cy ; Il n'y a point d'autre moyen
„ de mettre fin aux calamitez pu-
„ bliques, ſinon que François ſoit
„ outre ce qu'il eſt, Empereur &
„ Roy des Eſpagnes en ma place,
„ ou moy en la ſienne Roy de Fran-
„ ce, outre ce que ie ſuis.

Le S. du Bellay au 6. de ſes Memoires.

CCI.   Il a graué cette orgueilleuſe inſcription ſur le frontiſpice d'vn Palais, qui ſe void en Lombardie.
A PHILIPPE II. ROY DES ROYS,

ESPAGNOL, AFRIQVAIN, INDIEN, BELGIQVE, MAISTRE DEBONAIRE DE TOVTES NATIONS, ESLEV DE DIEV POVR RVINER TOVS LES EMPIRES SEPAREZ. Et apres cela, douterons nous encore de ses intentions? Il me semble que nous n'en sçaurions demander de plus expresse, ny de plus authentique declaration: Nous n'auons que faire d'interroger des Espions, ny de déchiffrer des lettres, qui nous esclaircissent de son dessein, puis que les pierres parlent, & qu'il est imprimé dans le marbre.

Il ne fait point la guerre pour l'honeur de la victoire, & pour recouurer les choses perduës: Ce n'est que pour acquerir iniustement, & pour l'esperance du butin: Il ne la termine pas non plus pour donner du repos aux Prouinces trauaillees: Ce n'est que

CCII.

pour desarmer ses ennemis, & pour tromper ceux qu'il n'a pû veincre. Et de fait si tost qu'il a retiré ses forces, & fermé les magasins de ses armes, il se sert de la ruse, & ouure des boutiques, toutes pleines de mauuaises & cruelles inuentions, de pernicieux & funestes artifices.

CCIII. Là dedans sont en reserue les parolles à double sens, les promesses captieuses, les sermens qu'on veut violer, les fausses paix, & les amitiez infideles. Toutes les pommes de discorde se prenent là. Il y a des artisans qui trauaillent iour & nuit à faire des hameçons & des pieges : Il s'y trouue des filets si déliez, que les plus habiles s'y peuuent prendre. De là vienent les billets & les caracteres, qui ensorcellent le peuple ; qui eneruent le courage, & peruertissent la fidelité des grands Capitaines. De là font fortis les couteaux, qui ont commis les Parricides; Le poifon qui a efté meflé parmy les maladies des fils de France;L'or qu'on a jetté dans noftre Confeil; L'aliment dont la Ligue s'eft entretenuë ; Le remede qui donne encore vn peu de mouuement, & ramaffe quelques reftes de vie dans le languiffant & miferable corps de la faction Huguenotte.

CCIV.

Faire pendre dix mille hommes en vne aprefdinée contre le droit de la guerre, & dire que c'eft chaftier cinq ou fix feditieux;Bannir tout vn peuple du pays de fa naiffance; En fuffoquer vn autre fous la terre ; charger vn vaiffeau de chefnes, pour les Anglois qui fe fuffent fauuez de l'efpée, fi l'armement de Mer qui partit de Lifbonne l'an mil cinq cens quatrevints huit, euft eu le fuccés qu'on fe figuroit ; Entreprendre d'emporter d'vn feul coup toute la Maifon d'Angleterre, & d'enueloper dans vne commune ruïne les Catholiques & les Proteftans; C'eft vne partie des actions & des penfées de ce Monftre ; C'eft ce qu'il a fait, & ce qu'il a voulu faire.

CCV. Mais ne penfez pas qu'il en veüille feulement aux Eftrangers, & qu'il traite mieux les domeftiques. Il n'eft pas plus doux chez foy qu'ailleurs, & ne s'appriuoife auecque perfonne. Ne s'eft-il pas défait par diuers moyens de tout le fang d'Arragon ? N'a-t'il pas immolé vn Fils vnique aux foupçons & à la deffiance de fon Pere? N'a-t'il pas bien reconnu les feruices & la fidelité d'Alexandre Farneze, Duc de Parme ? N'a-t'il pas crû le recompenfer, s'il le traitoit vn peu plus doucement qu'il ne fift fon Ayeul PierreLouys, qui fût affaffiné à Plaisance? Don Iean d'Austriche a t'il esté impunément vertueux? Ne fust-ce pas vn crime à ce pauure Prince, d'auoir bien fait, & d'auoir pû faire mal? Dequoy le iugea-t'il coupable, que de sa grande reputation? Ne croit-on pas qu'il l'empescha de vieillir, parce qu'il apprehenda le progrés d'vn si beau commencement; parce qu'il s'imagina qu'il auoit des qualitez trop dignes de commander, pour les employer tousjours à l'obeïssance?

CCVI. Il proteste neanmoins, quoy qu'il face, qu'il ne fait rien qu'à la plus grande gloire de Dieu, & veut qu'on treuue bonnes ses cruautez, comme s'il les auoit entreprises par inspiration diuine, & pour le bien general du monde. A l'ouyr parler, s'il ne retenoit la Religion icy bas, elle s'en feroit reuolee au Ciel; s'il ne soustenoit l'Eglise, elle seroit tombée il y a long temps, & Iesus-Christ ne regne que par l'assistance qu'il luy preste. Toutesfois il est certain que si la Religion ne luy estoit vtile, elle luy seroit moins qu'indifferente ; qu'il est persecuteur de l'Eglise, quand elle refuse d'estre Ministre de ses passions, & qu'il a tousiours serui IesusChrist infidelement.

CCVII. Personne ne peut ignorer les supercheries & les trahisons qu'il luy a faites, outre les actes visibles d'hostilité, qu'il a exercez iusques dans le Siege de son Empire, iusques dans le Sanctuaire. Oseroit-il nier qu'il n'ait esté cause par sa negligence malicieuse de la reuolte du Septentrion, & qu'il ne soit coupable des premieres fautes de Luther ? C'est luy qui donna courage à ce petit Moyne, qui ne se fust iamais hazardé de choquer le Pape, s'il euſt crû qu'il euſt eſté en bonne intelligence auec l'Empereur. C'eſt luy qui receut entre ſes bras l'hereſie naiſſante, & qui fauoriſa ſes commencemens, affin de diuiſer les forces ſpirituelles du Saint Siege, & les forces temporelles d'Allemagne, & qu'apres les auoir affoiblies toutes deux, il euſt moins de peine à les vſurper.

On a deſeſperé Henry huictieſme à ſon occaſion, & par les pourſuites & les importunitez de ſes Agens. Pour le contenter, la rigueur de l'Egliſe alla auſſi viſte que la paſſion d'Eſpagne : Elle employa les derniers remedes dans l'apprehenſion d'vne maladie, & coupa ce qui n'eſtoit pas encore gaſté. Et au partir de là, le temps s'eſtant changé, & ſa vengeance eſtant ſatisfaite, ſans ſe ſoucier de l'intereſt de l'Egliſe, qui auoit eſ-

CCVIII.

poufé le fien, ny du danger où il la laiffoit, dans lequel il l'auoit precipitée, il ne fift point de difficulté de contracter vne tres-eftroite alliance auec ce Roy, qu'il venoit de rendre Schifmatique, & qui fumoit encore, s'il faut ainfi parler, de l'Anatheme qu'on auoit jetté fur luy.

CCIX. Mais ce qui eft au delà de toute creance, & qui m'oblige d'auoir compaffion des pauures hommes, qui n'ofent s'imaginer que le mal foit mal, de peur de faire des jugemens temeraires, c'eft qu'au mefme temps qu'il ordonnoit des proceffions en Efpagne, pour l'exaltation de cette fainte Eglife, il entroit dans Rome auec vne armée Lutherienne; il prenoit prifonnier le Pape Clement, & expofoit à l'auarice & à la rifee des Heretiques la pompe & la magnificence de l'Efpoufe du Fils de Dieu, les presens des Roys & des Nations, les Reliques des bien-heureux Martyrs, les corps de Saint Pierre & de Saint Paul, & generalement toutes les choses que nous reuerons, & pour qui les Demons mesmes ont quelque sorte, ou de respect, ou de crainte.

Deuant le monde, il se couure ccx. tout de pretextes specieux, & ses habillemens sont tous semez de noms de Iesus, & de Croix peintes : Mais ce n'est qu'vn personnage qu'il represente. Dans les assemblées, il fait sonner haut le salut de l'ame, & l'vtilité publique : Mais il s'en mocque en particulier, & dit à l'oreille de ses fauoris, Qu'il faut tout rapporter à « soy mesme; Que pour s'esleuer il « est permis de marcher sur le corps « de son propre Pere; Que le vray « n'est pas meilleur de soy que le «

„ faux, & que nous deuons mesu-
„ rer la valeur de l'vn & de l'autre,
„ par l'vtilité qui nous en reuient;
„ Qu'vne bonne conscience est ex-
„ tremement incommode à vn hom-
„ me qui a de grands desseins; Que
„ les auantages de la Religion sont
„ pour les Princes, & ses scrupules
„ pour leurs Sujets; Que la vertu
„ peut quelquefois estre domma-
„ geable, mais que l'apparence en
„ est tousiours necessaire ; Que
„ l'Iniustice porte veritablement vn
„ nom odieux, mais que les iniu-
„ stes s'en trouuent bien ; Qu'au
„ contraire la probité se contente
„ d'estre loüée, & de profiter à
„ ceux qui ne l'ont pas, estant inu-
„ tile à celuy qui la possede.

CCXI. Telles & semblables Maximes
sortant d'vne bouche si impure,
& ce Prodige estant encore plus
laid, & plus espouuantable que
ie ne le sçaurois figurer, Il faut

auoüer que la Chreſtienté eſt infiniment obligée au Roy, des ſoins continuels qu'il ſe donne, pour la guarantir de ſes embuſches, & pour rompre autant d'entrepriſes qu'il en peut faire au preiudice de la commune liberté. Elle a dequoy ſe conſoler de la mort du feu Roy, en la perſone d'vn ſi digne Succeſſeur, & dequoy ne ſe ſouuenir plus de ſes pertes, en la poſſeſſion d'vn ſi grand bien. Elle a le Prince qu'elle reclame dans ſa douleur depuis tant d'années, & qu'il luy falloit lors qu'on vſurpoit la Nauarre, lors qu'on rauiſſoit le Portugal, lors qu'on reduiſoit les Royaumes en Prouinces.

Il a deſia eſſuyé les larmes de la Republique deſolée, & fermé quelques vnes de ſes playes: Mais pour peu qu'elle ſe veuille ayder, & apporter de correſpondance

CCXII.

au deſſein qu'il a, il luy fera bientoſt raiſon de toutes les jniures qu'elle a receuës. Il l'a miſe en eſtat de ne rien craindre, & ſi elle ne manque à ſoy-meſme, de tout eſperer. Il ne tiendra pas à luy qu'il ne luy redonne ſa premiere beauté, apres luy auoir rendu ſa premiere forme ; qu'il ne diſtingue ſes differentes parties, dont on veut faire vn amas confus & monſtrueux, & qu'il ne remette en leur iuſte place les limites de ſes Eſtats, qui ont eſté deſmarquées durant les deſordres de la France. Quelque violent que ſoit le mal qui l'attaque, elle ne manquera plus de remede : En quelque lieu qu'il s'eſleue des Monſtres, elle eſt aſſeurée d'vn Liberateur, & quelque puiſſance qui la menace, elle en a vne autre qui la deffendra.

CCXIII. Et pour nous, qui auons veu leuer

leuer sur nostre teste vne si belle lumiere : qui l'auons adorée dés le point de son apparition, & qui touchons de plus prés à ce braue Prince que les Estrangers, ayant l'honeur d'auoir vne commune Patrie auecque luy ; Nous deuons certes estre bien glorieux de ce qu'vn François est aujourd'huy necessaire à toute l'Europe ; de ce qu'il est l'attendu & le desiré de tous les Peuples; de ce qu'il fait de nouueaux destins aux innocens malheureux ; de ce qu'il entreprend auec succés les bonnes causes abandonnées ; de ce qu'il est loüé de tous ceux qui ont l'vsage de la parolle ; de ce qu'il est autant admiré des Sages que les autres Princes le sont du Vulgaire.

CCXIV. Si du temps que les Grecs, ou que les Romains rauageoient le monde, & que les Royaumes entiers pleuroient leurs victoires, & portoient le deüil de leurs conquestes, il se fust trouué quelqu'vn de cette humeur là, qui eust arresté l'impetuosité de leur ambition, & eust eu assez de force & de courage, pour venger les nations offensées; Combien à vostre aduis luy eust-on presenté de sacrifices? En quelle partie de la Terre ne luy eust-on esleué des Autels? quel rang n'eust-il eu entre les Demidieux de châque pays? Et encore maintenant que nostre Religion ne nous permet pas vne si liberale reconnoissance, quelles loüanges neanmoins ne donnerions nous à celuy-là, qui auroit chassé Alexandre dans sa Macedoine, ou repoussé les Romains iusques sur le riuage de leur Tybre?

CCXV. Lors que les Gots, les Vandales, les Gepides, les Alains, les

Huns, les Quades, les Herules, & ces autres Ennemis du genre humain, quitterent leur miserable Patrie, & coururent diuerses contrées de l'Vniuers, pour chercher de plus heureuses demeures, & vn Ciel moins fascheux que celuy de leur naissance: Lors qu'auec des visages extraordinaires, vne parole non articulée, & des peaux de bestes sauuages, qui les cachoient iusques aux yeux, ils porterent de tous costez la mort & la seruitude, & qu'il se fist vn changement presque vniuersel de Loix, de coustumes, de gouuernement, & de langage: Si Dieu eust suscité vn Prince comme le nostre, qui eust pû fermer à ces gens du Nort l'entrée des Gaules & de l'Italie, & les eust renuoyez habiter leurs forests, & souffrir les rigueurs de leur hyuer eternel; S'il y eust eu vn

Louys le Iuste, pour opposer aux Genserics, & aux Alarics, pour chastier Attyla & Totyla, & semblables Vsurpateurs, qu'on ne sçauroit nommer sans se faire mal à la bouche, & blesser les oreilles Françoises; la vertu de ce genereux deffenseur de la Liberté seroit aujourd'huy en veneration par tout où il s'assemble des hommes, & où l'on observe quelque forme de Police. Il ne nous resteroit rien de luy que la pieté publique ne consacrast, & ne mist au nombre des choses Saintes: Son triomphe dureroit encores, & se continueroit par l'equitable Posterité dans la succession de tous les âges.

CCXVI. Au contraire la hayne qu'on porte aux Tyrans ne finit iamais: Apres les auoir accompagnez durant leur vie, elle les poursuit dans la sepulture, & ne les laisse pas jouyr en feureté de ce commun Afyle des miferables. Leur profperité, qui n'a efté baftie que de fang, de morts, & de ruïnes, eft vn objet funefte & malencontreux à toute la generation des hommes. Nous leur voulons mal dans les Hiftoires: Nous fommes de toutes les conjurations qu'elles nous racontent auoir efté faites contre leur perfonne, & lifant le progrés de leur bon-heur, nous nous haftons tant qu'il eft poffible de venir à leur fin, pour les voir perir auecques plaifir. Bref, il n'y a point de damnez plus tourmentez qu'eux; Car les peines qu'ils fouffrent en l'autre vie, font augmentées en quelque façon par les maledictions qu'ils reçoiuent en ce monde, & tandis que leur ame brufle dans les Abifmes, le phantofme qui en eft demeure icy, n'eft pas exempt de supplice, & nous exerçons pour le moins nostre vengeance sur leur reputation & sur leur memoire.

CCXVII. Qu'ils accusent tant qu'ils voudront le Ciel, pour tâcher de se justifier. Qu'ils disent, tant qu'il leur plaira, pour autoriser leur puissance, qu'elle vient d'enhaut; qu'ils sont establis de la main de l'Eternel, & assistez particulierement de sa grace. Dieu s'en peut seruir à la verité: mais il ne les ayme pas. S'il nous les enuoye, il nous les enuoye en son courroux, & au jour de sa fureur. Ce sont les maux, dont ses Prophetes nous ont menacez: Ce sont les effets de sa Prouidence irritée: Ce sont les bourreaux de sa Iustice.

CCXVIII. ,, Le Glaiue du Tout-puissant est ,, entre les mains de ses Ennemis, au Pseaume dix-septiesme. Il fust predit à Esaü, que Saint Paul nous baille pour l'Idée & l'exemple des reprouuez, qu'il viuroit par son Espée. Malediction sur Assur, s'escrie le Seigneur par Ezaye: Il est la verge de ma fureur: Il est mon baston, Mon indignation est en sa main. Malediction sur ceux qui descendent en Egypte, pour auoir ayde. L'Egyptien est homme, & non pas Dieu, & leurs cheuaux sont chair & non pas Esprit. Où nous pouuons voir en passant, que non seulement il deteste les Tyrans, mais encore les Peuples, qui ont communication auec eux, & qui se rangent à leur party : non seulement il condamne la violence, mais aussi la lascheté.

" *Genes. c. 27.*
" *Isai. c. 10. v. 9.*

CCXIX. *Paul. 2. ad Thessal. c. 2.*

L'Antechrist, qui est appellé l'homme de peché, & le fils de perdition, sera bien enuoyé de la mesme sorte que ces iniustes vi-

&torieux. Il tüera, il vſurpera, il enuahira encore plus qu'ils n'ont fait. Les Conquerans dont on parle, n'ont eſté que de petis larrons, & des criminels ordinaires à l'eſgard de luy. Il doit s'enrichir de la deſpouïlle de l'Vniuers, & recueillir la ſucceſſion de tous les Siecles. S'il y a de nouuelles Mines à deſcouurir, elles luy ſont reſeruées. L'Ocean n'aura d'ambre, ny de perles que pour luy; Tous les Souuerains feront ſes Sujets, & de tous les Eſtats il n'en fera qu'vn. Ce ſera cette beſte, que Sainct Iean vid monter

Apocal. c. 13.

„ de la Mer, Qui auoit ſept teſtes,
„ & dix cornes, & ſur ſes cornes
„ dix diadémes, & ſur ſes teſtes
„ des noms de blaſpheme. Le Dra-
„ gon qui traiſnoit de ſa queüe la
„ troiſieſme partie des eſtoilles, &
„ qui les jetta en bas, luy reſigne-
„ ra ſon pouuoir, & contraindra

toutes

toutes les Creatures de se pro- "
sterner deuant elle. Il luy sera "
donné de faire la guerre contre "
les Saints, & de les veincre. Il "
luy sera donné puissance sur tou- "
te Lignée, sur toute Langue, & "
sur toute Nation. "

·Mais affin que les Ambitieux, ccxx.
qui renoncent bien aux esperances du Paradis pour de moindres
interests, & vendent leur ame à
beaucoup meilleur marché, ne
tirent point auantage de cette
comparaison, qui flattera peut-
estre leur vanité, & ne se glori-
fient pas des miseres & des calamitez, dont ils peuuent estre cause; Ils doiuent sçauoir que les
plus sales & les plus imparfais des
animaux ont chassé autrefois des
Peuples hors de leur pays; ont
rendu desertes des Isles extremement fertiles, & que les grenouil-
les, les rats, & les hannetons ont

esté employez, aussi bien qu'eux, à desoler les Empires, & à persecuter tantost les coupables, & tantost les innocens.

Les choses mortes mesmes & inanimées ne manquent point de force, quand il n'est question que de destruire, & de ruïner. Les vents, les pluyes, les secheresses sont bien plus redoutables que les Espagnols. Il ne faut que huit jours de maladie, pour faire d'vn grand Royaume vne grande solitude. Vne mauuaise exhalaison, qui s'espandra d'Orient en Occident, est capable d'affamer le monde par vne generale sterilité; Et Spinola auec toute sa Science, & toutes les forces de son Maistre aura bien de la peine à mettre la cherté dans vne place assiegée.

CCXXI. L'an de Grace 170. quelqu'vn ayant ouuert par mesgarde vne caſſette d'or qui eſtoit au temple d'Apollon en Babylone, il en ſortit vne haleine peſtilente, qui le ſuffoqua à l'heure meſme, infecta la Ville & la Prouince, & courût en ſuite vne ſi longue eſtenduë de pays, que prés de la moitié du genre humain en mouruſt, & la plus belle portion de l'Vniuers en fût dépeuplée. De telle ſorte que la guerre des Marcomans ſuruenant en ce temps-là, tout l'Empire Romain ne pût fournir aſſez de gens pour faire le corps d'vne iuſte armée, & il falluſt enroller les Eſclaues, les Gladiateurs, & les autres criminels, à faute de legitimes ſoldats. Sous le regne de l'Empereur Tybere vn tremblement de Terre engloutiſt dixſept villes d'Aſie en moins de vint-quatre heures, & d'autres accidens ont emporté d'autres fameuſes Citez, qui ne

Capitolin. in Marc. & in Luc. Ver.

Cornel. Tacit. 1. Ann.

se trouuent plus que dans l'ancienne Geographie.

CCXXII. Vn iour que ie m'arrestois à considerer le Vatican, & principalement cette admirable structure, dediée au Prince des Apostres, qui n'est pas encore acheuée, apres auoir acheué tant de Papes, feu M. le Cardinal Bellarmin, en la compagnie duquel j'auois l'honeur d'estre, s'apperceuant que j'estois estonné d'vn si prodigieux Edifice, & que ie regardois auec de grands yeux ces Montagnes entieres, mises en œuure, Mon fils, me dit-il, en sousriant, sans que l'Infidele conspire auec l'Heretique, & que les Ennemis de Iesus-Christ viennent mettre le feu à sa maison, en tout ce que vous admirez là il n'y en a que pour vn coup de tonnerre.

Torquato Tasso auoit coustume de dire cela de l'Eglise S. Pierre de Rome.

CCXXIII. J'auois veu auparauant des

pointes de clochers au fond des eaux; l'auois veu flotter des nauires sur des villes de Zelande; l'auois eu pitié de la grandeur des choses humaines à l'aspect de ce triste & miserable spectacle. Et en effet, qui est l'homme si enchanté de la Cour, & si esbahi du bruit & du tumulte que fait la Fortune des Roys, qui ne mesprise la foiblesse des plus puissans, & ne se mocque des trois ans & demy, qui furent employez à conquerir vn morceau de sable, & à prendre le lieu où auoit esté Ostende, s'il se donne le loisir de considerer qu'vn trou mal bouché de la leuée peut noyer en vne nuit les Pays-bas.

Il est sans mentir bien plus difficile de profiter que de nuire; de sauuer les hommes que de les perdre; d'entretenir la durée des corps perissables, & qui peuuent

CCXXIV.

finir à tous les momens, que d'auancer de quelques heures leur destruction. Et s'il est certain, comme la Theologie nous l'enseigne, que la Sagesse eternelle en conseruant le monde continuë en quelque sorte de le creer; par vne semblable raison le Roy qui a resolu d'appuyer les Estats esbranlez; d'y remettre les Seigneurs legitimes, & d'en maintenir les anciennes Loix, ne fera pas moins qu'ont fait les Legislateurs, qui ont assemblé premierement les hommes errans; qui ont tracé le plan des Communautez, & jetté les fondemens de la Police.

CCXXV. S'il ne voyoit rien au delà de cette vie, & s'il n'y auoit point de Iuge la haut, deuant lequel il deust vn jour comparoistre, il pourroit aussi bien que les autres s'aggrandir des miseres de la Chrestienté,

LE PRINCE.

& auec le temps il ne luy feroit pas impoffible de paruenir à la Monarchie. Il pourroit fe preualoir des occafions qui luy rient, de quelque cofté qu'il fe tourne; cultiuer les femences de diuifion, qui font nées chez nos voyfins; efcouter les Peuples qui le follicitent, & receuoir ceux qui fe voudroient donner. Les qualitez neceffaires pour conquerir, & pour affeurer fes conqueftes, ne luy manquent point. Il eft dans la force d'vne belle & fleuriffante jeuneffe : Il s'eft acquis vne reputation incroyable : Il a vne hardieffe, qui ne s'eftonne de rien; vne patience, qui acheue tout; vn Royaume, qui ne peut s'appauurir, ny fe defpeupler.

Ie n'ay point icy refolu de loüer la France, cette riche & agreable partie de la Terre, que

CCXXVI.

le Ciel fauorife de fes plus doux & plus amoureux regards, & fur laquelle il efpand les meilleures influences de fes Aftres. Ie ne veux rien dire de particulier de la reputation du Roy. On fçait affez que par elle fon Royaume n'a point de frontiere ; que par elle il regne dans l'efprit des Sujets des autres, & que l'eftime que les Eftrangers font de luy, eft caufe qu'ils mefprifent leurs Princes. Ie ne parleray point non plus de fa hardieffe, qui l'a fouuent obligé d'attaquer les Ennemis, quoy qu'ils fuffent les plus forts en nombre, & qu'ils euffent l'auantage du lieu pour combatre ; qui l'a porté à commencer de groffes guerres auec fon fimple Regiment des Gardes ; qui luy a fait entreprendre vne affaire que le Roy fon Pere auoit apprehendée, & où fes Predeceffeurs ſeurs ayant employé tous leurs efforts, n'auoient monſtré que leur impuiſſance.

Que ſi en la vie de Saint Epi-phane, Eueſque de Pauie, eſcri-te par ſon Succeſſeur en la meſ-me dignité, il eſt fait mention comme d'vn demy-miracle, de ce qu'il oſa paſſer les Alpes au mois de Mars, pour aller trouuer à Lyon le Roy des Bourguignons, de la part du Roy des Gots; & ſi l'Autheur appelle cela meſpriſer la mort, combatre la violence du temps, & ne point craindre les iniures du Ciel irrité : Qu'eſt-ce que le Roy vient preſentement de faire auec vne armée? N'a-t'il pas veincu au mois de Feurier, dans des precipices, & ſur de la glace? N'a-t'il pas pris vne Ville, que l'hyuer, les montagnes, & les hommes deffendoient ?

Pour le trauail qu'il a baſti

CCXXVII.
Ennod. Ticin. in vita beati Epiphan.

CCXXVIII.

dans la Mer, & au milieu des vagues efmeuës, je n'ay garde d'y toucher. La modeftie du ftile oratoire ne conuient pas à vne action fi eftrange, fi inoüye, & fi peu croyable. Les feuls Poëtes ont droit fur cette matiere : Elle appartient à leur langage artificiel, & comme ils le nomment, Heroïque; elle eft digne de leur entoufiafme, & de leurs defcriptions pompeufes & figurées. Ce feroit entrer dans leur profeffion, & paffer les barrieres qui nous feparent, que de vouloir reciter la captiuité de l'Ocean, la puiffance des flots retenuë, la place des Elemens remuée, l'Empire des Vents & de la Fortune qui a changé de Maiftre, & ne reconnoift plus que Louys le Iufte. Iamais verité ne reffembla mieux au menfonge que celle-cy : & nous doutons encore fi ç'a esté ou vn songe, ou vn enchantement, ou vne histoire.

CCXXIX. Tant y a que nous deuons auoüer que le Roy est hardy, iusqu'à entreprendre des choses qui sont sans exemple; qui rauissent en admiration ceux qui les ont veuës, & paroissent aux autres de si dure & de si difficile creance, qu'ils ont bien de la peine à ne les estimer pas fabuleuses. Mais nous deuons auoüer par mesme moyen que sa hardiesse n'eust rien fait sans sa patience, & que celle-cy, qui n'est point contraire à la promptitude, de laquelle nous parlions tantost, a recompensé ses peines, & couronné son ouurage; a mis les affaires en leur derniere perfection ; a fondé vne eternelle paix sur vne entiere victoire.

CCXXX. On eust peu voir autrement de grands commencemens, des preparatifs formidables, force guerres déclarées, quantité d'Edits de feu & de sang. Mais ces commencemens n'eussent esté que des despences perduës; Ces preparatifs n'eussent pas fait plus de mal que des machines de Theatre, que des Dragons, & des Cerberes de toile peinte; Ces Edits eussent esté reuoquez par d'autres Edits contraires; Ces guerres eussent fini par vn accommodement honteux. Le premier succés qui ne fust pas arriué à nostre souhait, nous eust fait maudire toute la besongne. A la moindre difficulté qui se fust presentée contre nostre attente, nous eussions tourné la teste du costé de Paris, & regretté le Cours, & les Tuilleries. Vn bon Conseil eust esté blasmé, non pour estre suiui d'vn mauuais euenement, mais pour ne produire pas vn effet aſſez ſoudain; & ſi la Victoire ne fuſt venuë iuſtement au point que nous la voulions, nous euſſions laiſſé-là les affaires auancées, & deſeſperé d'vne choſe demy-faite.

 La patience eſt donc abſolument neceſſaire, pour executer les hautes & importantes entrepriſes; pour s'auancer tout droit vers le but, ſans s'arreſter de coſté ny d'autre par les chemins; pour faire ce qui a eſté reſolu, & ſe mocquer des bruis que l'on fait courir; pour preferer la gloire durable, & la ſolidité des effets à vne courte reputation, & à la vanité de l'apparence; pour ne s'eſmouuoir ny des murmures des ſiens, ny des brauades de l'Ennemy; pour venir à bout de ſon opiniaſtreté, aprés auoir conſumé ſa force; pour veincre finalement ce qui ſe veut & ſe ſçait deffendre.

CCXXXI.

CCXXXII. Mais que fert-il de le diſſimuler. Cette vertu, que le Roy met aujourd'huy en vſage, nous eſt auſſi nouuelle, qu'elle eſtoit inconnuë à nos Peres : La Voix publique nous reproche le vice contraire, & toute l'Antiquité les en a blaſmez. Car bien que tantoſt ils juraſſent ſolennellement de ne deſceindre jamais

L. Flor. hiſtor.lib.2.c.10. leurs baudriers, qu'ils n'euſſent monté au Capitole, & que tantoſt ils promiſſent à leur Dieu, de luy conſacrer les armes des Romains, & de luy preſenter vn Carcan fait de leur butin. Bien qu'encore dépuis viuans ſous les loix Chreſtiennes, ils s'obligeaſſent par ſerment de prendre des Villes, & qu'ils fiſſent vœu de ne ſe deshabiller point, & de ne boire ny de ne manger, qu'elles ne fûſſent à eux ; ce qu'ils appel-

Dans la vie de Ber- loient, IVRER ET VOVER VN

SIEGE. Neanmoins le plus souuent ils rompoient leur vœu, & violoient leur serment; Et si quelquefois ils ont emporté les places qu'ils assiegeoient, ç'a plustost esté par impetuosité que par raison; plutost en perdant des hommes qu'en mesnageant le temps, & à cause que la science de les fortifier estoit ignorée, que pource qu'ils les sçeussent bien attaquer.

trand du Guesclin il est souuent fait mention de ces vœux.

Quant à moy, ie ne sçaurois loüer cette valeur fortuite, & desordonnée. Il n'est pas difficile d'estre courageux pour vn temps, mais il est difficile de l'estre tousiours, & l'egalité a esté estimée à tel point par certains Sages, qu'ils ont crû mesmes que c'estoit quelque chose de plus excellent de perseuerer dans le mal, que de n'estre pas asseuré en la vertu. Il y a vne infinité de gens

CCXXXIII.

qui feroient de bonnes actions, pourueu qu'elles ne duraſſent qu'vn iour; mais il n'y en a gueres qui ſoient capables de conduire vn long deſſein; Il n'y en a gueres de ſi ardans dont l'eſmotion ne paſſe, & qui ayent des fougues continuës: Il n'y en a quaſi point qui n'ayment mieux entreprendre pluſieurs affaires, & changer ſouuent d'occupation, que de s'attacher à vn objet, & de continuer le meſme trauail.

CCXXXIV. La pluſpart des Septentrionaux agiſſent ainſi, & n'ont que des tranſports, & des mouuemens ſoudains. Ils n'vſent point de leur diſcours, ny ne ſe ſeruent de leur raiſon à la guerre, mais recueillant toute leur vigueur enſemble, & jettant dehors toute leur bile, ils font d'abord vn extreme effort, apres lequel trouuant

uant plus de refiftence qu'ils n'en attendoient, & le propre de la violence eftant de durer fort peu, fi la raifon & le difcours n'y font pour la maintenir, comme ils ont efté plus qu'hommes au commencement, ils deuiennent moins que femmes dans la fuite de leur action, & comme s'ils fortoient d'vn accés de fiéure, ils languiffent apres auoir efté agitez. Ils fuyent d'ordinaire s'ils ne font fuyr, & fe rendent s'ils ne prenent. Au moins veulent-ils hazarder leur fortune, & leurs efperances tout à la fois, & demandent vn affaut general, ou vne bataille, pour n'auoir rien à faire le lendemain. Ils ne fongent point à vaincre: Ils ne fongent qu'à finir la guerre, & à fortir des incommoditez prefentes, voire par leur desfaite, voire par leur mort.

CCXXXV.

Vercingent. apud Cæs. lib. 7. de bello Gall.

Ce braue Gaulois le reconnoiſt bien dans les Commentaires de ſon Ennemy, où reſpondant aux objections de ſes accuſateurs, il auoüe qu'il n'a voulu laiſſer la charge de l'armee à perſonne, de peur que celuy à qui il l'euſt laiſſée, preſſé de l'importunité de la multitude, n'euſt eſté contraint de combattre ; à quoy il voyoit que tous enclinoient, pour n'auoir pas aſſez de courage, & pour ne pouuoir endurer les fatigues de la guerre. Et en vn autre endroit des meſmes Eſcris, on peut voir que c'eſt ſouuent laſcheté, & non hardieſſe, de vouloir tout remettre à la deciſion d'vne bataille, & qu'il ſe trouue beaucoup plus de gens qui ſe preſentent de leur bon gré à la mort, que de ceux qui ſouffrent virilement la douleur.

Critognac. apud eundem. lib. eodem.

CCXXXVI. L'Empereur Othon fût vaincu,

parce qu'il n'eut pas la patience de vaincre. Il se tüa par delicatesse, & ayma mieux promptement perir que de se donner de la peine quelque temps. Sans monstrer de peur, ny se mettre en fuite, il ne laissa pas d'estre deserteur de son party, & fugitif de son armée. Il ne manquoit ny de conseil, ny de forces: Il auoit les plus belles troupes, & les plus desireuses de bien faire qu'on eust iamais veuës; Et neanmoins pour vne journée qui ne leur fust pas heureuse, il abandonna la victoire à vn Ennemy, qui en toutes choses luy estoit inferieur, & quitta la partie à cause qu'il ne gaigna pas du premier coup. Il renonça à l'Empire, à l'honeur, & à la vie, pour ne pouuoir plus supporter la doute & l'incertitude de l'auenir, & le soin de penser tous les jours à ses affaires luy sembla si fascheux, que pour estre de loysir en quelque façon, il se resolût de s'oster du monde.

CCXXXVII. Nous voions par là que la mollesse, aussi-bien que la necessité, porte les hommes à desirer les choses extremes, & que non seulement les vaillans & les desesperez mesprisent la mort, mais aussi les desgoustez & ceux qui s'en nuyent. Le soupçon du mal touche les espris infirmes plus violemment que le mal mesme: Ils croyent faire beaucoup de se guarantir de l'agitation, par la cheute, & preferent vne condition mauuaise à vne condition incertaine. Il leur est impossible de laisser arriuer les éuenemens, & d'attendre la maturité des choses: Ils voudroient haster le cours de la Prouidence, & auancer ses effets ; Ils voudroient conduire à leur plaisir ses mouuemens & ses periodes ; Ils voudroient la mener, & non pas la suiure, & que ce fust leur Prouidence, & non pas celle de Dieu.

Les Sages font autrement, & David se rend ce tesmoignage à soy-mesme, Qu'il a patiemment attendu l'Eternel, lequel ne l'a point trompé. Et neanmoins cette impatience est si naturelle à l'homme, & si malaisée à surmonter, qu'il confesse que les succés qu'on luy auoit fait esperer, ont lassé plusieurs fois ses esperances ; que son esprit s'est esgaré dans la consideration de l'aduenir, & sa foy affoiblie par la longueur d'vn temps qui ne venoit point ; que souuent il luy est eschappé des murmures, iusques à douter de la verité de son Onction, & de la parolle de Samüel, en disant, Tout homme est men-

„ teur; Iufques à dire Dieu mefme,
„ Dors-tu Seigneur ? As-tu oublié
„ ta promeſſe ? Veux-tu fauſſer ton
„ Serment ?

CCXXXIX. Or puis qu'vn Prince, qui eſtoit aſſeuré du deſſein de Dieu par des reuelations expreſſes, & par vne connoiſſance infaillible, voyant que les effets des choſes promiſes alloient vn peu plus lentement qu'il n'euſt deſiré, s'eſt ennuyé d'eſperer, & a eu des doutes, & vn commencement d'impatience ; Quelles loüanges donnerons-nous au Roy, qui ne ſçachant point ſi les actions qu'il entreprend doiuent eſtre heureuſes, mais ſçachant ſeulement qu'elles ſont juſtes ; ne ſçachant point ſi Dieu les recompenſera en ce monde, mais ſçachant ſeulement qu'il les approuue, y apporte vne fermeté & vne perſeuerance inuincible ; n'en peut eſtre deſtourné ny par la longueur du temps, ny par la grandeur de la deſpenſe, ny par le nombre des aduerſaires qui croiſſent, ny par le deffaut des amis qui manquent, ny par la dureté de la matiere qu'il rencontre, ny par la repugnance des Ouuriers qu'il met en beſongne.

CCXL

Rien n'eſt impoſſible à vn Prince qui ſçait attendre & perſeuerer de cette façon : Mais particulierement quand il eſt jeune, & que non ſeulement il a deuant luy vn grand temps à employer, mais qu'auſſi il peut changer de vertu, ſelon la diuerſité des occaſions, & ſe ſeruir de la promptitude où la patience ne ſeroit pas bonne. L'âge où eſt aujourd'huy le Roy, eſt l'âge de bien entreprendre, & de bien faire, eſt la plenitude & la perfection de l'homme, la vigueur & la folidité de la vie. Les enfans ne font pas encore venus, & les vieillards font paffez ; Les vns font des fleurs, & les autres des efcorces ; Ceux-là ne fçauent pas les chofes du monde, ceux-cy les ont oubliées. On ne vieillit point impunément, & fans vne notable diminution de foy-mefme : Il en coufte d'ordinaire toute la force, & vne partie de la raifon. Vn homme ne peut pas eftre deux fois, & nous auons tort de nommer meur ce qui eft pourri, & de croire que les bons confeils ne puiffent venir que du deffaut de la chaleur naturelle. Ce feroit donner à la Prudence vne origine bien honteufe, que de la faire naiftre de l'infirmité : Ce feroit eftre ingrat enuers Dieu, de rapporter au temps, & aux autres caufes inferieures la grace que ce que nous ne tenons que de luy.

Aussi le plus ancien & le mieux instruit des Philosophes, ayant proposé comme vne creance generale, Que le bon sens est la " possession des Anciens, & que la " multitude des années enseigne la " Sagesse, Il conclud qu'il a esté autrefois de cette opinion, mais que depuis il a reconnu, Que les " Anciens n'entendent pas tous- " jours le jugement, & que les " vieillards ne sont pas tousiours " les Sages. Que c'est l'inspiration " du Tout-puissant, qui donne l'in- " telligence, & que l'Esprit est de " l'homme, & non pas de l'âge. Et " vn Rabin, qui n'est pas de petite autorité parmy les Iuifs, expliquant ce texte de l'Escriture Sainte, Vos jeunes gens auront " des visions, & vos Vieillards fe- " ront des Songes, Infere de ces " parolles, que les Ieunes sont admis plus prés de Dieu que les Vieux, & qu'ils ont vne plus particuliere communication de ses secrets, d'autant que la connoissance qui se tire de la vision est plus nette & plus distincte, que n'est celle qui procede du songe.

CCXLII. S'il en faut croire ceux qui ont l'honeur d'approcher du Roy, & de considerer l'interieur de sa vie, & la source de ses actions, il est si heureux en ce qu'il conçoit, & iuge si certainement des choses les moins certaines, qu'il paroist bien qu'il ne les void pas à nostre mode, & qu'il est guidé par vne plus pure lumiere, que celle de la raison ordinaire. La pluspart des grandes resolutions qu'il a prises, luy ont esté enuoyées du Ciel. La plusplart de ses conseils partent d'vne prudence superieure, & sont plutost des inspirations venuës immediatement de Dieu, que des propositions faites par des hommes. Il trouue souuent la verité sans prendre la peine de la chercher, & le plus subit mouuement de sa pensée est d'ordinaire si raisonnable & si concluant, que le discours qui vient apres ne fait qu'approuuer ce premier acte, sans y rien adjouster de nouueau.

CCXLIII.

Ie sçay bien qu'il y a vne miserable Science, que les hommes aprenent par leurs fautes, & par leurs malheurs, & qu'on peut deuenir Medecin à force d'estre malade. Mais encore cet auantage du long âge, qui ne se gaigne que par la perte de la plus chere & de la plus precieuse partie de la vie, ne manque point à la jeunesse du Roy, & la Fortune luy a aſſemblé tant d'éuenemens diuers, & luy a fait voir en foule vn ſi grand nombre d'affaires, que vous diriez qu'elle a eu deſſein de luy donner vue experience racourcie, & de l'enſeigner par abbregé. Iamais elle ne fût plus empreſſée, ny ne remüa dauantage que ſous ſon regne: Elle ne luy a rien caché de tout ce qu'elle peut produire d'eſtrange; Elle a mis au jour iuſqu'à la derniere de ſes malices: Elle ne s'eſt pas reſeruée vn ſeul coup, qu'elle n'ait frappé: Elle luy a monſtré en moins de dix-neuf ans l'Image de pluſieurs Siecles.

CCLXIV. Il s'eſt paſſé autresfois des ſaiſons entieres, où il ſemble que le monde n'ait fait que dormir, & qu'il y ait eu comme vne ſuſpenſion generale de toutes les fonctions de la vie actiue. C'eſt vn espace vuide dans la memoire des choses: La Renommée n'en rend qu'vn fort foible témoignage; les Liures ne nous en apprenent point de nouuelles: Il n'y a point d'Histoire de ce temps-là; où pour le plus elle n'est occupée qu'à descrire les festins & les danses du Carnaual ; qu'à representer l'ordre d'vne Ceremonie, ou la magnificence d'vn Tournois; qu'à reciter l'entrée de quelque Roy en sa ville Capitale, ou les solemnitez de son mariage.

CCXLV.

Nous ne sommes pas nais en ces saisons molles & oysiues: Le Regne du Roy n'est pas de ceux-là. Il est remarquable tant par ses propres orages, que par les changemens & les reuolutions, qui sont arriuées en toute l'Europe. Ce n'a esté que brouillerie, & que tumulte; que diuisions ciuiles & domestiques; que reuolte, ou que meditation de reuolte. On n'a iamais defarmé tout de bon, ny fait d'accord qui n'ait efté rompu dés le lendemain. Le Bien public & la reformation de l'Eftat, ont penfé ruïner le public & l'Eftat trois ou quatre fois. La Royauté a efté attaquée de tous les coftez, & par toutes fortes de machines : Il a fallu la vanger des outrages de ceux qui la mefprifoient, & la tirer d'entre les mains de ceux qui abufoient d'elle : Il a fallu punir fes Amans, & fes Ennemis; fe deffendre au dedans contre les mauuais Confeillers, & au dehors contre les Rebelles; acheter les auares, honorer les ambitieux, & vaincre enfin les vns & les autres.

CCXLVI. Le Roy a efté nourri dans ce beau calme : Il a crû parmy ces refiftances, & ces contradictions. Ce font les esbats de fon enfance, & les diuertiſſemens qu'on luy a donnez dépuis la mort du feu Roy ſon Pere. Ce ſont les fleurs qu'il a trouuées dans le chemin qu'il a fait ; les ombrages & les repoſoirs qui luy ont eſté dreſſez ſur le paſſage. Toutesfois auoüons la verité, vn ſi rude & ſi faſcheux exercice ne luy a point eſté inutile. La Tempeſte luy a enſeigné l'Art de nauiguer : L'aduerſité luy a fait des leçons, qui luy ſeruiront toute ſa vie : Il n'a point perdu ſon temps dans vne ſi triſte eſchole. Les peines ſont bien plus inſtructiues que les plaiſirs : Il vaut bien mieux que des Aduerſaires ayent exercé ſa vertu, que ſi des Flateurs l'auoient corrompuë. Il a bien tiré plus de profit de cette grande varieté de malheurs, qu'il n'euſt eu de contentement en vne longue paix, dont les jours ſont tous ſemblables.

CCXLVII. Au moins en a t'il appris de meilleure heure à estre secret, ayant eu d'abord à combattre contre vne infinité de traistres, & d'espions, & à se guarantir de tous les artifices d'vn mauuais temps. Il a acquis en perfection cette qualité, qui fait que l'homme est le vray possesseur de soy-mesme ; qu'il ne se met point en la puissance d'autruy par vne liberté inconsiderée ; qu'il tient son esprit fermé aux embusches, & aux entreprises des meschans; qu'il ne le dispense que par mesure, & discretement, & ne laisse voir aucune marque exterieure de ses intentions à ceux qui les doiuent ignorer. Il a pratiqué encore auant la saison, & dans l'innocence de ses premieres années, les autres vertus de la vieillesse, & en vn âge où l'on ne commence que de remarquer

quer les bonnes inclinations, nous auons admiré de parfaites habitudes.

 Nous auons veu vn Enfant sage, vn Enfant judicieux, vn Enfant également bien instruit des affaires de la paix & de la guerre. Nous auons veu vn Enfant jaloux de son autorité, vn Enfant riual & émulateur de la gloire d'vn grand Roy son Pere, vn Enfant Pere luy-mesme de la Patrie. Nous auons veu des conjurations esteintes, des Tyrans exterminez, des Villes forcées, des Armées rompuës par vn Enfant. Que diray-je dauantage? Il a fait de fort bonne heure tout ce qu'il faut faire pour conquerir, & si on changeoit de theatre à ses actions, il auroit conquis les Prouinces qu'il a conseruées. Il a esté victorieux en ce Royaume, & le sera ailleurs quand il luy plaira.

CCXLVIII.

Il ne peut rien trouuer difficile, ayant mis les François à la raifon.

CCXLIX. Et certes quand ce ne feroit qu'on le void à la tefte de fes armées ; qu'il range luy-mefme fes Soldats en bataille ; qu'il ordonne des logemens ; qu'il fe fait apporter les Cartes, pour voir les lieux qu'il eft expedient de prendre ou d'abandonner : Quand ce ne feroit que c'eft luy qui baille quafi tous les ordres ; qui fait les principaux commandemens ; qui prend connoiffance des moindres fonctions de chafque charge : il faudroit que les chofes fe deftournaffent du cours ordinaire, & n'allaffent pas par où elles doiuent aller, s'il ne reüffiffoit mieux que les Princes qui regnent à leur ayfe entre les bras d'vne Femme, ou d'vne Maiftreffe, & qui ne voyant leurs affaires que dans les dépesches de leurs Lieutenans, attendent ordinairement les succés à trois cens lieües de la guerre.

Tout cela neanmoins ne doit faire peur à qui que ce soit. Toute cette foule de vertus ne veut opprimer personne. Il a la conscience si delicate, qu'elle ne peut rien souffrir qui luy pese, & qui s'esloigne tant soit peu de la parfaite equité : Il faut qu'elle soit premierement satisfaite, auant qu'il contente son courage, & qu'elle approuue le dessein qu'il a, auant qu'il forme de resolution. Il ne dit point aux Casuistes, trouuez-moy des raisons pour faillir, & persuadez-moy que ie suis innocent, quoy que ie me sente coupable. Le repos de son ame ne s'establit pas par de si faciles moyens, ny ne despend de la subtilité d'vn Docteur.

Il est iuge des œuures d'autruy, mais il est Tyran, pour le dire ainsi, des sienes propres, & ne se fait iamais la grace, qu'on peut quelquefois receuoir de luy. En l'affaire la plus auantageuse qui luy sçauroit estre proposée, s'il estoit asseuré du bonheur de l'éuenement, & qu'il ne fust pas certain de la bonté de la cause, il s'arresteroit tout court sur cette difficulté, & refuseroit courageusement les Sceptres & les Couronnes, si on les luy presentoit, ie ne dis pas auec vn peché mortel, qu'il fust obligé de commettre, mais auec vne action douteuse, & qui eust besoin d'explication, qu'il luy fallust entreprendre.

CCLI. Il ne craint point les oppositions des Princes, les Ligues des Republiques, les forces de plusieurs Royaumes, assemblées contre la justice de ses Armes. Il ne craint point les iniures des saisons, les difficultez des lieux, & vne infinité de differens dangers, qui menacent sa personne à la guerre : Mais veritablement il craint Dieu, & quand il y auroit autant de Mondes en effet, que quelques Philosophes en ont basti en leur fantaisie, pour les auoir tous, il ne voudroit pas l'auoir offensé vne seule fois.

Cette crainte ne tient rien de la lascheté, & de la mollesse : Elle peut tomber dans l'esprit d'vn homme parfaitement courageux ; Elle n'est point contraire à la vraye vaillance. Ce n'est point foiblesse de cœur, c'est force d'entendement ; Ce n'est point vne passion, c'est vne vertu, de laquelle les Peres ont parlé, lors qu'ils ont dit, qu'en l'ame du Chrestien la crainte doit estre la

CCLII.

Cyprian. Epist. ad Donat.

gardienne de l'innocence, & l'Apoſtre deuant eux, quand il a exhorté les Philippiens, à s'employer à leur ſalut auec crainte & tremblement. De cette crainte ont eſté ſaiſis les Saints Patriarches, ces hommes hardis & magnanimes; ces hommes qui luttoient auecques les Anges; qui ſçauoient qu'ils deuoient eſtre les Anceſtres du Sauueur du monde; qui eſtoient les amis, les hoſtes, & les familiers de Dieu. Et neanmoins la priuauté qu'ils auoient auecques luy, ne leur oſtoit pas la peur, & cet eſtroit commerce ne les empeſchoit pas de redouter ſa Souueraine Iuſtice.

Paul. ad Philipp. c. 2.

CCLIII. I'ay ſouuent admiré dans les Liures de Moyſe ces eſtranges façons de parler, Le Dieu d'Abraham, le Dieu d'Iſac, & la frayeur de Iacob. Et, Iacob jura par la

Geneſ. c. 31. v. 53.

frayeur d'Isac son Pere, c'est à di- "
re, par le Dieu de son Pere. Le
lieu mesmes, où Dieu s'apparust
à l'vn d'eux, a le nom d'Espouuantable, Pour vray, l'Eternel "
est en ce lieu: Il eut crainte, & "
s'escria, Ce lieu est Espouuanta- "
ble. Ailleurs, Celuy qui est ter- "   *Psal. 75.*
rible, qui oste le cœur aux Prin- "
ces, & qui est espouuantable aux "
Roys de la Terre, c'est Dieu en
vn mot. Et S. Paul dit de Moyse.   *Paul. epist. ad Hebr.*
Qu'il fut espouuanté, & qu'il "
trembla, tant estoit terrible ce "
qui luy apparoissoit. Tellement "
qu'il est parlé de peur presque
par tout où il est parlé de Diuinité: Et ces admirables personnages, qui se presentoient auec vne
mine asseurée à la fureur des
Peuples esmeus; qui brauoient
l'orgueil des Roys, & mesprisoient la puissance des Demons, ap-
prehendoient si fort de desplaire

à Dieu, que Dieu eſt ſimplement nommé leur Frayeur..

CCLIV. Le Roy eſt donc timide de cette ſorte : Il a la crainte des Sages & des Courageux : Il tremble en la preſence du Seigneur. Ses Maximes n'offenſent iamais les deuoirs de la Charité : Sa prudence Politique n'eſt point contraire à la ſimplicité des Chreſtiens: Il a mis la probité dans le Throſne; & ſe reſſouuenant qu'il eſt compagnon de ſes Subjets au ſeruice d'vn plus grand Maiſtre , & que le ſoin de ſon ſalut eſt la plus importante de ſes affaires, il void bien que de droit le Seruiteur le plus obligé doit eſtre le plus fidele , & que ce luy ſeroit vn miſerable auantage de pouuoir pecher Souuerainement ; de n'obeyr ny aux loix, ny à la raiſon, pour faire paroiſtre ſon independance; de remplir de ſes conqueſtes les ſtes les Annales, & les Hiſtoires, & d'eſtre effacez du Liure de Vie.

Ie ne puis cacher en ce lieu ma iuſte douleur. Il eſt bien faſcheux de crier ſans ceſſe contre le Temps & contre les mœurs ; de rencontrer touſiours en ſon chemin le vice ennemy de la vertu que l'on cherche, & de ne pouuoir loüer le Roy qu'en blaſmant les autres hommes. Il m'eſt inſupportable de voir que cette probité que j'eſtime tant, n'a iamais eſté aſſez eſtimée, & que l'iniuſtice hardie, ou ingenieuſe, a touſiours eu de l'approbation & des Partiſans. La Republique du monde la moins corrompuë autoriſoit le mal, pourueu qu'il ſe fiſt auec vn peu de ſubtilité. En Lacedemone on ne puniſſoit pas ceux qui deſroboient, mais ceux qui ne ſçauoient pas

CCLV.

bien desrober, & c'estoit pour auoir esté paresseux qu'ils estoient condamnez, & non pas pour auoir esté iniustes. Il me souuient d'auoir veu en quelque lieu cette plaisante definition de l'Am-
„ bassadeur, L'Ambassadeur est vn
„ homme graue, enuoyé au loin,
„ affin de mentir pour la Republi-
„ que. On tient communément que d'vn mauuais sujet il se peut faire vn bon Prince : Et Ciceron s'est offensé comme d'vne injure, qui blessoit sa reputation & son honeur, de ce que Brutus l'auoit appellé homme de bien. Il en fait ses plaintes à Atticus leur commun amy, par vne lettre qu'il luy escrit : Il tesmoigne qu'il ne peut digerer la dureté de cette parolle; Et à son aduis, si Catilina l'eust voulu loüer, il ne l'eust pas loüé plus maigrement.

Quid ieiunius dixerit inimicus?

CCLVI. Pour cette fois il me sera permis de blasmer vne personne, que d'ailleurs ie respecte infiniment, & qui me seroit sacrée & inuiolable en toute autre occasion que celle-cy. Il n'y a point de loüange que ie prise tant que celle que Ciceron mesprise si fort, & j'estime les Bons beaucoup plus que les Sages, ny que les Vaillans. Sans la bonté ceux-là sont des Serpens, & ceux-cy des Loups: La Sagesse n'est qu'vn venin subtil, & vne corruption penetrante: La Vaillance n'est qu'vne faim enragée, & vne alteration du sang humain. Les Sages, s'ils sont sujets, trahissent le Prince, & vendent l'Estat ; Les Vaillans entreprenent sur sa personne, & se mettent en sa place; Les vns le tiennent en perpetuel soupçon, & les autres en perpetuelle crainte. S'ils sont Princes, il n'y a iamais de seureté en leur Cour, ny de paix en leur Royaume. Ils inquietent leurs voisins, & trauaillent encore plus leurs Sujets. La guerre ne finit, ny par les Traitez, ny par la victoire. Ils ne tienent leur parolle que iusqu'à la premiere occasion de la violer, & ne se reposent que par la seule impuissance de se mouuoir. Enfin ces rares qualitez que le monde admire, ressemblent à ces belles lumieres, qui brillent en l'air & qui font la peste sur la Terre.

CCLVI. Ce sont des vertus mauuaises, & pernicieuses à la Republique, ou plustost ce ne sont point des vertus: Et sans doute il faut s'arrester à cet Oracle d'infaillible

Sap. c. 1. vers. 4. ,, verité, Que la Sagesse n'entre
,, point dans vne ame malicieuse.
Et bien qu'il soit dit ailleurs,
,, Que les Fils de ce Siecle sont
,, plus sages que les Fils de la Lu-
,, miere, Et qu'on life dans l'Euan-

gile de Sainct Luc, que l'Oeconome d'iniquité a fait beaucoup de choses prudemment: Neanmoins estant tres-certain que la prudence humaine est folie deuant Dieu, & qu'il n'y a point de Sagesse sans sa crainte, non plus que d'edifice sans fondement; Il est à croire qu'en ces endrois-là, nostre Seigneur a voulu begayer auec ses enfans, & s'accommoder au langage populaire. Car comme quelquefois nous appellons blancs ceux qui sont pasles, & prenons l'enfleure pour l'embonpoint, souuent aussi* nous donnons à certains vices les noms des vertus qui leur sont voisines. Mais puis que les Empiriques ne sont point receus dans le corps des Medecins, & que les Philosophes n'ont iamais pû souffrir les Sophistes, contre lesquels ils se portent auec tant

Luc.c.16.

d'aigreur dans tous leurs escris, Soyons pour le moins aussi difficiles qu'eux. Puis que nous faisons le portrait d'vn Prince qui n'est pas de la Race des Ottomans, mais qui est petit Fils de de Saint Louys : puis que le Roy se conserue pur au milieu de la corruption, & qu'il regne par des maximes Chrestiennes, opposons nous courageusement aux mauuaises opinions, nous sommes asseurez qu'il ne les suit pas: Arrestons-nous vn peu à combattre le vice de la Cour & des grands Seigneurs, auquel il n'a point de part: Ne craignons pas qu'il nous sçache mauuais gré si nous n'admettons point les pipeurs parmy les habiles, & si nous n'appellons point vertu la finesse. Que ce soit, si on veut, vn art de tromper, vne meschanceté instruite & disciplinée, vn amas de regles

& de preceptes, pour paruenir à vne mauuaise fin : Que ce soit Esprit, que ce soit Science, que ce soit Experience : Mais ne faisons pas cette injure à la Sagesse, de la faire habiter au milieu des vices, & ne la confinons pas dans la conscience d'vn meschant homme.

Voicy en quels termes elle parle de soy-mesme dans le Liure qui porte son nom, Celle qui "
sçait le passé, & juge de l'auenir; "
qui connoist la subtilité des pa- "
rolles, & les solutions des argu- "
mens ; qui voit les signes & les "
prodiges auant qu'ils soient arri "
uez, & les éuenemens des Temps "
& des Siecles, Celle-là mesme est "
vne vapeur de Dieu, & vne pure "
influence de la clarté du Tout- "
puissant : Et partant il ne peut y "
auoir en elle rien de souillé. Et
vn peu plus bas, Elle est la Splen- "

CCLVIII.

Sap. c. 8.

» deur de la lumiere eternelle, L'i-
» mage de la bonté de Dieu, & le
» miroir sans tâche de sa Majesté.
Iob. c. 28. vers. 28. » Et ailleurs il est dit, Que la crain-
» te du Seigneur est la mesme Sa-
» pience, & que se retirer du mal
» est intelligence. Et ailleurs, Que
Ecclesiastic. c. 37. vers. 18. » l'ame du Saint homme annonce
» la verité, & voit plus que sept
» Guettes, qu'on a posées sur vne
» montaigne.

CCLIX. Les Payens n'ont pas esté generalement de contraire aduis. Encore qu'ils ne fussent point esclairez de la Foy, & qu'ils ne marchassent que de nuit, Ils ont trouué quelquefois la Verité aux flambeaux. Parmy eux ceux qui ont eu de plus droites opinions, & qui ont jugé des choses plus sainement, n'ont gueres separé la prudence de la probité: Et quoy qu'ils ayent crû que la raison eust son estenduë plus libre & moins

& moins indeterminée en la Politique qu'en la Morale, ils n'ont pas crû pourtant que cet espace deust estre infini, & que tout ce qui est mauuais & deffendu dans les familles, fust bon & legitime dans l'Estat. Ils ont dit que les Dieux eussent bien plus obligé les hommes de ne leur point donner cette Raison, que de la leur auoir donnée, pour incommoder le monde, & pour se tourmenter eux-mesmes : que ce rayon de Diuinité, ce viste mouuement de la pensée, cette pointe qui perce & penetre tout, leur estoit vn present funeste, & vne liberalité ruineuse, s'ils ne s'en seruoient qu'au dommage, & à la perte d'autruy, & si ce qu'ils ont de commun auec les Dieux, les rendoit plus farouches, & plus miserables que les bestes.

 Ils ont creu aussi bien que CCLX.

nous, que la loyauté eſt le fondement de toute negotiation & de tout commerce ; que nous ne tenons que par là les vns aux autres ; que ceux qui font diuiſez par la diſtance des lieux, par la difference de la langue, par la diüerſité de la Religion, s'vniſſent par le moyen de la bonne foy; qu'on peut traiter auec les muets, mais qu'on ne ſçauroit traiter auec les perfides, & que le ſilence eſt plus ſociable que le menſonge. Ils ont tenu qu'on ne gaignoit rien à mentir, ſinon de n'eſtre pas crû quand on diſoit vray ; nous laiſſant tirer de là cette conſequence, qu'il faut eſtre homme de bien par neceſſité & par intereſt, quand on ne le feroit pas d'inclination ny de volonté : puis que le mal eſt auſſi peu vtile que peu honeſte ; puis que la premiere tromperie exclud d'ordinaire la seconde, & que la confiance estant vne fois perduë, il n'est plus possible de nuire, ny de profiter à personne.

CCLXI. Dans les anciennes Fables, qu'on representoit par l'autorité du Magistrat, pour l'instruction du Peuple, & qui sont encore les vrais miroirs de la vie humaine, nous voyons que les Princes & les Heros protestent hautement qu'ils haïssent la feinte plus que la mort, & qu'il n'y a point moyen qu'ils se puissent resoudre à tromper : là où ce sont les valets, & d'autres gens de neant, qui sont employez à tramer les trahisons, & qui font les fourbes & les intrigues. Et bien qu'en semblables actions il faille de l'esprit & de la subtilité, neanmoins à cause que la tromperie est vne tacite confession de foiblesse, qui fait en cachettes ce qu'elle n'ofe faire à defcouuert, ils ont eftimé qu'il n'eftoit pas de la bien-féance de l'attribuer aux grands courages. De forte que Tite Liue eft repris aigrement par Seneque, pour auoir dit de quelque broüillon de fon Siecle, Qu'il n'auoit pas l'Efprit moins grand que mefchant : Eftant impoffible au jugement de ce Philofophe, que ces deux qualitez puiffent fubfifter en mefme fujet, & grand & mauuais luy femblant auffi contraires que grand & petit.

Senec. l. 2. de irâ.

Mais cela n'eft rien au prix de ce qui arriua à Euripide, pour ce vers qu'il auoit fait dire à Hippolite en quelqu'vne de fes tragedies,

I'ay juré de la langue, & non pas de l'efprit.

Car dés le lendemain de la reprefentation il reçeut vn adjournement perfonel, & fût pourfuiui par toutes les rigueurs de la Iuſtice, comme ayant voulu corrompre les mœurs des Grecs, & enſeigner au peuple à ſe parjurer. Ce n'eſt pas qu'il ne fuſt permis aux Poëtes tragiques de faire auancer de mauuaiſes maximes aux meſchans, lors qu'ils les produiſoient ſur la Scene ; mais parce qu'Hippolite eſtoit reconnu pour vn homme parfaitement vertueux, on s'imagina qu'Euripide auoit voulu autoriſer le menſonge par l'exemple d'vne perſone ſi graue & ſi eſtimée, & perſuader aux Spectateurs, en faiſant couler ce vice parmi pluſieurs qualitez loüables, que l'infidelité n'eſtoit pas incompatible auec la Sageſſe.

Ariſtote fait mention de ce procés criminel, & affin que les trompeurs de noſtre temps ſçachent que c'eſt à tort qu'ils pre-

CCLXIII.
Lib. 3. Rhet. c. 15.

tendent en prudence, eſtant deſ-
pourueus des autres vertus, qui
ſe voyent toutes éminemment en
la perſonne du Roy, il n'y aura
point de mal de leur monſtrer
leur condamnation dans les eſcris de ce Sage Gouuerneur d'A-
lexandre, dont le teſmoignage eſt
d'autant plus receuable, qu'il ne
croyoit qu'en la ſeule raiſon,
n'ayant aucune connoiſſance re-
uelée, & que d'ailleurs il auoit
veſcu en vne Cour extremement
corrompuë, & ſous vn Prince
auſſi fin pour le moins, & auſſi
artificieux, que le pouuoient eſtre
le Duc de Valentinois, & le Roy
Louys onzieſme.

CCLXIV. Outre qu'il diſtingue la prudence d'auec la ſubtilité d'eſprit,
en ce que celle-cy ſe porte indifferemment au bien & au mal, où
la prudence eſt conſtante & in-
uariable en la recherche du bien,

& qu'il a fait vn chapitre exprés au septiesme liure de son Ethique, par lequel il prouue qu'il n'est pas possible d'estre prudent & incontinent tout ensemble ; Il remarque de plus en vn autre lieu qu'en desassemblant le mot composé, dont les Grecs expriment la Temperance, on trouuera qu'il signifie en son origine, Gardienne & Conseruatrice de la Prudence. D'autant que la Temperance conserue la Santé du jugement, & luy acquiert cette gaillarde & viue disposition, par laquelle sans se troubler & sans se mesprendre, il reconnoist ce qui sert & qui nuit au Souuerain bien. Non pas que pour cela l'intemperance corrompe toute sorte de jugement ; car il est tres-certain qu'elle ne corrompt pas celuy qui considere les choses qui gisent en Speculation,

Arist. l. 7. Ethic. c. 10.

Σωφροσύνη

Arist. lib. 6. Ethic. c. 5.

mais seulement celuy qui a pour objet les choses practiques. Comme pour estre intemperant on ne laisse pas de bien iuger s'il est vray ou non qu'vn Triangle ait trois angles égaux à deux droits, & que deux lignes paralelles continuées à l'infini, ne se puissent joindre ; Mais on ne juge pas bien s'il se faut vanger d'vne injure receuë, ou la pardonner, ny s'il faut garder Helene, ou la rendre à son Mary, à cause que pour bien iuger si vne chose est faisable ou non, il est necessaire d'en bien connoistre la fin. Or celuy qui est intemperant, & dont le plaisir ou la douleur a desia gasté la faculté judicatrice, ne peut pas discerner cette fin dans l'esblouïssement continuel que luy causent ses mauuaises passions.

CCLXV.   La vraye prudence est donc
vne

vne habitude qui rend l'entendement propre à reconnoistre & à pratiquer les choses qui seruent à estre heureux. Ce que ne fait pas, continuë le mesme Philosophe, cette autre habitude que nous appellons Art, pource que sa fonction ne consiste qu'à operer conformement aux regles & aux ordonnances de la raison, & non pas à faire des choses qui soient moralement bonnes, & qui contribuent à la felicité. Tellement qu'on peut bien estre bon artisan, & n'estre pas homme de bien pour cela; mais on ne peut estre prudent que l'on ne soit quant & quant homme de bien: d'autant que l'on ne peut estre prudent, si on ne pratique les choses qui sont moralement bonnes. Dauantage il vaut mieux faillir volontairement en quelque art, que d'y faillir par ignorance:

Et au contraire il vaut mieux faillir ignoramment contre les regles de la prudence que d'y faillir volontairement; veu que les choses où s'attachent les Ars, ne sont pas moralement bonnes, ou celles-là le sont, ausquelles s'attache la prudence, & partant on ne peut faillir volontairement contre les regles qu'elle prescrit, que l'on ne commette quelque action vicieuse; puis que l'on n'y peut faillir que l'on ne s'attache aux choses qui sont moralement mauuaises.

CCLXVI. Ces maximes & autres semblables se trouuent dans les liures des Philosophes, qui ont le plus esté de la Cour, & qui se sont le plus approchez des Grands. Les autres Familles n'ont pas tenu de contraires opinions, & pas vne n'a approuué la prudence malicieuse. Mais les derniers Platoniciens, qui font de ces foux qui reuiennent aucunesfois en leur bon fens, & qui ont des interualles affez raifonables, meritent qu'on les efcoute en cette occafion. Auffi bien contre vn Mal fi public que celui-cy il faut armer toutes fortes d'ennemis, & luy oppofer tout ce qui le peut combattre.

CCLXVII.

Apres auoir longuement extrauagué fur plufieurs façons de diuination (que pour cette heure ie veux eftimer eftre vn effet de la prudence heroïque) Ils en propofent enfin vne qui n'eft pas à rejetter, & qui fait grandement à noftre fujet. Il y a à leur conte outre la mort, fept fortes de Separations, par lefquelles l'ame fe deftache du corps, & s'efleue fi haut au deffus du mortel & du periffable, qu'en cet eftat-là elle ne connoift pas feulement ce qui est esloigné d'elle, mais aussi ce qui n'est pas encore arriué: Elle n'assiste pas seulement à la naissance & aux éuenemens des choses, mais aussi à leur conception & à leurs projets.

CCLXVIII. La premiere de ces Separations arriue en dormant, principalement aux hommes sobres, qui par vne abstinence ordinaire rabatent les nuages qui se leuent de la partie inferieure, empeschent que rien de trouble & de contagieux ne monte à l'esprit, & voyent dans leur imagination, comme dans la glace d'vn miroir bien net, les objets que les autres ne peuuent voir dans la leur, qui est toute ternie & toute effacée des vapeurs & de la fumée des viandes. La seconde se fait par l'entier assoupissement des espris, & par cette defaillance de cœur & de respiration, où tombent les persones esuanouïes : D'où sont venuës les extases de Socrate, qui demeuroit quelquefois sans mouuement dépuis le leuer iusqu'au coucher du Soleil ; celles de Platon, qui ayant coustume de mediter de la sorte, mourût finalement dans cet essay de la mort, & celles d'vn certain Enarche, qui ayant rendu l'ame, à ce qu'on croyoit, reuint tout d'vn coup à soy, & asseura qu'il se portoit bien, mais que Nichandas, le plus fameux Athlete de ce temps-là mourroit infailliblement vn tel iour, ce qui arriua à point-nommé.

    Vne si pure & si subtile connoissance se forme de plus de l'abondance de l'humeur melancholique, qui est d'autant plus propre à receuoir les inspirations diuines, & à s'esprendre du feu celeste, que les matieres arides & CCLXIX.

defliées font plus combuftibles que les autres. Mais elle fe produit bien plus parfaitement, difent-ils, de la jufte proportion des humeurs, & de cette admirable harmonie interieure, dans laquelle l'efprit, ne plus ne moins que le Magiftrat dans vne communauté bien vnie, & où tout le monde eft bien d'accord, ne trouue aucun empefchement en fes fonctions, & vfe fans referue & fans reftriction de la puiffance qu'il a receuë de fon Souuerain.

CCLXX. La cinquiefme Separation, fi ie ne me trompe, vient du repos & de la paix de la folitude, où l'efprit efchappé de la captiuité des villes, & defchargé des affaires pefantes & tumultueufes de la vie, regarde le Ciel plus à defcouuert, & communique plus familierement auecques Dieu. Ils croyent qu'en cette paisible eschole, & si fauorable à la contemplation, Zoroastre estudia les vint ans qu'il disparût, & apprit la science de predire, qu'il auoit laissée dans ses liures de la Diuination, qui se sont perdus. Et c'est aussi de la sorte qu'il faut entendre les dix années que fût caché Pithagore, & les cinquante que dormit Epimenides, pendant lesquelles leur ame n'ayant point de commerce auecques leurs sens, vacquoit à vne tres-parfaite façon de philosopher, & jouïssoit desia du priuilege de son immortalité, & des libertez de l'autre vie.

Les Platoniciens ne finissent CCLXXI. pas encore leurs Separations, & de celle-là ils passent à la sixiesme, qui procede de l'admiration, & d'vne religieuse horreur, qui remplit les personnes agitées de quelque Diuinité; telles qu'eſtoient les femmes qu'on nommoit Pythies, qui tiroient de là l'intelligence des choſes futures. Car tranſportées qu'elles eſtoient de leur Dieu, venant à mettre le pied dans ſa grotte, & à penſer auec vne violente attention à ſa preſence & à ſes myſteres, elles eſtoient ſaiſies d'vn ſi grand eſtonnement, & poſſedées d'vne ſi eſtrange ſuperſtition, qu'à l'heure meſme leur ame ſe deſprenant de leur corps, & rompant tous ſes liens, ſe portoit iuſqu'à la plus haute connoiſſance des Eſprits ſimples, & agiſſoit ſurnaturellement par l'effort de cette fievre diuine.

CCLXII. Icy nos Platoniciens ceſſent de refuer, & leur derniere façon de connoiſtre l'auenir eſt toute pour nous, à ſçauoir vne entiere victoire des mauuaiſes paſſions,

LE PRINCE.

sions, vne abstinence perpetuelle des voluptez deffenduës, vne inuiolable pudicité d'esprit & de corps: estant bien croyable, à leur aduis, que Dieu qui est la pureté mesme, prend plaisir de faire sa demeure dans le cœur des chastes ; qu'il y allume vne lumiere qui perce les tenebres de l'auenir, & qu'il ne leur cele rien de ses entreprises. A quoy aussi les Saints Peres semblent s'accorder, & particulierement Saint Hierôme, qui tient que les Sybilles, quoy que d'ailleurs infideles, & estrangeres du peuple de Dieu, reçeurent neanmoins de luy le don de Prophetie en honeur de leur virginité, & pour recompense temporelle de leur vertu.

Hieron. l. 2. contra Iouin.

Ie ne me veux point preualoir des opinions que ie ne croy pas, ny rapporter la prudence du Roy, ou à sa sobrieté, estant

CCLXXIII.

tres-vray qu'il ne vit quafi que du feul efprit, & que par le moyen de la temperance la partie fuperieure de fon ame jouït d'vne perpetuelle ferenité; ou à fes efloignemens de la ville, dont la Chaffe eft bien fouuent le pretexte, dans lefquels d'vne veuë tranquille & d'vn jugement defintereffé, il confidere les chofes en la pureté de leur eftre, que nous ne regardons qu'à trauers des paffions qui nous troublent, & dans la contagion du monde qui les altere. Ie ne la veux point non plus attribuer à cette qualité fi propre à la contemplation, & qui s'attache infeparablement aux objets qu'elle a embraffez; à ce temperament fi eftimé par les Philofophes, qui ne luy communique rien de pefant & qui le puiffe pancher vers la Terre. Car en effet comme il y a vne melancholie terrestre, qui n'enuoye que de noires & d'espesses vapeurs au cerueau, & ne le remplit que de fantosmes; qui enseuelit l'ame dans la matiere, & luy cause ou des songes perpetuels, ou vn assoupissement ordinaire, il y a aussi vne melancholie bien cuite & bien espurée; qui jette vn feu qui ne brusle ny ne fume, & à laquelle se peut rapporter le dire de cet Ancien, que la lumiere seche est la plus viue & la plus resplendissante lumiere. Il y a vne subtile & ingenieuse tristesse, qui a esté chercher la verité iusques dans le Ciel & jusqu'au fonds des Abismes; qui a inuenté les Ars & les Disciplines; qui a formé toutes les statuës de Phidias, & produit tous les Liures d'Aristote; qui a porté Cesar à vsurper la liberté de son pays, & Brutus à deliurer son pays de la puissance de Cesar; qui en vn mot est la belle maladie de l'ame, & le plus commun temperament des Heros, des Saints, & des autres hommes extraordinaires. Ce n'est pas pourtant de là que ie tire la prudence du Roy : Ie la fais bien venir d'vne plus noble & d'vne plus claire source. Ie croy auec les Philosophes Chrestiens, que de tout temps Dieu a eu vn soin tres-particulier d'illuminer les chastes & les vertueux, & que l'Espouse ne se plaist pas dauantage parmy les Lys, que la Sapience eternelle qui la gouuerne, se repose volontiers sur les ames pures & innocentes.

CCLXXIV. Toute autre Sagesse qui vient d'ailleurs est illegitime & dangereuse : Tous les autres feux, quelques purs & brillans qu'ils semblent estre, trompent les hom-

LE PRINCE.

mes en les esclairant, & les conduisent dans des riuieres ou des precipices. Il vaudroit presque autant consulter les Demons, & s'enquerir de l'auenir par le moyen de la Magie, que d'auoir de la preuoyance sans probité. N'est-ce pas conuertir les remedes en poisons que d'vser de la raison pour pecher? Que sert-il d'estre subtil à faire des heresies, si elles sont pires que l'ignorance? Que sert-il de sçauoir broüiller, s'il faut premierement perdre son repos pour troubler celuy d'autruy? Que sert-il d'auoir autant de finesse que Ludouic Sforce, & d'estre habile à ruiner son Estat, qu'vn esprit ordinaire eust pû conseruer par des regles faciles & generales?

CCLXXV. On ne me persuadera jamais que l'argent vif vaille plus que l'or, ny que l'imagination turbulente & effrayée soit vne plus seure guide dans les affaires que le jugement tranquille & bien resolu, ny que la prudence de Tybere fust meilleure que celle de LOVYS LE IVSTE. L'vne n'estoit occupée qu'à r'asseurer ce vieillard qui auoit tousiours peur : Elle abandonna le soin des affaires & le gouuernement de l'Empire, pour vacquer à la garde d'vn homme seul. Elle rauit Germanicus à toute la terre : Elle fist mourir vn Prince Estranger, qui estoit venu à Rome sur la foy publique. L'autre n'a pour objet que le bien vniuersel, & la commune felicité; ne s'employe qu'à maintenir les choses du Monde en bon estat, & à faire regner la justice : ne veut autre auantage de ses victoires que celuy que donne la reputation au dehors, & la bonne conscience au dedans.

La dessus s'appuyent les foibles, & se reposent les trauaillez. Ses voisins factieux, qui auroient sujet de viure en continuelle inquietude, se fient plus en cecy pour leur seureté, qu'au nombre des gens de guerre qu'ils peuuent mettre sur pied, & aux alliances dont ils taschent de se fortifier. Cette admirable Vertu, qui les effrayoit d'abord, leur sert de rampart contre elle-mesme; Ils la content entre les auantages qu'ils pensent auoir, & se conseruent moins par leurs armes, que par la probité de leur Ennemy. Sa justice a la direction & la conduite de sa vaillance; celle-cy pourroit tout renuerser, si celle-là ne soustenoit tout: sans ce contrepois personne ne seroit asseuré de sa condition. Le Christianisme, dont il fait vne serieuse profession, limite la portée de

CCLXXVI

son courage ; dompte en son esprit la fierté qui naist auec les Heros, & encheisne par maniere de dire son ambition & sa hardiesse, qui sans doute feroient vn merueilleux progrés, si elles agissoient en leur pleine liberté, & de toute l'estenduë de leur puissance. Il ne touche point au bien d'autruy, sçachant que Dieu l'a pris en sa particuliere protection par vn des commandemens du Decalogue: Il ne rauit point, viuant sous des loix qui ne luy permettent pas seulement de désirer: Il n'a garde de faire des actions tyranniques, puis qu'il ne croit pas qu'il soit loisible de conceuoir des souhaits injustes.

CCLXXVII. Et à parler sainement, il y a bien apparence que ce n'est pas l'intention de Dieu qu'il y ait de Monarque vniuersel que luy seul, ny que d'autres mains que les sienes

nes portent la Machine qu'il a bastie. Il ne trouue point bon qu'on entreprenne de changer l'ordre qu'il a estably parmy les hommes; que les derniers venus disputent les places qu'il a desia données, & troublent l'œconomie de l'Vniuers, de laquelle il est l'autheur. Les dominations violentes ne luy plaisent point. Il ayme mieux que les siens souffrent l'iniustice que s'ils la faisoient, & est si esloigné de leur permettre de viure de proye, qu'il leur conseille de viure d'aumosne. Il ne nous recommande que la paix, l'amour, & la charité. Il n'a point enuoyé le Saint Esprit en forme d'Aigle, mais en forme de Colombe, & son Fils vnique, qui est venu pour renoueller le Monde, & pour enterrer tout à la fois la Synagogue, & abbatre l'Infidelité, a si fort estimé la puiffance legitime, qu'ayant à fe dire Roy, & à faire des chofes eftranges, il a voulu naiftre du fang Royal, & n'a point mefprifé les voyes ordinaires, affin que fon Empire ne paruft pas vne vfurpation, & qu'il pûft deffendre mefme par raifon humaine le tiltre qu'il fe donnoit.

CCLXXVIII. Ie ne m'eftonne point que les Princes qui ne veulent pas reconnoiftre la Diuinité de Iefus-Chrift, s'efloignent de fon Exemple, & ne s'affujettiffent point à vne Loy, laquelle ils n'ont pas receuë. Les Mahometans penfent meriter quand ils tüent les Eftrangers, & leur cruauté eft vn des principes de leur Religion. Ils ne font point fcrupule de conquerir, parce qu'en cela ils ne font rien, à quoy leur Prophete ne les exhorte, & que c'eft aux Perfecuteurs & non pas aux Martyrs à qui il promet vne meilleure vie apres celle-cy.

Ce pipeur, qui n'a visé en sa religion qu'à la grandeur temporelle, & aux biens presens, & qui a songé plutost à aguerrir des soldats qu'à sauuer des ames, chasse de son Paradis toutes les personnes pacifiques, & nomme poltrons ceux que nostre Seigneur appelle justes. Que nul, dit-il, ne " tourne le dos, si ce n'est pour " prendre son auantage, sur peine " d'encourir la diuine indignation: " Car il faut que les braues Champ- " pions de Dieu & de son Prophe- " te demeurent fermes à la ren- " contre de deux armées, Et en ce " faisant ils obtiendront pardon " general de toutes leurs fautes. " En vn autre endroit, Auriez- " vous bien opinion que l'entrée " du Ciel vous fust ouuerte, si pre- " mierement vous n'auiez fait preu- "

CCLXXIX.

Azoar. lib. 18. 6. 7. 18. 19.

„ ue de magnanimes & vaillans
„ guerriers. Non, non, mes Amis,
„ asseurez-vous que Dieu n'ayme
„ que les vaillans ; que celuy-là est
„ bienheureux qui meurt à la guer-
„ re , & que si vous y finissez vos
„ jours, vostre mort sera si digne-
„ ment recompensée , que vous
„ voudrez reuiure encore vne fois,
„ pour y estre encore vne fois tüez.

Et vn peu auparauant il autorise sa tyrannie par l'exprés commandement de Dieu, qu'il introduit, luy parlant en cette sorte, Et
„ toy mon Prophete, va t'en com-
„ battre & vaincre les Incredules;
„ pille-les, saccage-les, traite-les
„ auec des verges de fer, affin qu'ils
„ te craignent : Car tout est au
„ Prophete & à ses fideles sol-
„ dats.

CCLXXX. De sorte que par là s'imaginans que le Monde est leur heritage, & que l'entiere possession leur en appartient, ils croyent qu'ils n'vsurpent jamais fur autruy, mais qu'ils reprenent feulement ce qui a efté vfurpé fur eux; qu'ils ne font injure à perfonne, mais qu'ils ceffent feulement de la receuoir; qu'il leur eft permis de r'entrer dans leur bien par les voyes qui leur femblent les plus courtes & les plus commodes; qu'il n'eft rien de plus legitimement à eux que ce que Dieu mefme leur a adjugé, & qu'ils peuuent vfer du droit que leur Legiflateur leur a laiffé fur tous les Royaumes de la Terre. Car c'eft encore vne de leurs vifions, qu'au fortir du ventre de fa mere vn Ange luy apporta trois clefs, faites de trois groffes perles, dont l'vne eftoit la clef des Loix, l'autre la clef de Prophetie, & la troifiefme celle de Victoire, defquelles fe faififfant, il fe faifit de la poffeffion de toutes ces choses. *Mais à dire le vray, la derniere a fait valoir les deux autres, & s'il n'eust vaincu, il n'eust esté ny creu, ny suiui.

CCLXXXI. Tout le dessein de sa Religion se rapporte à la victoire: Ses Propheties ne sont fauorables qu'aux Conquerans: la pluspart de ses Loix sont des Ordonnances militaires: Il ne reconnoist pour siens que les violens & les injustes. Et affin de les pousser encore plus fortement à la desolation des Royaumes, il ne suffit pas à cet jmposteur aduisé, de leur declarer qu'ils peuuent conquerir en saine conscience, mais de plus il les note de quelque sorte d'infamie, lors qu'ils se contentent du leur, & qu'ils veulent demeurer en paix. D'où vient qu'il n'est pas permis aux Princes Ottomans de fonder d'Hospital, ny de faire de

Mosquée, qu'auparauant ils n'ayent fait quelque conqueste, à laquelle il est necessaire qu'ils assistent en personne. C'est pourquoy le Moufty, & les autres Interpretes inferieurs de leurs prophanes ceremonies employerent tout leur credit aupres du Sultan Acmet, qui n'auoit iamais esté à la guerre, pour empescher la structure du Temple qu'il vouloit bastir, qui à cette occasion fût surnommée des gens de la Loy, LA MOSQVEE INCREDVLE, parce qu'il s'estoit opiniastré de l'acheuer contre l'autorité de leurs Traditions, & les remonstrances qu'ils luy auoient faites.

CCLXXXII Ie ne trouue donc point estrange que les Turcs enuahissent les Terres de leurs voisins, sur cette fausse persuasion qu'ils ont de faire des actes de pieté, & s'y sentant obligez selon leur Loy, tant par l'honeur que par la conscience. Mais puis que Iesus-Christ n'a rien de commun auec Mahomet, & que le Pape & le Moufty tienent des maximes qui sont directement opposées, ie ne puis comprendre comme les Chrestiens croyant en l'Euangile suiuent l'Alcoran: Ie ne sçaurois deuiner les raisons qu'ils peuuent auoir de s'acharner si cruellement sur la vie & sur la liberté de leurs freres, & ne sçay point en quel temps, ny par l'entremise de quel Ange ils ont obtenu dispense de leurs premieres Loix, & permission de violer la justice.

CCLXXXIII. En nostre Religion la Raison & l'Equité doiuent estre les bornes de la volonté des Roys, comme les Fleuues & les Montagnes sont celles de leurs Royaumes. Ils doiuent mettre en mesme rang les

les choses injustes & les impossibles : Et puis que ce n'est point vne imperfection en Dieu de ne pouuoir pas pecher, ce ne peut estre aussi en eux vn deffaut de puissance de ne point faire de mal. Quelle apparence y a t'il que les petites fautes soient punies, & que les grandes soient honorées; que l'enormité de l'action soit celle qui autorise le crime, & qui justifie le criminel, & qu'vn pauure homme qui cherche sur Mer à gaigner sa vie auec vne barque, soit Corsaire & mal voulu d'vn châcun, & qu'vn autre qui fait le mesme mestier auec vne puissante flotte, soit Empereur & loüé de tout le monde?

CCLXXXIV. Il n'y a certes point d'apparence ; Et nous deuons absolument rejetter la sentence du Poëte tragique, si souuent chantée sur les

Theatres, & si familiere à vn celebre Tyran, Qu'en matiere d'E-
stat & pour commander, il est
loysible de violer le droit, & qu'il
le faut obseruer en autre chose.
Apres auoir fait reflexion sur cette belle sentence, & l'auoir re-
gardée vn peu de prés, ie n'y ay
pas veu beaucoup de sens, & l'ay
trouuée encore plus absurde que
dangereuse. Car s'il est vray, ainsi
qu'ils tenoient en ce temps-là,
que les autres meschancetez sont
comprises dans la Tyrannie, comme les moindres nombres dans
le plus grand, & qu'elle est la ruïne & la dissolution du corps Politique, Comment est-il possible
de conseruer vne partie de la Iustice, & de la destruire toute entiere? d'admettre le comble & le
dernier degré du mal, & d'en ex-
clurre les principes & les elemens? de penser retenir la vie au

Eteocl. apud Eurip. in Phoen.

bout d'vn doigt, le corps eſtant deſia mort, & tombé en pieces? Quiconque parle de la ſorte, aſſeurement ne s'entend pas, & n'eſt pas d'accord auecques ſoymeſme. Il ſemble deffendre quelque choſe en apparence, mais il permet tout en effet, & dit, quoy que ce ne ſoit pas ſon intention de le dire, qu'il faut bien ſe donner garde d'eſtre ſeparément parjure, ſacrilege, & parricide, mais que legitimement on peut eſtre tous les trois enſemble, & deuenir ainſi innocent par l'excés & le nombre de ſes crimes.

CCLXXXV.

Les anciens Idolatres, qui n'auoient que de legeres doutes, & de ſimples ſoupçons de la vraye vertu, & qui par conſequent n'eſtoient pas tenus à vne probité ſi parfaite que la noſtre, ont condamné ces paroles tyranniques auant nous. Ils eſſayoient pour

Tt ij

le moins de se fonder en raison, quand ils attaquoient les Peuples, & ne disoient pas cruëment que la fin de leurs conquestes fust de conquerir. C'estoit vne opinion receuë generalement parmy les Grecs, que la guerre estoit permise contre les Barbares, dont il y auoit de deux sortes, & qu'ils separoient d'ordinaire en deux principales classes. Car bien que leur vanité estendist ce mot à tous ceux qui ne parloient pas leur langue, & qui ne se gouuernoient pas selon leurs coustumes, si est-ce que luy donnant quelquefois vne signification plus estroite & plus limitée, & le restreignant à moins de personnes, ils entendoient seulement par là ou les Medes & les Perses, qui auoient tous les iours affaire à eux, ou les dernieres nations du monde, qui viuoient sans loix & sans

Διὸ φασὶν οἱ ποιηταὶ Βαρβάρων δ' Ἕλληνας ἄρχειν εἰκός, ὡς ταὐτὸ φύσει βάρβαρον καὶ δοῦλον ὄν. Aristot. Pol. lib. 1. c. 1. ὥσπερ ὅτι πρὸς ἥκον βάρβαρον ἐλάττον. Demost. Olynth. 3.

discipline, dans l'ignorance & l'infirmité de la Nature, qui n'est point aydée de l'institution.

 Or il est bien vray qu'ils n'auoient pas beaucoup de sujet d'aymer les premiers, puis que c'estoient les ennemis immortels de leur nom & de leur patrie; qui y estoient entrez à diuerses fois l'espée nuë, & le flambeau à la main ; qui auoient vn dessein constant & perpetuel de s'en rendre maistres, & qui desiroient à toute force que le Roy de Perse fust adoré par des Prestres Grecs, & serui par des Esclaues de Lacedemone. Aussi vne si haute insolence les picquoit si viuement, & la hayne qu'ils leur portoient estoit telle, qu'en toutes leurs Assemblées, auant que de rien mettre en deliberation, ils maudissoient publiquement celuy qui seroit d'auis qu'on fist amitié, ou

CCLXXXVI.

Isocrat. in Paneg.

alliance auec eux. Et en leurs plus solennelles festes le Heraut auoit charge expresse de les declarer excommuniez, ne plus ne moins que les homicides & les sacrileges, & de deffendre à tous les Estrangers, en consideration de ceux-cy, l'vsage des choses Saintes, & la participation de leurs Mysteres.

CCLXXXVII. Pour les autres Barbares, de qui ie parle, ils en auoient si mauuaise opinion, & les estimoient si peu, qu'à peine vouloient-ils croire qu'ils fussent tout à fait hommes, & qu'ils eussent l'ame entierement raisonable. Dequoy ie ne m'estonne pas neanmoins, puis que de nostre memoire dans les Escoles d'Espagne on a disputé si les Indiens estoient de la race d'Adam, ou si ce n'estoit point vne espece moyenne & bastarde entre celle de l'homme & celle du singe.

Soit donc qu'à leur aduis ce ne fuſſent pas des Creatures ſemblables à eux, ils penſoient aller ſeulement à la chaſſe, & s'adonner à vn exercice honeſte, quand ils leur faiſoient la guerre: Soit qu'ils preſuppoſaſſent que ce fuſſent veritablement des hommes, quoy que non bien parfais & bien acheuez (outre que la Philoſophie Sainte & profane ſont d'accord que le Sage eſt maiſtre naturel de celuy qui ne l'eſt pas) ils s'imaginoient que le droit de l'humanité exigeoit d'eux les aydes & les ſecours qui ſe doiuent aux perſonnes qui en manquent, & qu'ils ſeroient eux-meſmes Barbares, s'ils n'auoient pitié de ceux qui l'eſtoient, & ne leur oſtoient la vicieuſe liberté, qui les entretenoit dans leurs brutales inclinations, au deshonneur de la commune Nature.

CCLXXXVIII.

Prouerb. c. 115. 20.

CCLXXXIX. Ils croyoient vser de charité en leur endroit, de les aſſujettir à leur Empire ; veu que par la victoire ils poliſſoient la rudeſſe de leurs mœurs : ils leur enſeignoient la vertu, dont ils n'auoient point de connoiſſance, & leur donnoient de bonnes Loix en la place de leurs mauuaiſes couſtumes. Ainſi aux vns ils ont apporté l'inuention des Ars, & monſtré l'vſage de l'Agriculture : Ils ont tiré les autres des Cauernes, pour les mettre dans les Villes : A quelques-vns ils ont impoſé pour tribut de ne ſacrifier plus leurs Enfans ; Ils ont obligé quelques autres de s'abſtenir de chair humaine, & de reſpecter le lit de leurs meres & de leurs ſœurs, leur apprenant en meſme temps à ſe ſeruir des viandes innocentes ; & des voluptez permiſes.

CCLXXXX. Que ſi ce changement ne ſe pouuoit

pouuoit entierement faire par les voyes de la douceur, & si la tyranie de l'habitude estoit telle, qu'il fallust contraindre de deuenir heureux des gens qui estoient accoustumez à la misere, Ils disoient que tous les grands exemples ont en soy quelque chose d'inique, qui ne se doit pas considerer dans le bien vniuersel; que ny la tromperie ne peut estre appellée mauuaise, lors qu'elle est vtile à celuy qui est trompé, ny la violence non plus, lors qu'elle tourne au proffit & à l'auantage de celuy qu'on force. Que comme il y a des choses qui passent la Raison, qui ne sont pas pour cela desraisonables, principalement en matiere de Religion; qu'aussi tout ce qui est au dessus de la Iustice n'est pas pour cela iniuste, particulierement en fait d'Estat. Qu'au pis aller, quand leur entreprife traifneroit apres foy la perte de la plufpart des vaincus, qu'à tout le moins les enfans de ceux-cy receuroient l'effet de la bonne intention des victorieux; qu'ils feroient nourris dans la crainte des Dieux & fous la reuerence des Loix, & jouyroient du fruit qu'on auoit prefenté à leurs Peres.

CCLXXXXI. C'eftoient à peu prés les raifons, fur lefquelles les Grecs fe pouuoient fonder en leurs conqueftes. Du procedé des Romains nous en auons defia touché quelque chofe. Mais quoy que tous euffent pour fin principale la grandeur de leur Empire, ils n'eftoient pas pourtant toufjours fi aueugles d'auarice, ny fi attachez à leurs interefts, qu'au trauers de l'vtile ils ne viffent la beauté de la vraye gloire; qu'ils ne fuffent tentez de la paffion qui possede aujourd'huy le Roy, & qu'ils ne prissent quelquefois les armes pour la liberté des autres.

 Se peut-il imaginer vn Decret plus genereux, & plus necessaire d'estre renouuellé en cette saison, que celuy qui fût donné par les Atheniens à l'instance de l'Orateur Demosthene. En voicy la substance en peu de mots. LORS QVE LE ROY PHILIPPE ATTAQVOIT DES PLACES, SVR LESQVELLES IL AVOIT QVELQVE DROIT, LE PEVPLE D'ATHENES NE PENSOIT PAS ESTRE OBLIGÉ D'INTERVENIR EN CETTE OCCASION, NY DE SE MESLER D'VNE AFFAIRE QVI NE LE REGARDOIT POINT : MAIS MAINTENANT QVE LA GRECE EST ELLEMESME ATTAQVEE, IL ESTIME CHOSE INDIGNE DE LA GLOIRE DE SES PREDECESSEVRS, DE VOIR AVTOVR DE SOY, DES VILLES GRECQVES QVI NE SOIENT PAS

CCLXXXXII.

Demost. orat. de coron.

LIBRES. POVR CET EFFET. LE CONSEIL ET LE PEVPLE D'ATHENES ONT IVGE A PROPOS DE FAIRE DES SACRIFICES AVX DIEVX, ET AVX HEROS TVTELAIRES DE LA VILLE ET DE LA CONTREE, ET ANIMEZ PAR LA GENEROSITE DE LEVRS ANCESTRES, A QVI LA COMMVNE LIBERTE A TOVSIOVRS ESTE PLVS CHERE QVE LE BIEN PARTICVLIER DE LEVR PAYS, ONT ORDONNE QVE L'ON METTRA DEVX CENS VAISSEAVX EN MER; QVE L'ADMIRAL FERA VOILE VERS LES TERMOPYLES, ET LE GENERAL DE TERRE FERME CONDVIRA LA CAVALERIE ET L'INFANTERIE VERS ELEVSINE. QVE DE PLVS ON DESPECHERA DES AMBASSADEVRS VERS LES AVTRES COMMVNAVTEZ DE GRECE, POVR LES FORTIFIER AV DESSEIN QV'ELLES DOIVENT AVOIR DE SE MAINTENIR EN LEVR LIBERTE; POVR LES EXHORTER DE NE SE POINT EFFRAYER DES MENACES DE L'ENNEMY, ET LES ASSEVRER QVE LES

ATHENIENS SONT RESOLVS DE SECOVRIR D'HOMMES, D'ARGENT, D'ARMES, ET DE MVNITIONS TOVS CEVX QVE PHILIPPE VOVDRA OPPRIMER.

CCLXXXXIII.

Apres vne longue reuolution d'années, vn autre Philippe, ayant eu le mesme dessein que celuy-là, tant ce nom est fatal à la liberté publique, les Romains luy declarerent la guerre ; & apres l'auoir vaincu, la feste des jeux Istmiens furuenant d'auanture en ce temps-là, & se celebrant à Corinthe, où il abordoit vn nombre infini de peuple pour y assister, ils firent proclamer en plain theatre ce qui s'ensuit, LE SENAT ROMAIN, ET LE GENERAL FLAMINIVS, AYANT MIS LES MACEDONIENS ET LE ROY PHILIPPE EN LEVR DEVOIR, DECLARENT QVE LEVR INTENTION EST QVE TOVTE LA GRECE VIVE A L'AVENIR SELON SES LOIX, ET

Tit. Liu.l.33. Luc. Flor.l.2.c.7.

ENTENDANT PARTICVLIEREMENT QVE LES CORINTHIENS, PHOCIENS, LOCRIENS, CEVX DE L'ISLE EVBOEE, LES MAGNETES, LES PERRHEBES, ET LES ACHAIENS DE PHTIE, IOVISSENT DES MESMES EXEMPTIONS, DROITS ET PRIVILEGES DONT ILS IOVISSOIENT AVANT QVE PHILIPPE SE FVST EMPARÉ DE LEVR SEIGNEVRIE.

CCLXXXXIV. Et bien que quelques-vns, pour obscurcir le lustre de cette action, veuillent dire que la Liberté dont ils faisoient present aux Grecs, estoit plustost vne Liberté apparente & contrefaite, que solide ny veritable ; Neanmoins c'estoit tousiours beaucoup faire d'entreprendre la guerre à ses despens, pour amender la condition de ceux qui ne leur estoient rien : C'estoit les obliger extremement de les tirer de la seruitude, quoy que d'ailleurs ils les laiſſaſſent en quelque ſorte de dépendance enuers leurs Liberateurs : Ce n'eſtoit pas les traiter mal, de les ſoulager d'vn faix qui les accabloit, en leur donnant vne moindre charge.

Les Romains ne prenoient donc pas tout pour eux. Leur ambition auoit quelques regles & quelques limites, & bien que leur eſprit & leurs deſirs fuſſent vaſtes, ils n'eſtoient pas pourtant infinis. Quand Scipion le Cenſeur fiſt la ceremonie du Luſtre expiré, & que le Greffier vouluſt reciter la priere accouſtumée, par laquelle les Dieux eſ- « toient ſuppliez de rendre la for- « tune du peuple Romain meilleu- « re & plus puiſſante qu'elle n'e- « ſtoit. Ell'eſt aſſez bonne & aſſez « puiſſante, reſpondit-il, Ie les prie « ſeulement qu'il leur plaiſe de la « nous continuer : Et ordonna ſur «

CCLXXXXV.

le champ, que dans les actes publics on corrigeaft ainfi les termes de la priere, qui dépuis ne fuft plus recitée autrement. De forte qu'il s'eft trouué de la moderation & de la retenuë dans les cœurs les plus ambitieux & les plus auares. Les Grecs & les Romains portoient pour le moins du refpect à la vertu. Ils ne fe mocquoient pas ouuertement du droit & de l'equité, & faifoient profeffion de ne prendre les armes qu'en ces trois cas, ou pour fe venger des injures receuës, ou pour fe guarantir de l'oppreffion, ou pour donner des Loix à ceux qui n'en auoient point; n'approuuant par confequent que les guerres ou juftes, ou neceffaires, ou honeftes.

CCLXXXXVI. Qu'y a t'il de femblable, ô Dieu immortel, en l'eftat prefent des affaires de l'Europe? Qu'y a t'il en la la cause des Conquerans de ce siecle qu'vn bon Payen puisse soustenir, & qu'vn vray fidele ose excuser? Les Allemans sont-ils aux Espagnols ce que les Perses estoient aux Grecs? Ont ils couru dépuis peu la Galice, ou l'Arragon? Ont ils pillé les Eglises de Madrid, Ont ils demandé des esclaues de Castille? De plus quel droit ont les Castillans sur le Montferrat? Prenent-ils les peuples qui habitent la riue du Pau pour des Sauuages? Veulent-ils ciuiliser les Italiens, qui tienent escole de gentillesse & de galanterie, & chez lesquels il y a long temps que toutes les nouueautez de deçà sont vieilles.

CCLXXXXVII.

Ils ne peuuent se seruir de ces pretextes, ny employer les couleurs des Grecs, pour couurir leur ambition, & la teindre de quelque apparence de vertu. Il n'y a que le desir d'estre maistres chez autruy, qui les oblige de sortir de leur maison, & cette malheureuse fantaisie de Monarchie, qu'on leur a mise dans la teste, qui les fait entreprendre dessein sur dessein, & courir au moindre bruit qu'ils entendent. Au milieu de la paix ils ont l'esprit armé, & la volonté seditieuse, & lors qu'on pense qu'ils se reposent, ils estudient les moyens de remüer. Les raisons d'Estat les tourmentent iour & nuit. Ils ne sont maigres ny malades que de cela, & leur jaunisse perpetuelle est le signe exterieur, & vne impression violente de la conuoitise de regner qui les brusle & les consume au dedans. Gonsalue de Cordouë & le Duc d'Albe sont bien morts, mais leurs conseils & leurs enseignemens viuent encore : Ils dressent encore des embusches à la franchise & à la credulité : Ils oppriment encore les Princes : Ils font encore la guerre à la liberté des Peuples. Les enfans ne degenerent point de leurs Peres. Ils sont aussi subtils interpretes de leurs Traitez : Ils sont aussi peu scrupuleux en l'obseruation de la Foy publique : Ils vsent de la Religion de la mesme sorte qu'ils en ont vsé : Ils jurent aussi hardiment sur les Euangiles & sur les Autels tout ce qu'ils ont resolu dene pas tenir.

Il faut pourtant rendre vn entier tesmoignage à la verité, & estre equitable, voire mesme à l'injustice. Ce n'est pas vn peuple qui vaille peu. Il est recommandable pour beaucoup de bonnes qualitez, & ses vices mesmes sont specieux & ont de l'esclat. L'oysiueté, qu'on punissoit à Athenes, est honorée en Espa-

CCLXXXXVIII.

gne, qui demeure deserte en plusieurs endrois à faute de mains qui la veuillent cultiuer. En ce pays-là les artisans ont honte de leur mestier. Ils l'exercent en cachetes, comme vne chose deffenduë, & paroissent en public l'espée au costé. Ils s'estiment tous Gentilshommes; Ils parlent tous en Courtisans & en Conseillers d'Estat; le moindre bourgeois a les mesmes pensées que le Conestable de Castille.

CCLXXXXIX. Iamais ils ne se plaignent de la misere de leur condition, à cause qu'ils croyent tous auoir part à la grandeur de leur Maistre. Il n'y en a point qui se tienne pauure quand il songe aux mines des Indes, & qui ne cherche dans la felicité publique, le contentement qu'il ne peut pas trouuer dans sa fortune particuliere. Pleust à Dieu que nous fussions aussi bons

François qu'ils sont bons Espagnols, & que nous aymassions nostre Patrie auec autant de passion qu'ils ayment la leur. Ne vous imaginez-pas que comme nous ils descrient les affaires de leur Prince, & publient des nouuelles qui ne sont pas fauorables à leur Party. Au contraire, s'il leur arriue le moindre bon succés, ils l'augmentent, ils l'amplifient, ils le font imprimer en toutes les langues ; Et s'il leur suruient quelque malheur, ils l'excusent, ils le diminuent, ils le desguisent, ils le couurent de leur silence, & le cachent sous leur bonne mine. Vous voyez qu'ils font des triomphes de la prise d'vne bicoque, & ne paroissent point affligez de la perte de leurs Flotes & de leurs Armées. Comme ils sçauent donner reputation aux petites choses, & faire valoir les mediocres prosperitez, Ils sçauent aussi tesmoigner de l'indifference dans leurs plus grandes douleurs, & supporter fierement & auec desdain les plus cruels outrages de la Fortune.

CCC. Leur fidelité ne commence pas d'aujourd'huy a estre connuë. Ell'a esté loüée par le tesmoignage de l'Antiquité, & on a escrit d'eux que les tourmens n'estoient pas capables de leur arracher de la bouche le secret de leurs Maistres & de leurs amis. Cet Esclaue est assez celebre, qui apres auoir vangé son bien-facteur, se mist à rire lors qu'on l'eust appliqué à la question, & par vne joye tranquille se mocqua des bourreaux, & de toutes les inuentions de la cruauté. Mais quelle reputation sçauroit esgaler la vertu de Flexio, & quelle mention si ho-

Iustin. lib. 44.

Ioan. Mariana lib. 3. Hist. Hisp. c. 13.

norable en peut faire l'Histoire, qui ne soit au dessous de son merite. Le Roy Sanchés, à qui son frere Alphonse faisoit la guerre, l'auoit mis dans Conimbre pour la deffendre. Ce fidele seruiteur, aprés s'estre nourry long temps de cuir & d'vrine, & auoir supporté constamment toutes les incommoditez du Siege; ne voulust iamais se rendre, ny mettre la ville en la puissance d'Alphonce, quoy que son frere Sanchés fust mort. Il ne se fia point à tout ce qu'on luy pûst dire là dessus, & continua en cette vertueuse incredulité, iusqu'à ce qu'il luy fust permis d'aller à Tolede, où auoit esté enterré son maistre, le tombeau duquel luy ayant esté ouuert, il luy mist les clefs de la place entre les mains.

Pour leur abstinence, & leur sobrieté, elles ne sont pas croyables. Toute herbe leur sert de viande ; tout suc leur tient lieu d'huyle ; toute liqueur leur est vin. Aussi ne voit-on gueres parmy eux de personnes pesantes & materielles. En vn Suisse il y auroit dequoy faire trois Espagnols. Leur ame ne nage point dans le sang, & n'est point suffoquée par la chair & par la gresse de leur corps. Ils se contentent tousiours d'vne fort legere nourriture. Du temps de Pline, leurs plus delicieux entremets estoient des glands rostis dans les cendres. Maintenant auec vne raue ou vn bouquet de fenoil ils font deux fois vint-quatre heures en faction. Ils meurent de faim, & commandent à ceux qui font bonne chere.

Plin. lib. 16. c. 5.

CCCII. Voila certes qui merite d'estre estimé. Mais quel moyen de supporter cet orgueil, auec lequel ils

ils vienent au monde; ce second peché originel, dans lequel ils sont conçeus; cette proprieté essentielle, par laquelle ils sont Espagnols, comme hommes par la raison. Ils condamnent generalement tout ce qui n'est pas de leur pays; Ils ne croyent pas que hors de là il y ait rien de beau, de vaillant, ny de Catholique. Ils regardent les autres Peuples auecques pitié; Et bien que l'Espagne soit mere de peu d'enfans, & qu'elle adopte des Vvalons, des Allemans, & des Italiens, dont elle remplit d'ordinaire ses armées; Neanmoins ils ne laissent pas de mespriser ces Nations, par lesquelles ils sont redoutables, & de nommer Veillaques ceux qui les font vaincre & dominer. N'y a t'il pas plaisir de leur ouyr dire quelquefois que leur armée est de trente mille hommes, & de cinq mille soldats, c'est à dire de trente mille Estrangers & de cinq mille Espagnols, & de voir renouueller à ces Glorieux la vanité des Princes Romains, qui faisoient aussi difference entre leurs Confederez & leurs soldats, & ne communiquoient point cette derniere qualité aux Auxiliaires, qu'ils menoient auec eux à la guerre.

Ils sont certes plus veritablement que n'estoient les Romains, les Brigans de toutes les Terres, & les Pyrates de toutes les Mers. Leur ambition ne s'est pas contentée de la possession des choses visibles : Elle a esté chercher vn Monde inconnu ; ell'a quasi penetré iusqu'à vne nouuelle Nature : Et s'ils estoient asseurez que ces grandes taches, qui paroissent dans le corps de la

Milites propriè sunt Romani, & ab auxiliaribus fœderatifque distinguntur, vt Nouellâ Valentiniani de reddito iure armorum. Magister militum tam militum quam fœderatorum tuitionem vrbibus ac littoribus non desinet ordinare.

CCCIII.

Cornel. Tacit. in vita Iul. Agricol.

Lune, fussent des Prouinces & des Royaumes, comme l'a voulu persuader Galilée, ils voudroient trouuer vn chemin pour y aller. Mais mocquons nous de l'extrauagance de leurs desseins, quand ils ne sont qu'extrauagans & ridicules. Ne parlons pas mesmes des affaires esloignées, encore que la justice vniuerselle s'estende par tout, & lie tous les hommes ensemble. Laissons l'interest de la commune humanité, pour prendre le nostre particulier. Plaignons nous des maux de l'Europe, & ne nous amusons pas à raconter l'Histoire des Indes.

Les Roys, ce semble, leur font tort d'estre Souuerains, & les Estats populaires les offensent d'estre libres. Tant qu'ils auront vn voisin, ils ne manqueront iamais de querelle. De gré ou de force

CCCIV.

il faut qu'ils entrent en toutes les affaires des Princes. Estant venus comme arbitres, ils se portent incontinent pour ennemis. Ils changent les offices qu'ils promettoient en de mauuais drois qu'ils alleguent & de fausses debtes qu'ils demandent, & si deux Concurrens pretendent à vne mesme chose, le temperament qu'ils trouuent pour les contenter, est de la prendre pour eux. De cette sorte ils accommodent les differens, & mettent les parties hors d'interest. Ils ont joüé de ces jeux en Allemagne; ils voudroient les continuer en Italie; ils ont de l'estoffe toute preste pour trauailler encore ailleurs, & quoy que leurs entreprises aillent quelquefois assez lentement, & que les succés ne suiuent pas de prés les resolutions, on void tousiours neanmoins en eux vne eſtrange obſtination à bien eſperer. Ils ne ſont plus deuant Cazal, mais ſi ie ne me trompe, ils ne demeureront gueres à y reuenir. Ils ne ſe rebutent ny par les longueurs ny par les difficultez des choſes : Ce qu'ils n'ont pû faire aujourd'huy, ils s'imaginent qu'ils le feront demain : S'ils ſe ſont abuſez au terme, ils croyent eſtre aſſeurez de l'euenement. Deſia ils deliberent de l'ordre qu'il faudra eſtablir aux affaires de la paix, apres la victoire : Deſia ils deſtinent des Gouuerneurs pour les places qu'ils n'aſſiegeront que l'année prochaine, & penſent ſi inſolemment de l'auenir, que peu s'en faut qu'ils n'aſſignent leurs Creanciers ſur la priſe de Veniſe. Et certainement ſi Dieu n'auoit mis en ce Royaume des barrieres à la violence, & vne franchiſe à la foiblesse ; Si la France n'estoit le commun pays des Estrangers affligez, & si nos armes n'estoient les armes deffensiues de la Chrestienté, je ne doute point qu'ils n'acheuassent tost ou tard les conquestes qu'ont commencées, & n'emportassent à la fin l'entiere couronne d'Italie, à laquelle ils ont donné tant d'atteintes.

CCCV. Toutesfois que les Italiens se r'asseurent, s'ils sont effrayez, Qu'ils conçoiuent vne ferme esperance du jour de leur salut qui s'approche: Qu'ils se preparent à receuoir la bonne fortune qui les va trouuer. Il y a encore de la race de ceux qui ont chastié leurs Tyrans; De ceux qui ont nettoyé leurs Prouinces des diuerses pestes qui les affligeoient; De ceux qui ont ruiné l'Empire des Lombars en Italie, & remis

LE PRINCE.

les Souuerains Pontifes en leur Siege. Le Successeur de Charles le Grand est en vie, qui ne demande que leur consentement pour leur oster le joug de dessus la teste : qui tend la main aux Potentats qui sont tombez de leur Throsne ; qui se sent offensé en quelque lieu qu'on offence la Iustice, & porte ses soins & ses pensées par tout où il y a des gens de bien qui souffrent, & des foibles qui gemissent.

Mais qu'ils considerent aussi, s'il leur plaist, que tout seul il ne peut pas faire toutes choses, & qu'en vain il a la puissance de les guerir, s'ils n'ont pas le courage de se seruir de ses remedes, & s'ils cherissent leur maladie. Dieu qui nous a faits sans nous, ne nous sauue pas sans nous. Il veut que nous contribuions de nostre part à nostre salut, & que nous soyons

CCCVI.

Augustin. in consess.

cooperateurs auecques luy : Il veut que nous trauaillions à son ouurage, & que nous foyons les Artifans de la befongne dont il eft l'Entrepreneur.

CCCVII. A quoy fongent donc aujourd'huy les Speculatifs au pays de Machiauel, & de Tacite? Que pretendent de deuenir les Princes & les Peuples, qui nous veulent regarder faire les bras croifez? Si on ne tient ce qu'on a promis, penfent-ils eftre Spectateurs oififs & immobiles d'vne action dont le fuccez leur eft commun par vne confequence ineuitable? Croyent-ils que cette affaire leur foit indifferente, parce que les premieres peines & les premiers dangers en femblent particulierement appartenir à Monfieur de Mantoue? Ne craignent-ils point que la contagion du mal paffe iufqu'à eux, & que la ruine des

des autres attire la leur? Ne sça-
uent-ils pas que nous receuons
tous les coups qu'on donne à noſtre Patrie, & que toutes ſes bleſſures ſont noſtres; Qu'on nous
deſarme en deſpouïllant nos Alliez, & qu'on affoiblit nos Villes
en prenant celles de nos Voyſins?
Quel fatal & miſerable aſſoupiſſement eſt celuy-là? N'ont-ils
point d'yeux pour voir les flambeaux qui viennent de bruſler
l'Allemagne? le bruit qu'a fait la
cheute du Palatin n'eſt-il point
capable de les eſueiller? Dira-
t'on des Italiens ce qu'on diſoit
des Peuples d'Aſie, que pour
hommes libres ils ne valoient
rien, mais que c'eſtoient d'excel-
lens Eſclaues, & qu'ils ſuppor-
toient vne Tyrannie inſupportable, à faute de ne ſçauoir pas dire
NON, & de ne pouuoir prononꝰ
cer fermement cette ſyllabe.

CCCVIII. A cause qu'ils ne sont pas encore opprimez, & qu'on les reserue pour le dernier acte de la Tragedie, ils croient estre en seureté; A cause que le venin ne leur a pas encore gaigné le cœur, & que la mort ne les presse pas, ils s'imaginent qu'ils se portent bien ; Et pource que l'Espagnol n'est pas encore deuant leurs Villes auecque ses troupes, ils jurent qu'il ne songe pas à eux. Et neanmoins si quelqu'vn de leurs Citoyens faisoit prouision d'vne grande quantité de pierres, de beaucoup de bois, de chaux, de sable, & d'autres semblables materiaux, & qu'à mesme temps il dressast vne place en vne belle assiette pour les employer, ils diroient sans doute qu'il bastit, & qu'il edifie vn Palais, quoy qu'ils ne vissent point les fondemens posez, ny les murailles esleuées.

Pourquoy donc ne diront-ils pas que l'Espagnol, qui amasse ses preparatifs de si longue main pour les attaquer, j'entens ses meilleurs & plus chers amis, leur fait la guerre dés à present, combien qu'il ne les ait point encore assiegez, & qu'il ne leur ait pas liuré bataille ? Pourquoy ne se mettront-ils de bonne heure en estat de se deffendre, veu que s'ils souffrent qu'il conduise son œuure iusques au faiste, il ne sera plus en leur puissance de s'y opposer?

CCCIX. Puis que toutes ses paix sont trompeuses & desguisées; puisque son amitié est superbe & violente; puisque ses complimens ne prient pas, mais qu'ils commandent & qu'ils contraignent; puis qu'il est impossible de viure auec luy en bonne intelligence & en liberté, il faut de necessité qu'ils choisissent de deux choses l'vne, ou d'estre ses Sujets, ou d'estre ses Ennemis, & qu'ils regardent lequel ils ayment le mieux, ou de la seruitude, ou de la guerre.

CCCX. Les choses ne sont pas tellement alterées en leur pays, que la Nature n'y ait conserué quelque reste de bonne semence. Elle peut encore susciter des ames fortes & courageuses de cet ancien principe de valeur, qui n'est pas esteint, & desmesler quelques gouttes de sang purement Romain & Italien d'auecque la masse corrompuë. Il n'est pas que quelquefois ils ne se souuiennent qu'ils sont les Enfans des Seigneurs de l'Vniuers, & que leurs Peres ont triomphé particulierement de l'Espagne. Il n'est pas qu'y ayant encore parmy eux tant de Cesars, de Pompées, de

Scipions, & de Camilles, ils n'ayent honte de porter ces grands noms, & d'obeïr cependant à vn Dom Ferrand, ou à vn Dom Pedre.

Il eſt certes bien honteux que de toutes les deliberations de Naples & de Milan il faille attendre la reſolution de Madrit, & que les Italiens demeurent touſiours au plus bas eſtage de la Seruitude, où les valets ſans voir iamais le viſage de leur Maiſtre obeiſſent à d'autres valets? Il eſt bien honteux qu'ils employent à flater les Tyrans l'eloquence dont ils ſe deuroient ſeruir à exciter les Peuples au recouurement de leur liberté? Il eſt bien honteux qu'ils ne ſoient habiles ny vaillans que pour autruy, & que leur eſprit & leur courage ne trauaillent que pour affermir la Domination qui les opprime. S'ils font de bonnes actions en Allemagne & aux Pays-bas ; S'ils reuienent de la guerre chargez de defpouïlles, & pleins de reputation, c'eft la gloire des Efpagnols & non pas la leur. Par là ils n'acquierent point des Subjets, mais des compagnons de feruitude ; Ils ne font pas meilleure la fortune de leur pays, mais ils rendent la puiffance de l'Eftranger plus redoutable; leurs chaifnes deuiennent plus luifantes & plus fortes, & non pas plus lafches ny plus legeres. I'efpere qu'ils feront quelque reflexion là deffus, & que ie n'auray pas perdu tout ce que j'ay dit. Peut-eftre que la vertu que l'on croit morte n'eft qu'endormie; peut-eftre que les malades fe remettront, & que le cœur reuiendra aux efuanouys.

CCCXII. La Seigneurie de Venife jettera sans doute les yeux sur le Decret de celle d'Athenes, qui n'estoit pas appuyée par vn Roy de France, quand elle declara la guerre au Roy Philippe. Elle donnera de la pointe à sa prudence, & armera les bons conseils, de peur que la fureur ne soit plus forte que la raison. Elle accompagnera plus que jamais de courage & de generosité cette excellente sagesse, dont elle fait des leçons à toute l'Europe. Elle considerera qu'estant née & ayant crû dans le giron de la Liberté, & se disant Reyne de la Mer, il seroit bien vilain que sur sa vieillesse elle changeast de condition, & qu'en Terre ferme elle quittast son Sceptre & son Diadéme. Elle se representera que son incomparable demeure, qui semble estre plustost vn miracle & vn exemple de la puissance diuine qu'vn ouurage de la main des hommes, son somptueux Arcenal, son superbe Port, & ses magnifiques Bastimens, ne sont pas des fruits de la peur & de la paresse de ses Ancestres, mais des effets de leurs trauaux, de leurs sueurs, & de leur constance, & que toutes ces illustres marques ne peuuent estre conseruées que par les moyens qu'elles ont esté acquises.

CCCXIII. Le Saint Pere a l'ame trop noble & trop releuée pour rien faire de bas en cette occasion. La parfaite connoissance des choses diuines & humaines que les rebelles mesmes de l'Eglise admirent en luy ; le commerce qu'il a auec les anciens Romains, dont les escris ne respirent que liberté & amour de la Patrie ; le sejour qu'il a fait en France, où il a eu de tres particulieres Conferences

ces auec le Roy Henry le Grand, & eſt entré bien auant dans ſon eſprit & dans ſes penſées : Finalement cette mine digne de l'Empire, qui monſtre ie ne ſçay quoy de plus qu'humain, & ce viſage qui jette des rayons de Majeſté ſur tous ceux qui le regardent, ne ſignifient point de timidité ny de foibleſſe, & ne nous peuuent donner que de bons preſages & de belles eſperances. Il prendra la peine de ſe remettre en memoire que ſa dignité a eſté plus reſpectée par Attyla que par Charles, & que la ſeule preſence de Leon deſarmé arreſta ce Fleau de Dieu, & le chaſſa d'Italie, là où ce Prince deuot & religieux, aprés trois Traitez de Paix dont il endormiſt Clement ſeptieſme, le retint priſonnier contre tout droit diuin & humain, & ſaccagea Rome par les mains des Heretiques. Il verra dans l'Histoire de ses Predecesseurs que pour vn moindre danger que celuy qui le menace, ils ont fait autrefois vne guerre sainte contre Mainfroy, comme contre le Sultan, & qu'vne autrefois ils ont lasché la Croisade contre les Colonnes, de la mesme sorte que contre les Infideles.

CCCXIIII. Mais s'il veut estre meilleur mesnager de ses foudres, & vser plus moderément de sa puissance: Si pour certains respects il ne peut pas embrasser ouuertement la Cause commune, ny assister de ses armes les Princes interessez, je m'asseure pour le moins qu'il les fauorisera de son inclination, de ses vœux, & de ses souhaits, & qu'il benira leurs affaires secrettement. Et puis que nous auons opinion qu'vn amy ou vn maistre qui nous voit joüer, encore qu'il ne die mot & qu'il ne parle point sur le jeu, ne laisse pas de nous ayder, & de porter malheur à nostre aduersaire; Ils s'enhardiront ainsi en quelque façon de la bonne volonté du Pape, quoy que non publique ny declaree, & prendront courage des signes qu'il leur fera, s'ils ne peuuent se preualoir de ses forces.

Pour les autres Princes inferieurs, dont le repos n'est pas fondé sur la Sainteté de la Religion, & qui comme luy ne peuuent pas commander au Monde dans vne Chaire; Il est necessaire qu'ils se remüent tout de bon pour le recouurement ou pour la conseruation de leurs Couronnes, & qu'ils entrent dans le dessein qu'à le Roy, de les restablir s'ils sont depossedez, ou de les maintenir si on les menace. Il est

cccxv.

necessaire qu'on leur crie à haute voix que la liberté ne se deffend point par la crainte, & qu'on ne repousse pas la violence auec la mollesse. Il est besoin qu'en cette occasion l'Italie, l'Allemagne, & l'Angleterre; les Catholiques, les Protestans, & les Arminiens se rallient contre leur commun Ennemy, contre celuy qui n'attaque point les Heretiques par zele de religion, mais par interest d'Estat, & qui ne les veut point, comme Saint Paul les Infideles, mais qui veut les choses qui sont à eux.

Paul. 2. ad Corinth. c. 12.

CCCXVI.
Brutus & Cassius.

Vn Stoïque & vn Epicurien, c'est à dire deux hommes qui faisoient profession d'vne Philosophie toute contraire, & qui estoient de deux Sectes ennemies, s'accorderent quand il fût question de deliurer leur Patrie de seruitude, & mirent leurs opinions à part pour joindre enſemble leurs intereſts. Vne perſonne qui ſe noye ſe prend indifferemment à tout ce qu'elle rencontre, fuſt-ce vne eſpée nuë, ou vn fer ardant. La Neceſſité diuiſe les freres, & vnit les Eſtrangers; Elle accorde le Chreſtien auec le Turc contre le Chreſtien ; Elle excuſe & juſtifie tout ce qu'elle fait La loy de Dieu n'a point abrogé les Loix naturelles. La conſeruation de ſoy-meſme eſt le plus ancien de tous les deuoirs: Dans vn extreme peril on ne regarde pas de ſi prés à la bienſeance, & ce n'eſt pas pecher que de ſe deffendre de la main gauche.

Le ſcrupule de conſcience ne doit donc point ſeruir de pretexte à la laſcheté. Nos Princes ont du droit & de la juſtice de reſte, & des forces meſmes ſuffiſamment, pourueu qu'ils ne manquent point de refolution ny de courage. Le Monftre dont nous auons veu la figure, eft veritablement cruel & farouche, mais il n'eft pas pourtant inuincible. Il a vn grand corps, mais ce corps eft fait de parties coupées, & tient plus par des attaches que par des nerfs. Il a beaucoup de membres, mais ils ne font ny bien proportionnez ny bien joins. Les bras ne peuuent atteindre à la tefte : l'eftomac eft nud quand les extremitez font couuertes, & s'il fe remuë de quelque cofté, il laiffe tout le refte fans mouuement. Ainfi la plufpart du temps il reçoit autant de coups qu'il en donne ; Il eft auffi fameux par fes pertes que par fes victoires.

CCCXVIII. Regardez vne poignée de gens, qui le braue & le bat ordinairement, & que Dieu luy a mis en teste pour humilier son orgueil & son insolence. Regardez vn petit marais, qui resiste à tous ses Royaumes, & à toutes ses forces; Considerez vne puissance qui flotte tousiours, & despend en partie du vent & de la tempeste, qui tient bon neanmoins contre sa formidable Monarchie. Ces Pescheurs, qu'il mesprisoit si fort au commencement, ont mis dans leurs filets ses villes & ses Prouinces ; luy ont enleué des flottes & des conquestes, & partagent presque tous les ans auecques luy le reuenu de ses Indes. Ne sont-ce pas les choses foibles de ce Monde, que Dieu a esleuës pour confondre les fortes. N'est-ce pas le grain de sable, dont il bride la fureur de l'Ocean. Ne vous souuient-il pas de la petite pierre qui renuersa la grande statuë?

Paul. Epist. ad Co-rinth. c. 27.

Apres quarante ans de guerre

l'Espagnol est encore à recommencer en ce pays-là. Tout ce qu'il y fait n'est que de consommer ses hommes, de jetter ses Millions dans la Mer, & de s'efforcer à ne rien faire. Les auantages mesmes dont il se vante sont des victoires si cherement achetées qu'il eust esté ruiné s'il en eust eu beaucoup de pareilles. Pour ses pertes, elles ont esté notables & ordinaires, & il en sentira quelques-vnes encore long temps. On void à la Haye vne grande Sale toute tapissée de ses drapeaux, dans laquelle les Estats firent festin au Marquis de Spinola quand de Capitaine General il deuint Ambassadeur pour leur demander la paix, & que le Conseil Eternel reconnust ses Subjets pour Souuerains, & les enuoya flater, apres les auoir menacez inutilement. Le Prince qui
com-

commande aujourd'huy à leurs Armées, pourra bien tapisser vne autre Sale de la mesme sorte, pourueu qu'il vieillisse & que la guerre continuë. Il n'est pas moins sçauant en son mestier que le feu Prince Maurice son frere : Il n'est pas moins amateur de la Liberté ; Il n'est pas meilleur amy de nos Conquerans, & ie pense qu'il ne les traitera pas auec plus de courtoisie ny plus de respect.

Il est vray pourtant que les succés d'Allemagne leur haussent le cœur, & que leurs affaires y paroissent fort bien establies. Mais ne nous estonnons pas pour cela. Ce qui fait le plus de rumeur, & qui a le plus de lustre, n'est pas tousiours le plus asseuré. Encore y a t'il dequoy leur donner de la peine où ils pensent estre si bien establis. Et qui ne sçait que si

cccxx.

l'Allemagne qu'ils ont diuifée, fe veut révnir, & fi les Allemans fe laffent de prefter leurs mains & leur fang à leur Ennemy pour afferuir leur Patrie, tous les Trophées qu'il a erigez chez eux, tomberont incontinent en pieces, & vne profperité de dix ans reuiendra à rien. Souuent le vaincu a mis en hazard le victorieux, & d'vn bout d'efpée on a tüé celuy à qui on auoit demandé la vie. Des commencemens formidables ont eu fouuent des fins ridicules, & vne puiffance deftinée à conquerir des Royaumes s'eft venuë brifer contre vn peu de terre. Souuent ceux qui ont vaincu ont efté les plus proches du peril, & le Peuple Souuerain de l'Vniuers dans vne guerre dont la conclufion luy fuft heureufe; fut reduit à telle extremité de malheur qu'il ne luy restoit plus d'esperance qu'au Capitole assiegé, & en Camille banny. L'Oppression n'oste point la vertu aux personnes libres; elle irrite seulement leur courage, & aiguise la vaillance par la douleur. Elle est cause quelquefois d'vne plus grande & d'vne plus asseurée liberté, & fait qu'apres le recouurement des choses perduës on conserue auec obstination ce qu'on possedoit auparauant auec negligence.

CCCXXI.

Il ne faut pas tousiours estre credule à sa premiere joye, ny se fier à l'apparence des affaires. Il y a de mauuais gains, & des acquisitions ruineuses. Et comme vn Marchant qui auroit chargé son vaisseau de quantité de bestes sauuages, pour les mener d'Afrique en Europe, seroit mal asseuré au milieu de ses richesses, & pourroit se perdre sur Mer, encore qu'il euſt les vents fauorables ; Il me ſemble de meſme que les Princes, apres auoir gaigné des batailles, & vaincu des Peuples, doiuent redouter leurs propres conqueſtes, & faire éſtat qu'il n'y a point de plus dangereux Ennemis que des Subjets qui obeïſſent par force. Les Allemans feront libres toutes les fois qu'il leur plaira de rompre leurs fers: La diuiſion ceſſant parmy eux, la puiſſance de l'Eſpagnol ceſſe en leur pays, & le meſme iour qu'ils s'accorderont, il en ſera chaſſé.

CCCXXII. I'ay ouy parler de plus d'vn Roy de Suede, qui peut bien luy tailler de la beſongne, & trauailler tres vtilement, ſi on s'aduiſe de l'employer. Son courage n'eſt pas vne audace aueugle & precipitée, & ce n'eſt pas vne vaillance de colere que la ſienne. Il sçait faire la guerre auecque science, & ne laisse gueres de choses à la discretion de la Fortune. Il a les mouuemens de l'ame fort esleuez, mais il les a fort reguliers & fort justes. Il a vn grand esprit qui est conduit par vn jugement encore plus grand: Il possede les Vertus necessaires, & ne manque pas des agreables. Il meriteroit vn Royaume qui fust plus voisin du Soleil que n'est la Suede; & si Pyrrhus qui nomma les Romains Barbares, reuenoit aujourd'huy au Monde, il diroit asseurément que jamais Grec ne fut plus poly ny plus raisonnable que ce Barbare.

Plut. in Pyrrh.

Le Roy d'Angleterre n'abandonnera pas aussi vne Cause, dans laquelle outre les raisons d'Estat qui luy sont communes auecque nous, son honneur & sa conscience l'engagent encore plus par-

CCCXXIII.

ticulierement que tout autre. Il aura pitié de sa sœur, de son beaufrere, & de ses neueux, qui ne sont plus que de tristes & déplorables exemples de l'instabilité des choses du monde, & qu'on va adjouster aux Adrastes, aux Polynices, aux Hecubes & aux Antigones des Theatres. Maintenant qu'il est deschargé de cet Importun, qui trauersoit tous ses bons desseins, & qui se joüoit si insolemment de son Nom & de sa Puissance en des galanteries pernicieuses à son Estat, estant sage & genereux comme il est, il prendra vne resolution digne de son bon sens & de son courage. Il écoutera cette belle Reyne, que le Ciel luy a donnée pleine d'esprit & d'intelligence, affin qu'en vne mesme personne il pût trouuer tout ensemble du contentement & de l'ayde, & que celle qui possede son amour, & qui est les delices de ses yeux, participast aussi à ses conseils, & fust la Compagne de ses soins. Il suiura ses premieres inclinations & ses veritables interests : Il ne se départira pas legerement des anciennes amitiez du feu Roy son pere, & se ressouuenant des dégousts qu'on luy a donnez, & des niches qu'on luy a faites en Espagne, il se remettra bien auec la France, de laquelle il a esté traité auec toute sorte d'estime & d'affection.

CCCXXIV. La bonne cause sera encore fortifiée par d'autres appuis, & ne manquera point de suite, ny de partisans. Outre qu'il est certain que le corps dont on nous fait peur, a ses playes & ses infirmitez qui le trauaillent, & qui ne laissent pas d'estre dangereuses, quoy qu'elles soient couuertes de quelque apparence de santé. Et ne doutez pas que la guerre venant à le taſter & à le preſſer de tous coſtez, elle ne trouue incontinent ce qu'il y a de foible & de douloureux en ſes membres, & que ſous ce fard & cette peinture de Grandeur, qui pipe le monde, on ne deſcouure des parties gaſtées, & des vlceres peut-eſtre incurables.

CCCXXV. Au pis aller, quand il ſeroit auſſi ſain qu'il ſe monſtre grand, & qu'il ſemble fort : quand veritablement il ſe ſeroit racquité de toutes ſes pertes, qui luy a reſpondu de l'auenir ? S'il a proſperé depuis la mort du feu Roy, c'eſt à cette heure à ſon tour d'eſtre malheureux : S'il s'aſſeure de la faueur de la Fortune, il ſe fie aux careſſes d'vne Courtiſane. Il n'y a point d'apparence que celle qui fait profeſſion de legereté, deuienuienne constante pour l'amour de luy: Mais il y a certes bien apparence que les gemissemens des Nations qu'on opprime, la clameur des Innocens qu'on persecute, l'affliction des Meres & des Vefues desolées, les violemens, les sacrileges, & les autres mauuaises suites des mauuaises guerres monteront iusques au Throsne de Dieu, & attireront sa vengeance sur celuy qui est cause de tant de maux. Il y a bien plus d'apparence que la Iustice eternelle luy prepare le chastiment qu'il merite, que non pas que la Fortune qui n'est qu'vne infidele, luy garde sa foy.

Si Dieu entend le cry des petis corbeaux qui sont au nid, n'escoutera-t'il point ses Enfans qui le sollicitent, & luy demandent raison du tort qu'on leur fait? Si la voix du sang d'Abel est paruë-

CCCXXVI.
Psal. 14 7.

nuë iufques à luy, le fang d'vn nombre infini de Chreftiens fera-t'il müet, & tombera-t'il à terre fans faire de bruit? Leurs plaintes, leurs imprecations, leurs dernieres parolles feront elles perduës? Seront-ils morts pour la Iuftice, fans que la Iuftice recherche leur mort? Le Vengeur des parjures & de la Religion violée, fouffrira-t'il toufiours qu'on face de la Religion vn inftrument de Tyrannie, & qu'on fe ferue de fon nom pour tromper le monde? S'il conte nos cheueux, n'aura-t'il point d'efgard à nos foufpirs, ne récueillira-t'il point nos larmes, mefprifera-t'il nos prieres?

CCCXXVII. Non, non, affeurons-nous que Dieu eft pour nous, & que les miferes de la Chreftienté le touchent. Nous en auons vne marque de la certitude de laquelle il n'eſt pas permis de douter. S'il n'auoit reſolu de ſecourir puiſſamment les ſiens, il n'auroit pas enuoyé le Roy en cette ſaiſon: S'il n'auoit enuie de les faire vaincre, il ne leur auroit pas preſenté vn ſi braue Chef: S'il vouloit differer le terme de leur liberté, il auroit differé ſa naiſſance. Certainement il a fait naiſtre cet excellent Prince pour le bien des hommes, & pour la felicité de ſon Siecle. Il l'a donné aux vœux de la France, de l'Italie, & de l'Allemagne, qui l'ont demandé; Il ne l'a pû refuſer aux neceſſitez de ſon Peuple qui en auoit beſoin.

 Le Capitaine general d'vne grande Ligue, qui auroit paſſé la meilleure partie de ſa vie dans des Cabinets & dans des jardins, & qui n'auroit veu que des Ballets & des Feſtes, pourroit eſtre

CCCXXVIII.

vaincu par la premiere mauuaife Nouuelle, & l'efperance de ceux qui fe repoferoient fur fa capacité, auroit vn fondement fort fragile & fort ruineux. Mais cettui-cy eft nay dans la guerre & dans les armées : Dés fon enfance il a veu dés Sieges & des Combas. La Neceffité l'a endurci de bonne heure à la vertu, & ce qui donne de la peine aux autres ne luy donnant que de l'exercice, il n'eft rien de fi haut ny de fi difficile que nous ne deuions attendre de fa valeur ; Il n'y a point d'efperances qu'il ne doiue furmonter par les effets.

CCCXXIX. Ie le dis encore vne fois : Il ne tient qu'à luy qu'il ne conquere, & qu'il ne difpute de l'Empire & de la domination auecque les Ambitieux. Mais il ne veut point s'enrichir des pertes publiques : il ne veut pas eftre coupable de fon bonheur ; Il ne defire pas vne qualité, qui feroit funefte à toute l'Europe. Qu'on ne prenne point d'ombrage de fes defseins, & que fes armes ne donnent de jaloufie à perfonne. Il a confacré fes mains à l'Eternel, & à la protection de la Iuftice. Ses armes ne deffendent que les bonnes Caufes; Elles apportent le repos & la feureté aux Peuples, & leur doiuent eftre en mefme refpect que les Boucliers qui cheurent du Ciel le furent aux Romains qui les recueillirent.

Ce n'eft point Hannibal qui defcend des Alpes auec toutes les cruautez & toutes les perfidies de fon pays, & apres vn ferment folennel de deftruire l'Italie : C'eft Pepin, C'eft Charlemagne, qui la veulent deliurer encore vne fois. Et fi la fatale année que cet Africain commença

CCCXL.

Plin. lib. 7. 1. 3.

sa guerre, vn enfant estant sorti du ventre de sa mere r'entra incontinent dedans, pour monstrer qu'il ne faisoit pas bon au Monde en vne si mauuaise saison ; Maintenant qu'vn temps tout contraire à celuy-là se prepare, sans doute il y aura du plaisir d'habiter la Terre, & les Meres se doiuent resiouyr de leur fecondité, puis qu'elles sont asseurées d'esleuer des enfans qui seront plus heureux que leurs peres, & qui viuront en liberté par le bien-fait de LOVYS LE IVSTE. Il ne doit point estre suspect aux Italiens ; l'Italie ne le doit point reputer pour Estranger ; Il est Italien du costé de la Reyne sa Mere, & par consequent interessé dans les affaires presentes, non seulement par honeur & par consideration d'Estat, mais aussi par inclination, & par pieté.

Et puis qu'on nous veut debiter de faux Oracles, & des Propheties fuppofées ; puis que la Pythie eft encore aujourd'huy menteufe en faueur de Philippe, pourquoy ne chercherons nous auffi des Oracles de noftre cofté, & ne nous feruirons nous du tefmoignage des Sages, qui felon l'opinion de Platon, ne font jamais fans infpiration diuine ? Pourquoy n'alleguerons nous ce qu'efcriuoit il y a plus de cent ans vn grand perfonnage à Laurens de Medicis Duc d'Vrbin, Que " la miferable Italie efperoit de fa " maifon quelqu'vn qui la deli- " uraft. Infailliblement l'Efprit qui " luy dictoit ces paroles, voyoit de loin le mariage de Henry le Grand ; entendoit parler de Louys le Iufte, & defignoit les merueilles que nous auons veuës, & celles que nous verrons, fi les

CCCXLI.

Nicol. Machiau. c. 26. del Prince.

Italiens ne resistent opiniastrement à leur bonne fortune, & ne preferent les aulx & les oignons d'Egypte, je veux dire quelques petis interests, & quelques chetiues pensions, dont l'Espagne les repaist, à la liberté qu'on leur presente.

CCCXLII. Mais quoy qu'il en soit, le Roy a dessein de faire ce qu'ont fait les Princes que l'Histoire nous baille pour Demi-dieux. Il marche sur les pas de ces magnanimes Roys, ennemis jurez des meschans, protecteurs des gens de bien, pacificateurs de la Mer & de la Terre, qui ne cherchoient autre fruit de leurs victoires que le repos du Monde, & ne le couroient d'vn bout à l'autre que pour en procurer la deliurance. Il sçait qu'il est descendu de ceux qui ont rompu les forces, & esteint la Tyrannie de

Luit-

Luitprande, d'Astulphe & de Didier; de ceux qui rendirent au Pape toute la Flaminie, & toute l'Emilie, qu'on leur auoit vsurpées; qui luy firent present de l'Isle de Corse, & des Duchez de Spolete & de Beneuent; qui adjousterent à son Domaine tout le pays qui est entre Parme & Lucques. Il sçait qu'il est heritier de celuy qui se peut dire à meilleur tiltre que Constantin, le bien-facteur de l'Eglise, & dont le nom se lit encore à Rauenne dans vne table de marbre auec ce reste d'inscription, IL A ESTE LE PREMIER QVI A OVVERT LE CHEMIN A L'ACCROISSEMENT ET A L'ESTENDVE DE L'EGLISE. *De Pepin Rey de France.*

Il croit auec Aristote que le bien-faire n'est pas moins vne marque d'excellence que de bonté, & auec Saint Paul, qu'on *CCCXLIII. Aristot. lib. 4. c. 5. Paul. ad Galat. c. 6.*

doit faire bien à tous, mais principalement aux domestiques de la foy. Il croit qu'vn grand Roy doit porter ses soins fort auant dans l'auenir, & fort loin au delà de son Royaume: Que tous les temps luy doiuent estre en pareille consideration que le present, & tous les miserables en mesme recommandation que ses Subjets. Qu'il faut que le Montferrat & le Mantoüan soient aussi proches de son esprit que les fauxbourgs de Paris & le derriere du Louure, & que si à trente journées de luy vn affligé inuoque son nom, & implore sa justice, il sente en mesme temps de la diminution à ses maux, & du changement en sa fortune.

CCCXLIV.   Il trouue que c'est vne plus belle chose de rendre la liberté aux Republiques que de leur donner vn bon Maistre, de s'acquerir des

Seruiteurs pleins de passion que des Sujets malaffectionnez, de se faire des amis que des feudataires, & d'auoir sur tous les hommes vne Superiorité de vertu qu'vne Souueraineté de puissance. Enfin il n'est esleué au plus haut degré des choses humaines, qu'affin qu'il soit consideré de plus loin, & qu'il esclaire plus de pays; qu'affin qu'il serue de regle aux autres Princes, & de Loy viuante & animée à toutes les Nations de la Terre.

En conscience puis que les gens de cette sorte font des chemins par tout où ils passent; puis que leur exemple est vne façon de commander, à laquelle les plus rebelles ne peuuent desobeyr, & que l'amertume qui se trouue aucunefois en la vertu est adoucie par la vanité qu'il y a d'imiter les Roys, il faudroit que la genera-

CCCXLV.

tion présente fuſt reprouuée, & il y auroit trop de dureté dans le cœur des hommes, ſi bien-toſt toute la Chreſtienté ne deuenoit vertueuſe, & ſi la ſainte vie du Roy, fans conuoquer d'Eſtats generaux, ny d'aſſemblées de Notables, ne produiſoit vne volontaire reformation en cet Eſtat, & ailleurs vne émulation honneſte de faire auſſi bien que nous. Il ne faut plus chercher l'Idée du Prince dans l'inſtitution de Cyrus; Il ne faut plus aller admirer à Rome les Statuës des Conſuls & des Empereurs, ny loüer les Morts au preiudice de ceux qui viuent. Il n'y a point d'Antique en tout ce peuple de pierre & de bronze, qui repreſente vn Heros pareil au noſtre. Nous poſſedons ce que nos Peres ont ſouhaité, & ne ſçaurions nous ſouuenir de rien qui vaille ce que nous voyons.

Quant à moy, foit que ie fois paffionné de la gloire de mon Maiftre; foit que ie m'intereffe dans le deffein que j'ay entrepris; foit que la lumière des chofes prefentes m'esblouïffe; foit que le feul amour de la verité me face parler, il eft certain qu'apres auoir regardé de toutes parts, & confideré le Monde dés le point de fa naiffance, ie ne trouue point d'homme fur qui le Roy n'ait quelque auantage, ny de Vie qui à tout prendre foit fi admirable que la fienne.

Ie voy de grandes vertus en certains endroits, mais ie voy auffi de grands vices qui les accompagnent. Les Serpens fe cachent deffous les fleurs: les poifons & les parfums fortent du fein d'vne mefme Terre: Toute la Nature eft vne confufion de bien & de mal; Il n'y a pas vne de fes par-

CCCXLVI

ties, qui ne fouffre fes incommoditez & fes manquemens, & les corps mefmes qu'elle a trauaillez auec le plus de foin, & qu'elle a formez de la plus riche matiere, ont leurs deffaux, leurs Eclypfes, & leurs maladies. Il n'y a que la perfonne du Roy où ie ne remarque rien que ie vouluffe qui n'y fuft pas. Ie ne fuis point icy occupé, comme au raffinement des metaux, à feparer le pur d'auecques l'impur: Ie ne fuis point en peine à defmefler la vertu d'auec le vice. Tout y eft efgalement bon ; tout y eft hors de blafme, & digne d'eftime ; Et fi le premier rang, qu'il tient aujourd'huy entre les hommes, eftoit en difpute parmy eux, ie ne penfe pas, quand mefme on voudroit defenterrer les Anciens, qu'il y en euft quelqu'vn qui le luy puft debatre legitimement, & qui ne luy deuſt ceder, ou en nobleſſe de ſang, ou en proſperité de ſuccez, ou en adreſſe de corps, ou en force d'eſprit, ou en magnanimité de cœur, ou en pureté de conſcience.

CCCXLV.

Mais affin qu'on ne m'accuſe point de ſortir des termes de la vraye-ſemblance, & de ne pas garder la moderation qui eſt requiſe à vn diſcours ſerieux: Pour éuiter d'ailleurs qu'on ne croye qu'vne propoſition, qui ſemble peu fauorable à l'Antiquité, ait eſté jettée au hazard & à l'auanture, & quelle parte pluſtoſt d'vn eſprit deſgouſté, que d'vn jugement raſſis; Tournons la teſte derriere nous, apres auoir legerement conſideré le preſent, & faiſons vne courſe dans l'Hiſtoire des Siecles paſſez, qui nous amuſera auecque plaiſir, & ne nous eſloignera pas fort de noftre deſſein. Auſſi bien eſt-il Feſte en toute cette Prouince dépuis la priſe de la Rochelle, & nous auons du loiſir, que nous ne ſçaurions mieux employer qu'à l'honneur de celuy qui nous l'a donné, & qui nous fait iouyr en repos de nos liures & de nos eſtudes. Outre que quand le loiſir meſmes nous manqueroit, & que les occupations & les affaires nous preſſeroient de tous coſtés, la choſe que nous entreprenons merite d'eſtre preferée aux occupations & aux affaires.

FIN.

A

MONSEIGNEVR

LE CARDINAL

DE RICHELIEV.

LETTRE I.

ONSEIGNEVR,

Estant encore arresté jcy par quelques affaires que je ne puis laisser sans les perdre, je souffre auec beaucoup de douleur vne si dure necessité, & m'estime comme banny en mon Pays, puis

a

que je suis si long temps esloigné de vous. Ie ne nie pas que les victorieuses, & triomphantes nouuelles qui nous viennent à toute heure de l'Armée, ne me donnent quelque esmotion de joye, & que je ne sois sensiblement touché du bruit que vostre Nom fait de tous costez. Mais ma satisfaction ne sçauroit estre entiere d'apprendre dans les relations d'autruy les choses dont je deurois rendre témoignage, & je m'imagine tant de plaisir à vous considerer en vostre gloire, qu'il n'est point de soldat de là les Monts sous vostre commandement de qui je n'enuie la bonne fortune. Ie ne laisse pas pourtant, Monseigneur, ne pouuant vous seruir du corps, & de l'action, de vous reuerer jour & nuit de la pensée, & d'employer à vn si digne culte la plus noble

LETTRE I.

partie de moy-mefme. Vous eftes apres le Roy l'eternel objet de mon efprit : Ie ne le deftourne quafi jamais de deffus le cours de voftre vie, & fi vous auez des Courtifans plus affidus que moy, & qui vous rendent leurs deuoirs auec plus d'oftentation & de montre, je fuis certain que vous n'auez point de Seruiteur plus fidelle, ny dont l'affection vienne plus du cœur, & foit plus viue, & plus naturelle. Mais afin que mes parolles ne femblent pas vaines & fans fondement, je vous enuoye la preuue de ce que ie vous dis ; par où vous reconnoiftrez qu'vn homme perfuadé à vne grande difpofition à perfuader les autres, & que le difcours appuyé fur les chofes & animé de la verité remuë bien les efprits auec plus de force, & y acquiert bien plus de creance, que celuy qui se mesle seulement de feindre & de declamer. C'est vne partie, Monseigneur, tirée de son corps, & vne piece que j'ay détachée du trauail que j'ay entrepris: à la perfection duquel j'auouë franchement que toutes les heures d'vn loisir plus tranquille que le mien, & toutes les puissances d'vne ame plus releuée que les ordinaires eussent trouué suffisamment dequoy s'occuper. Dans le premier liure il est traité au long de la vertu & des victoires du Roy; de la Iustice de ses armes; de la Royauté, & de la Tyrannie; des Vsurpateurs, & des Princes legitimes; de la Rebellion chastiée, & de la Liberté maintenuë. Mais par ce que le Prince dont ie parle ne s'arreste point, & que le suiuant je m'embarquerois dans vn sujet

LETTRE I.

infiny, ie me fuis prefcrit des bornes, que je n'euffe pû rencontrer en fes actions; & à l'exemple d'Homere qui a finy l'Iliade par la mort d'Hector, bien que ce ne fuft pas la fin de la guerre, je n'ay pas voulu paffer la prife de Suze, quoy que ce n'ait efté que le commencement des merueilles que nous auons veuës. Apres auoir confideré le Roy auec attention, & monftré fa grandeur par elle mefme, je la fais voir par la comparaifon d'autruy. Paffant legerement fur noftre Siecle, je monte jufqu'à la fource des chofes, & ne laiffe point de Prince de reputation dans l'Antiquité fainte & prophane, parmy les Grecs, les Romains, & les autres Peuples, dont je ne die des particularitez affez rares; que par l'art des confequences il m'a fallu tirer de l'Histoire, où elles sont moins escrites que cachées, & que j'y ay plustost deüinées que veuës. Tout le second liure est employé à ces diuers jugemens, & j'y découure les vices des Grands auec vne grande liberté, mais ie pense la corriger d'vne telle discretion qu'elle ne viole point le respect qui est deu à la qualité qu'ils ont portée. La troisiesme partie contient les principaux preceptes de la science ciuile, plusieurs considerations touchant l'Estat, & la Religion, & les plus necessaires regles pour bien gouuerner. Et d'autant qu'elle vous regarde particulierement, & que j'y parle du Conseil des Princes, de leurs Seruiteurs, & de leurs Ministres, c'est celle que je vous enuoye, en attendant que je vous porte le reste. Or vous sçauez, Monseigneur, que le genre d'escrire que ie me suis proposé est sans comparaison le plus penible de tous, & qu'il est mal-aisé d'agir d'vne longue impetuosité, & de faire des efforts qui durent. Ie ne veux point dire que les actions les plus trauaillées qui nous restent des anciens Orateurs, ne sont pas d'vne égale force, ie dis seulement qu'elles ne sont que d'vne mediocre grandeur, & que le Chef-d'œuure d'Isocrate qui luy cousta quinze ans de meditation, peut estre veu en moins de cinq heures de lecture. Quant aux Philosophes, qui ont escrit de la Politique, leur ratiocination est d'ordinaire si seche & si decharnée, qu'il paroist que leur dessein a plustost esté d'instruire que de persuader; & d'ailleurs leur stile est si embarrassé, & si espineux, qu'il semble qu'ils n'ayent voulu

enseigner que ceux qui sont doctes. A cela il n'y a pas plus de difficulté qu'à guerir des gens qui se portent bien, & pour estre obscur il ne faut que s'arrester aux premieres notions que nous auons de la verité, qui ne sont iamais bien nettes, ny bien desmelées, & qui tombant de l'imagination sur le papier dans la confusion que d'abord elles se presentent à elle, ressemblent plustost à des auortemens informes, qu'à de parfaites productions. Dauantage dans la composition de l'Histoire vn Autheur est porté par sa matiere, & les choses estant toutes faites, qui le soulagent de la peine de l'inuention, comme la suite du temps luy donne son ordre, il n'est obligé de sa part que de contribuer des parolles. Ce que quelques-vns ont estimé si peu,
que

LETTRE I.

que Menandre estant pressé de mettre au jour vne piece qu'il auoit promise, Elle est toute preste, respondit-il, Il n'y a plus que les parolles à faire. Mais icy outre qu'il faut se seruir des mots auec plus de choix, & les placer auec plus de justesse que dans les simples narrations, qui pour tout l'esclat, & tous les enrichissemens de l'expression, ne veulent que la clarté, & la proprieté des termes, ie me suis efforcé, Monseigneur, de mettre en vsage, & de reduire à l'action les plus subtiles Idées de la Rhetorique; d'esleuer ma raison iusqu'à la plus haute pointe des choses; de chercher dans chasque matiere les veritez moins vulgaires, & moins exposées en veuë, & de les rendre si familieres que ceux qui ne les apperceuoient pas, les puissent toucher. C'a esté mon intention de ioindre le plaifir à l'vtilité, de mefler la delicateffe parmy l'abondance, & de ne combattre pas feulement auec des armes bonnes & fortes, mais encore belles & luifantes. I'ay effayé de ciuilifer la Doctrine en la depayfant du College, & la deliurant des mains des Pedans; qui la gaftent & la faliffent en la maniant; qui font, pour le dire ainfi, fes corrupteurs & fes adulteres, & abufent à la veuë de tout le monde d'vne chofe fi belle, & fi excellente. Ie ne me fuis point garanti des efcueils, en m'en deftournant, mais i'ay tâché de couler deffus auecque foupplefse; d'efchapper des lieux difficiles, & non pas de les fuir; d'aller au deuant des Interpretes malicieux par vn mot qui deftruit la confequence qu'ils penfent auoir tirée, & de faire

LETTRE I.

voir qu'il n'est rien de si aigre, ny de si amer, qui ne se tempere, & ne s'adoucisse par le discours. Enfin ie me suis quelquefois laissé emporter à cette raisonable fureur, que les Rhetoriciens ont bien connuë, mais qui est au delà de leurs regles, & de leurs preceptes, qui pousse l'Orateur à des mouuemens si estranges, qu'ils paroissent plustost inspirez, que naturels, & de laquelle Demosthene & Ciceron estant possedez; l'vn iure par ceux qui sont morts à Marathon, & les deïfie de son authorité priuée; l'autre interroge les collines & les forests d'Albe, comme si elles eussent deu luy respondre. Que si mon entreprise m'auoit réüssi, ce que ie n'ose ny ne veux croire, & si j'auois monstré aux Nations estrangeres qu'en France tout se change en mieux fous vn Regne fi heureux que celuy du Roy, & qu'il nous augmente l'efprit, comme il nous a accreu le courage, ie n'en meriterois pas pour cela la gloire, mais il faudroit la rapporter toute entiere à la felicité de mon Temps, & à la force de mon Objet. En tout cas, Monfeigneur, fi je ne puis auoir rang parmy les fçauans & les habiles, on ne me le fçauroit refufer parmy les Gens de bien, & les feruiteurs affectionnez ; & fi ma capacité ne vous doit pas eftre en confideration, mon zele merite pour le moins que vous ne le rejettiez pas. Certes j'en fuis fouuent tellement efmeu, que ie ne doute point que mes reffentimens ne vous plûffent, & que ce ne vous fuft vn diuertiffement agreable de regarder vn Philofophe en colere. Et bien

LETTRE I.

que le vray amour soit assez content du témoignage de la Conscience, & que ie vous rende beaucoup de preuues de ma tres-humble seruitude, que ie suis asseuré que vous ne sçaurez iamais, ie desirerois neantmoins aucunefois pour la satisfaction que vous en auriez, que vous me pûssiez ouyr du lieu où vous estes, & que vous vissiez auec quel auantage ie dispute la cause publique ; de quelle sorte ie refute les fausses nouuelles qu'on fait courir, & comme ie ferme la bouche à ceux qui veulent parler desauantageusement de nos affaires. Il est certain, Monseigneur, qu'elles ne sçauroient estre plus fleurissantes, ny les succés des armes du Roy plus glorieux, ny le repos de ses Peuples plus asseuré, ny vostre administration plus judicieuse. Et toutesfois il se rencontre de certains Esprits, qui s'ennuyent de leur propre bien; qui ne peuuent supporter leur felicité; qu'on ne sçauroit retenir dans la bonne creance que par des prosperitez surnaturelles, & qui n'ont plus de foy si tost qu'il n'y a plus de miracle. Quand les affaires presentes sont en bon estat, ils font de mauuais jugemens de l'auenir, & dans les euenemens heureux leurs presages sont tousiours funestes. Ils font de serment de n'estimer que les Estrangers & les choses esloignées. Ils admirent Spinola, parce qu'il est Italien, & qu'il n'est pas de leur party; & il leur fasche de loüer le Roy, parce qu'il est François & qu'il est leur Maistre. Ils ont bien de la peine à confesser qu'il a vaincu, aprés vne infinité de Villes prises & de factions ruinées, qui font les Monumens eternels de fa victoire; & il luy a esté plus aysé de meriter l'estime de toute l'Europe, que de gaigner leur approbation. Ils nous perfuaderoient s'ils pouuoient qu'il a leué le fiege de deuant la Rochelle, qu'il a fait vne Paix honteufe auec les Huguenots, qu'il a esté battu par les Anglois, & que les Efpagnols l'ont fait fuir. S'ils pouuoient, ils effaceroient fon Hiftoire, & efteindroient la plus grande lumiere qui doiue efclairer la Pofterité. Ie ne doute point qu'ils ne voyent de mauuais œil dans mon Liure l'image des chofes qui les offencent fi fort: Et ceux qui croyent peuteftre les Fables & les Romans, & fe paffionnent pour vn Hercule & pour vn Achille, qui poffible ne furent iamais; Ceux qui lifent auec des tranfports de joye les actions de Roland & de Renaud, qui n'ont esté faites que sur le papier, ne prendront point de goust à la verité, à cause qu'elle rend tesmoignage à la vertu de leur Prince. Ils trouueront bon que contre la foy de toute l'Antiquité Xenophon, qui estoit Grec & non pas Perse, ait imaginé vne vie de Cyrus à sa fantaisie, & qu'il le face mourir dans son lit & parmy les siens, quoy qu'il soit vray qu'il mourût à la guerre, & qu'il fut vaincu par vne femme. Ils trouueront bon que Pline ait menty en plein Senat, & qu'il ait loüé Trajan de temperance & de chasteté, quoy qu'il soit vray qu'il fust sujet au vin & à vn autre vice si sale qu'il ne se peut nommer honestement; & ils trouueront mauuais qu'estant nay Subjet du Roy, ie die de luy ce que personne ne peut contredire, & qu'ayant

ayant à faire voir vn Exemple aux Princes, je choisisse pluftoft sa vie, ny que la vie de Cyrus qui est Fabuleuse, ny que celle de Trajan qui n'est pas bien nette, pour ne point parler de celle de Cesar Borgia, qui est toute noire de laschetez & de crimes. Le Ciel ne sçauroit faire à ces gens-là vn Superieur qui fust à leur gré. Celuy qui a esté selon le cœur de Dieu ne seroit pas selon le leur. Ils ne treuueroient pas Salomon assez sage pour eux, ny Alexandre assez vaillant. Ils font generalement ennemis de toutes sortes de Maistres, & accusateurs de toutes les affaires presentes. Ils crient iusqu'à nous rompre la teste qu'il n'estoit point necessaire de faire la guerre en Italie; Mais si vous fussiez demeuré à Paris, ils eussent crié bien plus haut qu'il eust esté deshonneste de laisser perdre ses Alliez. Pource que quelques-vns de nos Roys ont fait des voyages malheureux delà les Monts, ils souftiennent qu'il faut que cettuy-cy qui ne suit pas les mesmes conseils, tombe neantmoins au mesme malheur. Ils combattent vostre conduite par de vieux Prouerbes, pource qu'ils ne sçauroient l'attaquer auec de bonnes raisons. Ils alleguent que l'Italie est le cymetiere des François, & ne pouuant marquer vne seule faute que vous ayez faite en ce pays-là, ils vous reprochent celles de nos Peres, & vous accusent de l'imprudence de Charles huictiesme. Ie pense bien qu'ils pechent plustost par infirmité, que par malice; qu'ils sont plustost passionnez pour leurs opinions, que pensionnaires de nos ennemis; & qu'ils ont plus besoin des rememedes de la Medecine, que de ceux des Loix. Il eſt pourtant facheux de voir les impertinens de ce temps tenir le meſme langage que les Rebelles du temps paſſé, & abuſer du bien de la Liberté contre celuy qui nous l'a acquiſe. Ils me viennent dire tous les jours que nous receurons beaucoup de deſauantage du meſcontentement d'vn Prince qui s'eſt ſeparé de nous ; & je leur reſpons qu'il vaut bien mieux auoir vn foible Ennemy à combattre, qu'vn Amy quereleux à conſeruer. Ils veulent à quelque prix que ce ſoit que le Roy ſecoure Cazal ; & ie leur dis qu'il l'a deſia ſecouru par la conqueſte de la Sauoye, & qu'en l'eſtat où il a mis les affaires, au pis aller on ne le prendra que pour le rendre. Ils ne ſe contentent pas que vous executiez des actions extraordinaires, ils vous en demandent d'impoſſibles; & quoy qu'il naiſſe quelquefois dans les choſes des difficultez qui ne peuuent eſtre ſurmontées, à cauſe de la repugnance du ſujet, & non pas par le deffaut de l'Entrepreneur, ils ne ſe payent point de ces raiſons auſquelles les Sages acquieſcent, & voudroient ſouuent que le Roy fit ce que le Grand Turc & le Perſe joints enſemble ne ſçauroient faire. Tout cela, Monſeigneur, me donneroit vne extreme indignation, & ie ne pourrois ſouffrir cet excés d'ingratitude, ſi ie ne ſçauois qu'il y a eu autresfois vn Eſprit chagrin qui reprenoit les œuures de Dieu, & ne craignoit point de dire que s'il euſt eſté de ſon Conſeil tant en la Creation, qu'au Gouuernement du Monde, il luy euſt donné de meilleurs aduis,

LETTRE I.

qu'il n'en auoit pris, & que d'ordinaire il n'en fuiuoit. Apres vne fi haute folie vous ne deuez pas treuuer eftrange que quelques-vns foient extrauagans. Le Vulgaire a efté de tout temps juge tres-inique de la Vertu. Mais neantmoins elle n'a jamais manqué d'Admirateurs ; & fi ceux qui n'ont qu'vn peu d'inftinct, & qui ne fçauent que murmurer, ne luy font pas fauorables, C'eft à nous, Monfeigneur, à vous témoigner que les perfonnes raifonnables, & ceux qui fçauent parler font du bon party.

Du 4. Aouft 1630.

Voftre tres-humble, & tres-obeiffant feruiteur
BALZAC.

AV MESME.

LETTRE II.

ONSEIGNEVR,

Ie fuis bien fâché que mon indifpofition ne me puiffe permettre d'obeïr au commandement que vous m'auez fait, & d'eftre moy-mefme le porteur du Liure que je vous enuoye. Toutesfois puis que vous le receurez par de meilleures & de plus dignes mains que les miennes, & que

Monsieur l'Euesque de Nantes m'a fait l'honneur de s'en charger, je ne dois point craindre qu'il coure de fortune en mon absence. Si le Roy y daigne jetter les yeux, sur le témoignage que vous luy en rendrez, j'ose me promettre, Monseigneur, qu'il y trouuera dequoy se souuenir assez agreablement des choses passées, & que sa vertu estant sans exemple, il prendra plaisir de voir qu'on en parle d'vne façon qui n'est pas tout a fait vulgaire. J'auouë franchement que la consideration d'vne si haute vertu m'a donné des pensées que je ne pouuois attendre de la mediocrité de mon esprit, & j'en ay esté si extraordinairement transporté, que souuent je n'ay pas reconnu ce que je venois d'escrire. Elle seule m'a descouuert l'Idée de cet Art, qui com-

LETTRE II.

commande à tous les autres; qui excite & calme les paſſions comme bon luy ſemble ; qui ne ſe contente pas de plaire par la pureté du ſtyle, & par les graces du langage; mais qui entreprend de perſuader par la force de la doctrine, & par l'abondance de la raiſon. Ie l'auois cherché juſques icy inutilement. La vie du Roy m'en a plus appris que tous les preceptes des Rhetoriciens, & je dois à la felicité de ſon Regne tout le merite de mon ouurage. C'eſt pour le moins vn auantage que j'ay ſur ceux qui ont veſcu deuant moy. Leur memoire m'eſt d'ailleurs en veneration ; & puis que j'honore les hommes de ſoixante ans, je n'ay garde de meſpriſer vne vieilleſſe de pluſieurs Siecles. Pour les Eſtrangers, qui croyent eſtre en poſſeſſion de la gloire de l'eſprit, nous ne sommes pas obligez de leur porter le mesme respect, & je pense pouuoir dire sans les offencer, que comme ils n'ont point de Maistre qui vaille le nostre, il ne seroit pas raisonnable que nous leur fussions inferieurs, & que le plus digne Prince du Monde, commandast à vn Peuple qui fût de moindre prix que les autres. Vous jugerez, à mon aduis, cette question en nostre faueur. Mais j'espere de plus, Monseigneur, que si vous prenez garde à la conduite de mon discours, & considerez de quelle façon je sors des mauuais passages, vous me ferez l'honneur d'auoüer que je ne me suis point picqué, quoy que j'aye marché sur des espines, & que dans les plus dangereuses matieres j'ay gardé le temperament qui se doit tenir, *Inter abruptam audaciam, & de-*

forme obsequium. Si aucunefois j'ay eu des sentimens assez libres, il me semble que ma liberté est semblable à celle des Republiques bien policées, où l'on ne laisse pas d'obeïr aux Loix, & de conseruer tout ensemble sa franchise. Quand je serois de Milan ou de Bruxelles, ie ne sçaurois pas traiter les Princes de la Maison d'Austriche auec plus de respect & de reuerence que ie fais; Et c'est, à mon opinion, tout ce qu'ils peuuent exiger de la discretion d'vn homme qui n'est pas nay leur Subjet. Car de n'oser parler de l'ambition des Espagnols, des Maximes du Conseil d'Espagne, & du dessein de conquerir, que le Roy changera quand il luy plaira en la necessité de se deffendre, ce seroit desia vn commencement de seruitude que nous leur rendrions, & ils font, ie m'asseure, trop iustes pour vouloir qu'on les remercie du mal qu'ils ont fait. Il peut y auoir d'autres endroits qui feront mal expliquez par les mauuais Interpretes, principalement au troisiesme Liure, où il est parlé des Ministres & des Fauoris: Mais me tenant dans les Theses generales, & ne designant point les personnes en particulier, mon procedé, ce me semble, est fort innocent; & ie ne puis pas empécher que ceux qui se sentent coupables n'ayent des remords, & que les visages blessez ne voyent leurs playes, quand ils se regardent au miroir. Que s'il estoit deffendu de faire profession de la verité, ie ne serois pas pour cela rebelle, ny ne m'opposerois à l'ordre estably. I'obeïrois à vne Loy si fâcheuse, à cause que ie suis bon Citoyen ; mais ce seroit

LETTRE II.

par mon silence, & non par ma lâcheté, & à la charge de ne point parler, & non pas de parler contre ma conscience. Graces à Dieu nous ne sommes pas en ces termes. Aussi ie iouïs du bon-heur du Temps, & sçachant bien que tout ce qui vient des esprits seruiles est suspect, que leur témoignage n'est point reçeu, & qu'ils font mesme tort à la Raison quand ils s'en seruent, i'ay voulu estre hardy quelquefois, afin d'estre croyable tousiours, & de faire passer pour absolument vray ce qui eust pû autrement estre disputé. Il y en a qui m'accusent du vice contraire, & qui disent que ie flate, parce que ie tâche en quelques lieux de dire la verité auec ornement. Ie ne veux point rendre de mauuais office à personne. Mais asseurez-vous, Monseigneur, que ces gens-là font plus ennemis de mon fujet que de mon Liure, & qu'ils en veulent plus au Prince qu'à l'Orateur. J'auouë que fi j'euffe efté capable du genre fublime d'efcrire, j'auois dequoy le faire voir en cette occafion, & ce n'euft point efté comme on a dit autresfois, employer les Fleches de Phyloctete à tuer des oyfeaux, ny exciter des orages fur vn ruiffeau. Il ne doit pas eftre permis de parler baffement de ce qu'il y a de plus haut au deffous du Ciel, & la Royauté qui a efté adorée toute feule, merite fans doute vne double veneration, quand elle a pour Compagne la Vertu On ne fçauroit efcrire du Roy en termes trop releuez ny trop magnifiques ; & nous luy pouuons bien rendre pour vne infinité de juftes raifons ce qu'on a rendu autresfois aux méchans

LETTRE II.

Princes pour le simple respect de leur caractere. Ie ne vous representeray point, Monseigneur, auec quel honneur, & quelle humilité, ou plustost auec quel culte & quelle Religion les Princes Romains ont esté traitez par leurs Subjets. Ie ne m'amuseray point à vous faire considerer qu'on leur donnoit de l'Eternité, & de la Diuinité, comme on donne à nos Souuerains de la Majesté, & de l'Altesse ; que ce qui s'appelle aujourd'huy le crime de Felonnie, s'appelloit en ce temps-là le crime d'Impieté, & que nos Rebelles estoient leurs Impies. Ie ne vous allegueray point que dans le Code de Theodose les Responses des Empereurs sont dites Oracles ; leurs Regards, splendeur celeste ; leurs Edits, lettres diuines ; leurs Palais, la diuine Maison ; & leur Cabinet,

le Sanctuaire. Ie vous supplieray seulement de vous vouloir ressouuenir que ce style est le style de l'Empire Romain qui auoit desia receu le Christianisme, & que non seulement les Courtisans & les Orateurs ont parlé de cette sorte ; mais aussi les Saints Peres & les Conciles. S. Gregoire de Nazianze en sa premiere jnuectiue contre Iulian, appelle Constance Prince tres-diuin, bien que ce tres-diuin Prince eust persecuté les Fideles, eust chassé les Papes hors de leurs Siege, & fust mort en l'heresie d'Arrius. Anastase estoit aussi Empereur heretique, & fût tüé d'vn coup de foudre par vne juste punition du Ciel : Et neantmoins Sabas le bon seruiteur de Dieu parlant de ce mauuais Prince, dit qu'il est venu pour adorer les pas de sa pieté Imperiale, &
vn Hi-

vn Historien de son temps le nomme Saint Anastase. Les Peres du sixiesme Concile de Constantinople nomment encore Iustinian Saint Iustinian, & sa femme, Sainte Theodore; quoy que la vie de l'vn & de l'autre ait esté plus remplie de Monstres que de Miracles, & que Theodore particulierement ne se soit seruie de la puissance de l'Empire, que pour faire du mal à l'Eglise. De la mesme sorte Theodoric Arrien est appellé Saint Theodoric par le Concile de Rome. Et au rapport d'Eusebe, Denis d'Alexandrie Martyr de nostre Seigneur bailla le tiltre de tres-Saint à Valerian Empereur Payen; quoy que nous ne le baillons maintenant qu'au Chef de la Religion Chrestienne. Or si cela est, & si les Peres & les Conciles ont parlé de la Sainteté des Hereti-
e

ques, & des Payens; qui ne procedoit que du Caractere & de l'Onction qu'ils auoient receuë, & par consequent qui estoit estrangere, & qui venoit de dehors; pourquoy ne me sera-t'il pas permis de reconnoistre vne autre Sainteté iointe à celle-là? vne Sainteté, qui n'est pas superficielle, ny empruntée; mais qui a son fondement dans l'innocence de la vie; qui n'est pas attachée à la Dignité, mais qui est inherante à la Personne; qui n'est pas vne impression du doigt de Dieu sur vne matiere fortuite, mais vne effusion de sa grace dans vne ame choisie & predestinée. Quiconque trouue de l'excés en mes paroles, ne sçait pas quel est le deuoir d'vn Subjet, & n'a pas l'opinion qu'il doit auoir de son Prince. Il porte sa veuë trop hardiment sur vne

Grandeur si esleuée, & ne mesure pas assez la distance qu'il y a entre son jugement & le merite du Roy. Pourueu que l'honneur que l'on rend à ces personnes sacrées ne soit point iniurieux à Dieu, il ne peut y auoir de l'excés à les honorer : Pourueu que les loüanges qu'on leur donne, n'offensent point vne plus grande Majesté que la leur, elles ne peuuent estre immoderées. Nous deuons mesme reuerer leur ombre, & flechir le genou deuant leur figure. Tout ce qui les approche nous doit paroistre plus pur & plus lumineux par la communication qu'il reçoit de leurs rayons. Le respect qu'on leur porte doit aller jusqu'à leurs liurées & à leurs valets, & s'estendre à plus forte raison sur leurs affaires, & sur leurs Ministres : Pour lesquels vous-

vous remettrez, s'il vous plaift, en memoire que les anciens Chreſtiens auoient couſtume de prier dans leurs Lyturgies, & qu'ils en demandoient à Dieu la conſeruation, bien que par là ils luy demandaſſent la conſeruation de leurs Perſecuteurs, & de ceux qui les expoſoient tous les jours aux Lyons dans la place de l'Amphitheatre. Apres cet exemple je n'ay garde de murmurer contre le Gouuernement de mon Pays, ny de treuuer mauuais ce qui ſe paſſe deſſus ma teſte. Ie me contente touſiours de la Probité preſente, & de la Sageſſe qui eſt en vſage. Ie ne diſpute jamais contre le Pilote qui me mene, & ne ſuis point curieux d'vne nouueauté, à laquelle quelque bonne qu'elle fuſt, j'aurois peut-eſtre de la peine à m'accouſtumer. Ie ſouffre la Tyrannie, & deſire la juste administration. Quand mes Superieurs sont fâcheux, j'ay de la docilité, & de la patience : Et quand ils sont tels qu'ils doiuent estre, j'ay de la reconnoissance & de l'amour. Ie donne aux mauuais mon silence, & ma discretion ; mais je ne me lasse point de dire du bien de ceux qui en font, ny de loüer les choses loüables. Pour ce qui vous regarde, Monseigneur, je sçay que vous recherchez beaucop plus la solidité de la Vertu, que sa Pompe ; & que vous aimeriez mieux combattre, que triompher. Toutesfois puis que vostre modestie est telle, qu'elle rejette bien souuent la verité, vous ne deuez pas estre creu en vostre Cause, & ie vous recuse legitimement. Il ne faut pas que vostre moderation empesche nostre reconnoissance, ny que nous témoignons de l'ingratitude, par ce que vous auez de la pudeur. Il eſt vray qu'il y a certaines bornes dans leſquelles les plus violentes affections ſe doiuent contenir ; & puis que j'ay commencé à alleguer du Latin, je debiteray encore ce mot de Tacite, *Peßimum Inimicorum genus laudantes*. Mais ne communiquant à perſonne ce qui eſt deu au Roy ſeul, & ne donnant point à vn autre l'honneur des éuenemens ; on ne peut treuuer mauuais que ie vous repreſente comme vn ſage & fidele Miniſtre qui agit par les ordres & par les commandemens d'vn grand Prince, & qui ne cherche autre gloire, que celle de bien obeïr, & de bien ſeruir. On ne peut s'eſtonner que parmy tant d'injuſtes paſſions, & tant de murmures ſans fondement, il ſe trouue des jugemens libres, & des voix qui beniſſent voſtre conduite. Et certes en vne ſaiſon où vous eſtes ſi puiſſamment, & ſi violemment aſſailly, ce ſeroit manquer aux deuoirs de l'humanité de ne s'eſtudier pas à chercher quelque conſolation à vos deſplaiſirs, & de voir ſouffrir vn Innocent ſans luy donner vn ſouſpir, ny le ſoulager d'vne parolle. Il ne ſuffit pas, Monſeigneur, que vous ſoyez aſſeuré de la protection de voſtre Maiſtre, & du bon eſtat de voſtre conſcience; vous auez encore beſoin de l'opinion des hommes, & du témoignage du Public. Vous n'apprehendez point le danger de voſtre Perſonne, ny la ruïne de voſtre fortune; mais vous apprehendez le blâme, & la mauuaiſe reputation : Vous craignez les choſes deshonneſtes, quoy que vous meſpriſiez les perilleuſes. Et partant ce vous doit eftre vne amertume affez douce, & vn malheur, quoy que vous puiffiez dire, glorieux de fçauoir auec tous les gens de bien que vous endurez pour la Iuftice, & que voftre Caufe eft celle du Roy & de l'Eftat. Si vous auez de la douleur de n'eftre pas agreable à vne grande Princeffe, pour le moins vous n'auez point de remords de luy auoir efté infidelle; & fi vous n'auez pas eu affez de complaifance pour faire toutes fes volontez, nous fçauons que vous auez trop de probité pour auoir rien fait contre fon feruice. Ce ne vous eft pas vn petit foulagement d'efprit que la prife de la Rochelle où vous auez feruy tres-vtilement, & le fecours de Cazal auquel vous auez beaucoup contribué, foient les feuls crimes qui vous ayent rendu coupa-

LETTRE II.

coupable, & que l'esclat de ce que vous auez fait au dehors n'ayant pû estre supporté à la Cour, les Estrangers soient venus se mesler dans cette jalousie domestique, & essayer de perdre celuy qu'ils ne pouuoient pas gaigner. C'est la source de nos derniers maux. La credulité de la meilleure Reyne du Monde a seruy d'instrument innocent à la malice de nos Ennemis, & la priere qu'elle fit au Roy de vous esloigner de ses affaires ne fut pas tant vn effect de son indignation contre vous, que le premier coup de la conjuration qui s'estoit formée contre la France, & qu'on luy auoit déguisée sous vn voile de deuotion afin qu'elle creut meriter en vous ruinant. Le Roy luy a voulu donner là dessus toute la satisfaction raisonnable qu'elle pouuoit desirer.

LETTRE II.

Il a esté plusieurs fois vostre Aduocat & vostre Intercesseur enuers elle. Il a voulu estre vostre Caution & luy respondre de vostre fidelité. De vostre part, Monseigneur, vous n'auez rien oublié pour tâcher d'adoucir son Esprit. Elle vous a veu à ses pieds luy demander grace, quoy que vous luy pûssiez demander justice. Elle vous a veu faire le coupable & offencer vostre propre innocence, affin de luy donner lieu de vous pardonner. Vous vous estes mis en tous les deuoirs de la flechir, & si elle n'eust crû qu'elle mesme, vous l'auriez flechie. Mais les mauuais esprits qui l'enuironnoient, & qui desiroient plus vostre perte, qu'ils ne vouloient son contentement, firent de nouueaux efforts, pour rendurcir son cœur qui s'amollissoit. Ils empescherent l'effect que nous attendions de vos foumissions & des prieres du Roy. Les Difeurs de bonne fortune & les Interpretes des fonges l'emporterent sur les sa-ges Conseillers & fur les fidelles Seruiteurs. La Reyne fe laiffa persuader à vne fcience qui n'a jamais fait que tromper les Prin-ces, & quelques vaines predic-tions furent pluftoft creuës, que ces eternelles Veritez, que vous luy prononciez lors qu'elle vous faifoit l'honneur de vous efcou-ter, Qu'elle ne deuoit regarder " que le Roy, qu'elle ne pouuoit " eftre heureufe qu'auecque luy, " que la Grandeur de l'Eftat ne di- " minuoit point la fienne, que les " confeils qui viennent d'Efpagne " ne font pas bons pour les affaires " de France, & que laiffer faire les " Efpagnols n'eft pas demeurer en " repos, mais fe preparer de la pei- "

f ij

„ ne, & à toute la Posterité. Les Eſtoilles ne luy pouuoient rien apprendre de plus vray, ny de meilleur que cela; & ſi elle ſe fuſt arreſtée à ces bons Oracles, nous la verrions encore pleine de gloire & de Majeſté auoir part à toutes les penſées de ſon Fils, & nous vous verrions encore receuoir ordinairement de ſa bouche les commandemens de voſtre Maiſtre. Mais elle ne l'a pas voulu. Le Roy qui luy accorda autresfois le pardon de plus de quarante mille Coupables, n'a peu obtenir d'elle la grace d'vn Innocent; & celuy qui eſt venu à bout de l'obſtination des Rebelles, & qui n'a rien attaqué qu'auecque ſuccez, a prié ſa Mere inutilement. C'eſt ce qui l'a contraint d'oppoſer vne neceſſaire conſtance à vne ſi eſtrange fermeté, & de ſe reſoudre de ne pas donner à ses Ennemis le plaisir de luy voir chasser ses Seruiteurs. Il vous a retenu lors que vous le pressiez de vous permettre de vous retirer, & estant prest de ceder au Temps, & de faire place à l'Enuie, il a fait voir qu'il estoit plus fort que l'Enuie, & qu'il changeoit le temps quand il luy plaisoit. Il n'a pas creu que ce fut offencer la Nature, que de ne pas abandonner la Vertu; ny que ce fut pecher contre la reuerence maternelle, que de ne violer pas l'amitié. Et se ressouuenant peut-estre que nostre Seigneur parlant de ses Disciples, les appelle sa Mere, & ses Freres, & dit au mesme endroit que celuy qui fait sa volonté, celuy-là est son Frere, sa Sœur, & sa Mere, il a pensé que les Roys ne doiuent pas considerer de telle sorte la proximité, qu'ils n'ayent égard à l'affection, & que pour regner ils ont veritablement besoin d'Alliences & de Parens, mais qu'ils ne se peuuent passer de Seruiteurs & d'obeïssance. Vous voilà donc, Monseigneur, maintenu par la necessité de vos seruices, & par les interests de l'Estat ; vous voila au dessus des vents, & de la tempeste. Les plaintes qu'on a faites contre vous, n'ont fait autre chose qu'asseurer vostre Maistre que vous estiez plus à luy qu'on ne desiroit. Le coup dont on a creu vous faire tomber n'a seruy qu'à vostre affermissement, & la force de laquelle on a choqué vostre fortune, sans la pouuoir esbranler, nous a monstré la solidité de sa matiere. Toutesfois estant bon & vertueux, comme vous estes, je m'imagine que vous n'estes point content de

cette fortune ; que vous ne pof-
fedez pas du confentement de
tout le monde. Elle ne fçauroit
eftre plus puiffante ny mieux ef-
tablie qu'ell'eft , mais elle pourroit eftre plus douce & plus
agreable : Vous ne receuftes jamais de fi grands honneurs, mais
vous auez goufté autresfois de
plus pures joyes: jamais il n'y euft
plus de victoires, ny plus d'auantages fur l'Eftranger ; mais il n'y
euft jamais plus de maux intef-
tins, ny plus de brouillerie dans
la Maifon. Ie fçay que ce defordre que vous n'auez point fait,
vous afflige infiniment , & que
vous voudriez de bon cœur que
toutes chofes fuffent en leur place. Ie ne doute point que vous ne
pleuriez l'infortune d'vne Maiftreffe, que vous auiez conduite
par vos feruices au dernier degré
de felicité, & qu'ayant fi long

temps & si efficacement trauaillé à la parfaite vnion de leurs Majeſtez, ce ne vous ſoit vn ſenſible deſplaiſir de voir aujourd'huy vos trauaux ruinez, & voſtre ouurage par terre. Ie m'aſſeure que vous voudriez eſtre mort à la Rochelle, puis que juſques-là vous auez veſcu dans la bien-veillance de la Reyne. Ie veux croire que parmy les plaintes qu'elle fait, toutes les loüanges qui vous viennent d'ailleurs vous ſont importunes, & que meſme voſtre merite vous eſt en quelque ſorte odieux, dépuis qu'il n'a plus ſon approbation. Dieu diſſipera vn jour ces nuages, & luy enuoyera de plus equitables penſées de voſtre fidelité. Mais en attendant que cela ſoit, & que les affaires ſe raccommodent, vous ne ſerez pas faſché que pour quelques heures
je dé-

je détourne vos yeux de dessus les tristes objets qui les affligent, & que je vous face voir l'image d'vne plus heureuse saison que celle-cy. Ie pense que ie fus inspiré de mon bon Ange de borner mon dessein par le premier voyage d'Italie, auant, Monseigneur, que vous eussiez eu des prosperitez enuiées, que vos Amis vous eussent manqué de fidelité, que la Reyne eust changé ses affections, & que les efforts des Armées eussent esté affoiblis par les artifices du Cabinet. Ie ne touche point à ces sujets odieux, & n'aurois pas le cœur de manier des playes si fraîches, & si sanglantes. Ie ne traite que de ce qui a precedé nos malheurs, & en tout cela ie ne garantis que mon intention. Ell'est fort bonne, Monseigneur, & n'a pour objet que le seruice du Roy; mais ell'eſt peut-eſtre mal conduite, & n'arriue pas où elle tend. Ie ſçay bien que je ſuis bon François, & que j'ayme extremement mon-Pays; mais ie ne ſçay pas ſi ie ſuis bon Politique, ny ſi ie connois aſſez nos affaires. Sans doute j'ay plus de courage que de force, & plus de zele que de ſcience. Auſſi eſt-ce vne proteſtation que je fais à l'entrée de mon ouurage, afin que perſonne ne ſoit trompé, & qu'on y cherche pluſtoſt dequoy s'exciter à l'amour de la Patrie, que dequoy s'inſtruire de choſes nouuelles & curieuſes. Ie delare dés le commencement que ie ne ſuis aidé de perſonne; que ie n'ay point reçeu de memoires ny d'inſtructions, & que ie marche ſans Guide & ſans Compagnie. Et partant ſi j'ay fait des fautes, je n'ay fait que ce que je dois, & on

LETTRE II.

les prendra comme venant d'vn homme qui void les choses de loin, & par le dehors, & qui s'arreste à ce qui paroist des affaires publiques, sans penetrer dans leur interieur qui luy est caché. Ie pouuois entrer d'abord en matiere, & prendre vn chemin plus court que celuy que j'ay tenu. Mais j'ay eu dessein de preparer les Esprits par vne lecture agreable à vne lecture serieuse, & de deferer quelque chose à l'exemple & à la coustume des Anciens. Vous sçauez, Monseigneur, que la pluspart d'entr'eux font des proësmes à leurs Liures, qui n'ont rien de commun auec leur sujet, & qui sont comme des testes appliquées qu'on peut mettre sur toutes sortes de corps. Ce qui est si vray, que Ciceron escrit de soy-mesme qu'il en auoit vn volume de reserue, d'où il les tiroit quand il en auoit besoin pour le commencement de ses Ouurages. De telle sorte qu'ayant mis par mesgarde au Liure de la Gloire la mesme Preface qu'il auoit desia mise au troisiesme des Academiques, il prie Atticus assez plaisamment de la couper de ce premier Liure, & en sa place d'y coler vne autre qu'il luy enuoye. Dans ces Prefaces ils discourent ordinairement des affaires & du Gouuernement de la Republique: Ils se plaignent de la corruption du Siecle; ils content au monde leurs occupations de la ville, & leurs exercices de la campagne; & apres celà, au lieu de descendre doucement, & comme par degrez dans leur matiere, vous diriez qu'ils s'y precipitent, tant ils y tombent soudainement & à coup. Tous les Exordes de Salluste sont de ce genre, & feroient auſſi propres aux Liures de Ciceron qu'aux ſiens. Apres qu'il a declamé du vice & de la Vertu, & qu'il s'eſt jetté dans vn raiſonnement infiny, il ne ſort point par la porte du lieu où il ſe void enfermé; mais il en échape par vne breche, & briſant tout d'vn coup où l'on attendoit qu'il continuaſt, Venons maintenant, dit-il, à ce que nous auons à traiter. Les Grecs ſont encore plus licentieux que luy. Dion Chryſoſtome n'entame d'ordinaire ſon ſujet qu'à la fin de ſon diſcours. Si on oſtoit à ſon Maiſtre Platon ſes longues Prefaces, ſes Narrations fabuleuſes, & ſes importunes digreſſions, on l'accourciroit de la moitié; & l'vn & l'autre reſſemblent aux petites femmes deshabillées, qui ayant quitté leur coiffure, & leurs patins, ne ſont plus qu'vne partie d'elles-mefmes. Plutarque eſt ſans difficulté le plus aduiſé & le plus judicieux des derniers Grecs: Mais il eſt tombé pourtant dans le vice de ſon Siecle & de ſon Pays, & qui pourra deſmeler le Traité qu'il a fait de l'Eſprit familier de Socrate, pourra ſortir fort facilement d'vn Labyrinthe. Les Autheurs Chreſtiens deuroient eſtre plus auſteres, & moins curieux des ornemens eſtrangers. Ils n'ont pas laiſſé pourtant de donner quelque choſe à la couſtume, & de s'eſgayer hors de leur ſujet. Et pour ne pas entrer dans vne enumeration ennuyeuſe, le Dialogue qu'à fait Minutius Felix pour juſtifier noſtre Religion contre les calomnies des Payens, à vn commencement fort peu ſerieux, & fort eſloigné de la grauité de ſa matiere. Et S. Cyprian

LETTRE II.

dans cette Lettre si estimée qu'il a escrite à Donat, commence vne tres-seuere Censure des mœurs de son Siecle par vne description purement Poëtique, & par vn discours aussi peint, & aussi fleurissant, que s'il eust voulu parler d'amour, ou reciter vne Fable. Quant à moy, qui ne fais pas vne Lettre, mais vn Liure, & qui ay entrepris le trauail de la plus longue haleine qui se soit jamais veu en Eloquence Oratoire, je n'ay pas voulu imiter entierement les Anciens, qui attachent à leurs Ouurages d'autres Ouurages, mais aussi ie ne les ay pas voulu entierement fuyr. I'ay fait vne seule Preface à trois Liures separez, ausquels Ciceron suiuant sa coustume eust fait trois differentes Prefaces. I'ay parlé le plus agreablement qu'il m'a esté possible des plaisirs de l'Automne, pour ce que c'est le temps de la conception de mon Prince: Ie n'ay pas oublié le Pays où j'estois, pource que c'est le lieu de sa naissance. I'ay esté encore bien aise de rendre conte par occasion des diuertissemens de ma solitude, & de justifier le loisir d'vne personne retirée contre ceux qui l'accusent de paresse & de lâcheté. Outre qu'on peut voir par la conclusion, que tout cela fait à mon propos, & l'auanture qui a donné lieu à mon dessein, & qui est historique, & tres-veritable, m'estant arriuée sur le bord de la riuiere que je descris, mes descriptions qui ne sont pas peut-estre ennuyeuses, sont encore aucunement necessaires, & peuuent estre considerées comme circonstances de l'action que je represente, &c.

Du 3. Mars 1631.

TABLE
des principales Matieres.

A

Age du Roy propre à bien entreprendre 271.

Action remarquable des Dames Romaines & de celles de Cartage 205.

Adrian sixiesme peu curieux des belles choses 140.

Agilité des corps glorieux 208.

Ambitieux, & leur misere, 10. 11.

Ambition couuerte du pretexte de Religion 95. 96.

Ambition comment raualee, 249.

Anglois desfaits par le Roy 106.

Antechrist appellé l'homme de peché 247. Il est vne figure des Vsurpateurs tyranniques, 248. 249.

Aristophon accusé soixante & quinze fois 175.

Auares en quoy miserables, 10. 11.

l'Aumosne doit prouenir des choses legitimement acquises 114.

Authorité sans fondement inutile au Chef qui suit la passion du

Table des principales Matieres.

menu peuple, 47. 48.

Automne & sa description 1. 4.

l'Argent du Royaume n'est point diuerty ailleurs 206.

l'Art acheue les choses 150. 151.

Asiatiques appellez Esclaues, & pourquoy, 365.

B

Barbares de deux sortes parmy les Grecs, 382.

Bien-facteurs mis autres-fois au nombre des Dieux, 218. le bienfaire n'est pas moins vne marque d'excellence que de Bonté, 393.

les Bons sont preferables aux Sages, & aux Vaillans 291.

Bonté quelquefois nuisible à vn Prince 178. 179.

C

Caton mocqué sur ses vieux iours, & pourquoy 146.

Charante, & sa description, 7. 8. 9.

Charles V. Prince d'ailleurs vertueux, mais trop vain 228.

Chastes illuminez de Dieu 316.

Chasteté combien agreable à Dieu. 313.

legion de Chrestiens soubs Marc Aurele 105. pourquoy appellée *Foudroyante*, là mesme.

Creinte loüable, & comment 285.

Claudius deïfié aussi bien qu'Auguste 69.

Comedie en quelle estime parmy les Romains, 136.

Complaisances seruiles & ridicules 66. 67. 68.

Table des principales Matieres.

Connoissance mediocre combien loüable 12.

Contagion, & ses effets 250. 251.

Continence pourquoy appellée vn Martyre non sanglant, 123.

Conuersation familiere combien douce 5.

Curiosité desreglée 12.

D

DEcret des Atheniens, à l'instance de l'Orateur Demosthene 339.

Despense grande; mais necessaire, 207.

Desordres en France aduenus par les practiques des Factieux 179. 180. 181. 182.

fausse Deuotion, 84. 85. 86. 87.

Dieu est appellé la frayeur de Iacob, & pourquoy 286. 287.

Dieu veut que nous contribuions de nostre part à nostre salut 359.

trauail de la Digue prodigieux 258.

E

EFfeminez, & leurs empeschemens 163.

Elizabeth Reine d'Angleterre flattée au dernier poinct par ses Courtisans, 69. 70.

Entretien ridicule de Scipion & de Lælius 9.

Epicure loüable pour sa constance 126.

S. Epiphane passe les Alpes, & pourquoy, 257.

conseil d'Espagne quel, & combien vain 222. 223. Belle description de ce Monstre, 223. 224. 225. 226. 227.

Espagnol cause de la reuolte du Septentrion,

Table des principales Matieres.

& des premieres fautes de Luther 234. son insigne Hypocrisie 236. 237. & ses cruelles maximes 238.

belle description des practiques de l'Espagnol 230. 231. 232. Il couure ses artifices d'vn specieux pretexte de Religion 233. 234.

Espagnols rendus orgueilleux par les succez d'Alemagne, 377.

les Espagnols retirent leurs troupes du Montferrat 212.

Espagnols chassez de France 171.

ambition des Espagnols combien vaste & pernicieuse 345. 346. 347. 354. 355. Description de leurs mœurs & de leurs humeurs 348. 349. 350. 351. 352. 363. leur Orgueil insupportable 353. 354. 355. 356. 357.

l'Esprit tout seul fait beaucoup de fautes 189.

Esprits infirmes touchez plus violamment par le soupçon du mal, que par le mal mesme 268.

victoires d'Epaminondas, & sa mort, 125.

Esclaue Flamand, sa description, & ce qui arriua de luy, 22. 23. 24.

Estuues steriles, & de nul vsage 158. 159.

Eudoxe, & quel estoit son souhait. 14.

Eugene veincu par l'Empereur Theodose, 105.

Euripide appellé en Iustice, & pourquoy 300. 301.

Extases de Socrate, de Platon, & d'Enarche 309.

Exercice, & ses effets, 5.

Exercices sedentaires, & leurs effets 148

Table des principales Matieres.

F

Fables representées pour l'inſtruction du peuple, 299.

Factions nuiſibles à l'Eſtat, 173. 174. 175.

la fidelité eſt le Fondement de toute negociation 298.

la Fineſſe ne doit point paſſer pour Vertu 294.

Flaterie lâche & mercenaire 68. 69.

Flexio grandement loüable pour ſa fidelité, 350.

la Foy doit eſtre accompagnée des œuures 112. 113.

Fortune des Rois combien variable 253.

Fortune & ſes effets, 81.

France retraicte des Affligez 358.

acte memorable d'vn François Eſclaue à Alger 26.

G

Guerre des Marcomans contre les Romains, 251.

Guerre Ciuile combien dommageable 171. 172.

conqueſtes des Grecs par quelles raiſons authoriſées 338.

H

Haleine peſtilente ſortie d'vne caſſete d'or, & de ce qui en aduint 251.

Habitudes, & ſes differences 304. 305.

Hardieſſe du Roy accompagnée d'vne patience incroyable 259.

Henry huictieſme mis hors d'eſperance à cauſe de l'Eſpagnol, 235.

Table des principales Matieres.

Hollandois, & leur resistance contre les forces de l'Espagnol, 376. festin remarquable par eux fait au Marquis de Spinola, là mesme.

l'Homme ne peut pas estre deux fois 272.

l'Homme est le tesmoin des œuures de Dieu 12.

Homme animal sociable 154.

l'Homme resiste auec moins de peine à la douleur qu'à la volupté 123.

Hommes de neant employez à tramer les trahisons

les Hommes ne peuuent imiter la puissance de Dieu, 116.

Histoire, & sa lecture 154. la connoissance en est necessaire au Prince 155. 156. 157.

Hypocrisie, & sa description, 82. 83. 90. 91. 92. 93. 94.

Hyuer, & ses effets 17.

Humilité du Christianisme, 106.

I

Ieunes admis plus prés de Dieu que les vieux 274.

Ieunesse combien dangereuse, quand elle se rencontre auecque l'Authorité, 75.

Iesus-Christ a voulu naistre de sang Royal, & pourquoy 322.

Ignorance grossiere 140.

Impatience naturelle à l'homme 269. elle esbranle l'esprit de Dauid, là mesme.

Incredulité du Peuple 199. 200

l'Iniustice n'a iamais esté sans Partisans, 289.

l'Innocence estoit à

Table des principales Matieres.

Adam vn Caractere d'Authorité, 109.

l'Intemperance ne corrompt pas toute sorte de iugemens 303.

l'Italie doit sa déliurance aux Armes du Roy, 390.

Isles renduës desertes par les plus imparfaits des animaux 249.

Italiens, & leur eloge 364. 365. ils degenerent auiourd'huy de la Vertu de leurs Peres 366.

le Iugement tout seul n'a point d'action 189.

Iupiter appellé au partage du butin 99.

Iustice du Roy guide de sa Vaillance 319.

Iustice scrupuleuse; & en quoy elle consiste 202. 203.

extrauagance des Iuifs 12.

L

Lacedemoniens autresfois fort ignorans, & pourquoy 143. 144. Ils ne punissoient pas ceux qui desroboient, mais ceux qui ne sçauoient pas bien desrober. 289. 290.

Leon chassé d'Italie 369.

Ligue combien dommageable à nos Rois. 172.

Loix naturelles combien considerables 373. elles ne sont point abrogées par la loy de Dieu, là mesme.

Louys le Iuste a sauué la France de naufrage 184. 185.

victoires de Louys le Iuste suiuies d'vne Paix solide & durable 37. 38. veritables effets de sa Valeur 41. 42. 43. ll.

Table des principales Matieres.

défait l'Heresie 45.
Louys le Iuste nay pour la felicité de son Siecle, 387. son Eloge 388. 389. 390. 392. 393. 394. 395. 396. 397. 398. 399.
Louys XIII. veritablement Sage. 167.

M

Mathematiciens chassés, & pourquoy 147
Melancholie diuersement consideree, & ses differans effets 314. 315. 316.
Medes ennemis immortels des Grecs 333.
Mensonge quelquefois plus vray semblable que la Verité 90.
Moderation du Roy combien grande 81. elle est au dessus de la Fortune 82.
Mollesse de quelques Gouuerneurs & leur prodigalité 207.
Monstre cruel, & qui toutesfois n'est pas inuincible 374. 375.
Motesume Roy de Mexique abusé par Ferninand Cortez, 227.

N

toute la Nature est vne confusion de bien & de mal 397.
Nature, sa description, & ses vrays effets, 12.
Nichandas fameux Athlete 309
Numerian se picque d'estre Orateur 142

O

Objets combien differens, 126. 127.
Opportunité combien

Table des principales Matieres.

bien necessaire en la Politique 188.

Oppression foible contre la Vertu des personnes libres, 379.

Othon veincu pour n'auoir eu la patience de veincre 266. 267.

P

PApe, loüange iustement donnée au Pape, 368. 369.

Patience necessaire à l'execution des grandes entreprises, 261.

les Payens ont sainement iugé des Vertus Morales 296. 297.

Pepin Roy de France hautement loüé par ceux de Rauenne 393.

la Perfection est particuliere aux Fidelles, 80.

les Peuples du Nord rauagent les Gaules & l'Italie, 243.

Philosophes Hypocrites 91.

Philosophie, & ce qu'elle apprend, 3. elle peut faillir 80.

Philosophie des Rois, & leur principale science 141. 142.

Pieté deguisée 82. 83.

Platoniciens; & leur opinion 306. ils font sept sortes de separations outre la mort, 307. 308. 309. 310. 311.

Princes d'humeur differente 139.

les Princes doiuent redouter leurs propres conquestes 380.

Princes oisifs, & voluptueux 130. 131. 132. 133. Ils font vanitez de leur vice 134.

la Prudence humaine est folie deuant Dieu 293.

Pythies transportées d'vne diuine fureur,

Table des principales Matieres.

312.

Prudence & sa distinction 306. 307.

R

REbelles combien pernicieux 46. C'est vne seruitude que de leur commander, là mesme.

Rebellion recompensée & comment 176. inquietudes d'vn Chef Rebelle 94. 50. 51. & ses factions diuerses 55. 56. 57.

René dernier Comte de Prouence trop adonné à la peinture 137.

Religion sert d'instrument de Tyrannie aux Ambitieux 386.

Religion des Mahometans 322. Elle a pour fondement la cruauté 323. & authorise la Tyrannie, 324. 326. 327.

la Religion Chrestienne & ce qu'elle enseigne 101.

Rochelle, & sa desolation 35.

Romains corrompus par la curiosité de trop sçauoir 145.

Romains victorieux de Philippe, & leur proclamation faite en plein Theatre 341. leur Ambition estoit limitée en quelque façon 343. Ils respectoient la Vertu 344.

Romains appellez Barbares par le Roy Pyrrhus 381.

Rome jdolatre du jeune Marcellus 64. passion du Roy combien noble & glorieuse, 128. Il est ennemy de la Volupté là mesme; est inuincible à la peine 129. 130. 135.

Vaillance du Roy

Table des principales Matieres.

215. Elle n'est ny auare ny ambitieuse, 215. 216.

le Roy se conserue pur au milieu de la corruption 294.

Regne du Roy remarquable pour plusieurs choses 277. 278.

les conseils du Roy partent d'vne Prudence supreme 275.

les choses qu'il a faites en son bas aage sont incroyables 281.

Le Roy ne creint rien, si ce n'est qu'il creint Dieu veritablement, 284. 285.

le Roy est inesbranlable en ses resolutions 191. ne remet point les affaires au lendemain, 192. 193. 194. & n'vse de l'authorité souueraine que contre ceux qui la veulent vsurper 195.

le Roy a la creinte des Sages & des Courageux 288.

effets de l'excellente Vertu du Roy, 58 59. Elle est reconnuë par tout le monde 71. 72. 73. 74. 75. 76.

Estat des affaires affermy par la vigilance du Roy 165. 166.

Deuotion du Roy 101. 102. 103. ses effets, 104. 105.

Pieté du Roy combien grande 101. 110. 111. 112.

la Pureté du Roy fait vne partie de sa Valeur, 124. 125.

le Roy est infatigable & tousiours en action 160. 161. 162.

Roy de Suede possede la vraye Valeur 380.

Roys Chrestiens doiuent estre equitables &

i ij

Table des principales Matieres.

iustes 528. 329.

Roys de France pourquoy honorez du glorieux tiltre de *Tres-Chrestiens*, 107. leur Eloge, là mesme.

Roys d'Angleterre victorieux inutilement 170.

S

Sacrifices comment appellez dans l'Exode, 113. 114.

Sciences diuersement considerées 151. 152. 153.

Sages inspirez d'en-haut 391.

Sagesse illegitime 316.

description de la vraye Sagesse 295.

Septentrionaux d'vn naturel violant 264.

Selim Empereur des Turcs, fait le tableau d'vne bataille qu'il auoit gagnée 138.

Signes demandez à Dieu par les Iuifs, 12.

Socrate blasmé par Caton, 146.

Solitude, & ses diuers effets 3.

le Soleil est la peinture de la souueraine beauté de Dieu. 13. ses diuers effets 15. 16. 18. 19.

description du Soleil couchant 9. 10.

les Subjets doiuent s'efforcer à l'exemple de leur Prince, 205.

Subtilitez dangereuses, 307.

Superstition & ses effets, 84. 85. 86. 87.

Sybilles reçoiuent le don de Propheties, en honneur de leur Virginité 313.

Table des principales Matieres.

T

TEmperament entre la peine & l'impunité 199.

la Temperance est gardienne de la Prudence, 303.

Theodose victorieux d'Eugene, & comment 105.

Theologie des Grãds 97. authorisée par de faux Docteurs 98. 99.

Tranquillité trompeuse, 176. 177.

Tranquillité de l'Esprit preferable à l'Imagination turbulante, 317.

Tremblement de terre sous l'Empereur Tybere 281.

la Tromperie est vne tacite confession de foiblesse 299.

Tybere plus cruel que prudent 318.

Tybre, & son apparition à Enée 21.

effets de la Tyrannie 51. 52.

Tyrannie ruine du corps Politique 330.

Tyrannie, monstre cruel & redoutable, 239.

Tyrans hays eternellement 244. 245. 246.

V

VAillance de nos Peres, estourdie & sans conduite, 168. 169.

Valeur fortuite & desordonnée 263.

Vanité de Philippe II. 229.

Venitiens hautement loüez 366. 367.

Vents impetueux comment adoucis 60.

Vieillards extraordinairement desireux de viure, & pourquoy 19. 20.

les Vieillards ne sont

Table des principales Matieres.

pas touſiours les Sages, 273.

Vœux des Anciens, rompus la pluſpart du temps, 263.

l'Vtilité publique ſe fait ſouuent du dommage des particuliers 204.

Y

Yeux ne ſont iamais ſatisfaits des meſmes objets 62. 63.

Z

Zoroaſtre, & ſon eſtude touchant la Diuination, 311.

En la page 117. l. 21. en ſuite du mot de Baptéſme liſez. Il n'a donc pas touſiours beſoin de la puiſſance du Sacerdoce, mais il demande quelquefois de la conſolation à la Theologie. Souuent il delaſſe ſon Eſprit accablé d'affaires dans l'entretien d'vn homme de Dieu : Souuent il reçoit des conſeils qu'il a dé-ja preuenus par ſes actions. Il ſe laue ſouuent pour ſe rafraiſchir, & non pas pour ſe nettoyer.

En la page 204. l. 17. au lieu d'honneſte, liſez agreable.

FIN.

www.ingramcontent.com/pod-product-compliance
Lightning Source LLC
Chambersburg PA
CBHW050611230426
43670CB00009B/1352